农村产业发展研究

王佳伟　著

中国商业出版社

图书在版编目（CIP）数据

农村产业发展研究 / 王佳伟著. -- 北京 : 中国商业出版社，2023.11

ISBN 978-7-5208-2724-9

Ⅰ. ①农… Ⅱ. ①王… Ⅲ. ①农业产业－产业发展－研究－中国 Ⅳ. ① F323

中国国家版本馆 CIP 数据核字（2023）第 227885 号

责任编辑：葛　伟

中国商业出版社出版发行
（www.zgsycb.com 100053 北京广安门内报国寺 1 号）
总编室：010-63180647 编辑室：010-83128926
发行部：010-83120835/8286
新华书店经销
北京七彩京通数码快印有限公司印刷
*
710 毫米 ×1000 毫米 16 开 9.75 印张 210 千字
2023 年 11 月第 1 版 2023 年 11 月第 1 次印刷
定价：60.00 元
* * * *

前　言

中华人民共和国成立以来，我国农村农业发展取得巨大进步，但“三农”工作还面临着一些问题，农村产业基础薄弱，农民增收空间受限，城乡发展不平衡。突出的“三农”问题既与我国乡村产业兴旺的总体要求相矛盾，又是国内经济大循环发展的“淤点、堵点”。推动农村产业发展是新时代破解“三农”困局，加快乡村产业兴旺，促进国家经济内循环发展的必由之路。而作为农村产业发展的新范式——农村产业融合发展，不是传统意义上农业产业化发展的老路，而是农村产业在主体、利益、价值、空间等方面深度融合发展的新路。当前，如何顺应产业融合发展的时代趋势，促进农村产业发展，破解“三农”困局成为政府、学界和社会迫切需要解决的新命题。

基于此，本书对农村产业发展进行研究。全书共六章，第一章为农村产业发展概述，对农村产业发展的相关概念及理论进行了阐述，还对农村产业融合发展进行了分析；第二章为农村产业发展现状，对农村产业及农村产业融合发展中的成效及问题进行了分析；第三章为农业产业发展分析，对金融赋能农业产业的发展及农业产业创新链的发展进行了概述；第四、第五章分别为农村旅游业和农村文化产业发展分析，对农村旅游业和农村文化产业的现状进行了相应的分析，并对它们的发展提出了有针对性的建议；第六章为农村产业融合发展对策，从不同方面提出了促进农村产业融合发展的对策。

本书以农村产业为主，通过研究农村产业发展中的各个方面，可以为更多的地方在调节农村产业、优化农村产业结构方面提供一定的指导；也可以为农村产业发展提供一些有益的建议，进一步推动农村产业发展，让广大农村地区更具有活力和吸引力，让农村产业更有前景和效率，让广大农民更有获得感和幸福感。

著　者

目　录

第一章　农村产业发展概述

本章对产业、农村产业、农村产业融合这几个与农村产业相关的概念进行辨析和界定，同时对农村产业发展理论基础、农村产业融合发展相关内容进行概述，为本研究奠定理论基础。

第一节　农村产业发展概念界定

一、产业

第一，产业是社会分工的现象和结果。人类社会早期，为了满足生存，主要的生产活动是打猎和采集野果，这个时期没有其他的生产活动，所以尚未出现产业。随着生产工具的不断改革，人类获得食物的数量越来越多，除了满足自身需求之外，开始饲养多余的猎物，种植额外的野果。这一阶段，人类社会发生重大转折，开始出现了早期分工的萌芽。通过人类社会三次分工的大调整，人类社会三大产业——农业、（手）工业和商业的基本格局得以形成。

第二，产业是具有相同性质的企业经济活动的集合体。产业是指一系列有共同特征的企业活动，它是一个集合体，包含多个相同性质的元素。产业通常由系列的经济活动联合组成，多产业经营者的存在表明某企业能做多种产业的经济活动。因此，对一个产业的界定需要对其核心内容进行考量。我们通常把依赖自然界进行的种植、栽培、养殖等活动获取产品统称为“农业”，而农业（包括直接从自然界获得产品的采集业）所具有的共同特性就是其生产产品对作物或者产品自然属性的依赖。

第三，产业的内涵会随不同历史时期有所演变。在资本主义社会之前，手工业对农业生产有很强的依附性，其他产业也是如此，所以那个时代所说的产业基本是指代农业。在工业大生产之后，资本主义生产方式扩展，现代工业发展迅速，这时候的产业通常指工业。而当历史发展至 19 世纪 90 年代，伴随现代科技服务业的兴起，产业的含义也在不断拓展。现在，产业的范畴已经拓展至投入、产出的所有生产部门，产业的概念自然也非常丰富。

综合以上分析，产业的形成源于社会分工。人类历史上三次大规模的分工，分别形成了农业、手工业、商业等产业。产业是相同性质的企业经济活动的集合体，在不同的历史时期其内涵也不尽相同。

二、农村产业

早些时候农村产业被默认为是农业，但随着社会的发展，人们对农村产业有了更清晰的认识，即除农林牧渔业及产品加工等传统产业以外，农村产业还囊括旅游业、服务业、特色产业等现代产业，实现了农村农业、工业和服务业全覆盖。农村产业也具备高价值链、长产业链和完善的供应链等特征，同时还可以实现深层发掘农业功能、深度开发农村价值、优化农村就业结构、拓宽农民增收渠道等，并且有利于“三农”问题的解决[①]。农村产业是指在农村区域内构成乡村经济的各行各业，它将农村资源充分整合，能带动乡村的发展，吸引外来人员消费；能带来可观的收益并回馈农村，从而实现高质量发展。

三、农村产业融合

农村产业融合是指一二三产业之间的不断融合发展，是破解农村产业发展矛盾突出、生产经营方式分散的重要举措，是促进生产由点到面、由单一发展到融合发展的有力手段，是新形势下农业农村发展的又一项突破性创造。农村产业融合以农村发展为载体，协调各生产要素和资源，通过产业间集聚、技术交流、体制创新、建立联动机制等措施，促进农产品加工和销售，如建设农产品直销店、设立产地加工业、发展农村旅游产业、建立农产品加工基地等，促进一二三产业融合。同时发展农业服务业，如观光旅游、休闲娱乐、住宿餐饮，让农村一二三产业密切联系、协同发展，从而实现产业规模继续扩大、产业链不断拓展和农村居民收入增长[②]。

农村产业融合项目多种多样，主要有产业内部之间资源整合、形成规模化，产业链不断延伸、增加产品附加值，拓展功能属性、获取更多收益，新兴技术渗透、智慧化现代化，城郊紧密结合、产城协同发展，让产业融合深入生活的方方面面，让人们在生产、生活、工作中时时刻刻享受到产业融合所带来的福利。

农村产业融合发展受益良多，有利于克服农业生产力落后、生产效率低下，是在农村产业上贯彻落实新旧动能转换理论的重要体现；有利于农村经济更好地融入我国社会主义市场经济，拉长产业链条，使农村发展更能依托其他成熟产业，搭上发展的列车，步入全面发展的快车道；有利于促进农产品深加工产业的兴起，使农村资源得到更加充分利用，为农村生产创造更高价值，为农民增收创造更加有利条件；有利于产业间形成契合点，促进产业间交流、技术革新，形成产业发展联动机制，从而引领全产业共同发展。

---

① 粉振华．地方政府推动牧区三产融合发展对策研究：以内蒙古东乌珠穆沁旗为例［D］．内蒙古大学，2015.

② 周斌．农业产业融合的现状、问题及优化路径［J］．技术经济与管理研究，2019（1）：115-119.

第二节　农村产业发展理论基础

一、协同治理理论

协同治理理论是协调与治理的有机结合。协同理论的创始人是赫尔曼·哈肯，他对物理学中的激光研究所表达的协同思想进行了深入的探讨[①]。其核心思想是：每个系统都是既有相互联系运动又有相对独立运动的体系，在这种体系中，相对独立运动占据支配地位时，体系的运行表现出一种非规律的状态；当外部力量或物体聚集到一定程度时，各子系统就会发生协同效应，而一个复杂的开放性系统将通过众多的子系统共同协作而构成新的秩序。因为个体的力量不可能一直保持在恒定水平，所以既会有合作也会有激烈的竞争。协同关系构成组织，竞争关系带动组织的发展[②]。治理理论则强调了政府的角色，同时也注重了多个主体的中心。其基本要素有分权与授权、合作与协商、多元互动、适应与回应[③]。许多学者都提出了“善治”的概念，认为良好管理的实质就是对公众的最佳利益的追求。而协同治理理论认为，在多个子系统的不断运动中，可以通过谈判和合作，使多种主体之间协同配合，组成一个完整的体系，并在良性的竞争中实现各方利益的最大化。

协同治理对于农村产业有着重要的指导作用。在农村产业的发展进程中，政府、企业、农户、各方组织等都扮演着重要的角色，同时也是整个体系的重要组成部分。它们的行为相互联系、相互影响，推动了各个主体的协作。因为各个主体利益和实力不同，所以它们之间的竞争也是不可避免的。发展农村产业，必须通过多种方式，使各子系统以整体、有序的方式，逐步替代恶性竞争和互相排斥的局面，从而促进区域整体经济发展、力量提升、各方利益最大化。

二、产业融合理论

随着我国农村经济的不断发展，发展中存在的一些问题和不足也都开始凸显出来，比如农业产出效率低、质量差，农村生产模式单一落后、环境问题严重，生产要素整体利用率低，土地资源浪费，农民收入迟迟无法提高等。为克服农村发展结构单一的问题，党的十九大提出了促进农村一二三产业融合发展。

推进农村产业融合成为解决农村产业发展不平衡的重要手段，是产业发展的现实选择。产业融合是指在生产发展过程中，对现有生产资源的整合和分配，是对同一产业不同行业或不同产业之间的资源要素相互交叉、相互渗透、相互融合，最终融为一体，构建成

---

① ELIZABETH A. KOEBELE. Integrating collaborative governance theory with the Advocacy Coalition Framework [J]. Journal of Public Policy，2018 (1)：39.

② 李汉卿．协同治理理论探析［J］．理论月刊，2014 (1)：138-142.

③ 孙萍，闫亭豫．我国协同治理理论研究述评［J］．理论月刊，2013 (3)：107-112.

高质量发展的产业链条，形成新产业的一个动态发展过程[①]。通过一二三产业之间的资源要素融合，形成农产品生产、加工、销售、流动、服务一体化的产业结构，从而提升产品所具有的价值，吸引和鼓励劳动力回乡发展、资金涌向农村生产，以此来激活农村经济活力。

产业融合能切实为城乡一体化发展提供助力，积极推动城乡经济互补、协同发展。以产业融合为契机，探索农村产业发展新模式，以产业发展带动农村发展、农民致富。拉伸农村产业链条，做好农村产业与其他产业的有效衔接，开拓市场，增加农村产业和现代化工业、农产品加工业利益联结点。充分利用二三产业发展的优势带动第一产业，在农产品深加工和综合利用上下功夫，提升产品科技含量。加强生产技能和产业融合发展培训，使农民有意识地自觉调整生产模式。充分利用信息技术、物联网等新兴技术，发挥其在生产领域的先进性，促进产业融合。产业融合不能仅作为一种发展趋势来进行讨论，而是要积极探索各产业融合点，发挥各自产业优势，取长补短、通力合作、齐头并进，为农村产业创新发展、融合发展创造新路径，注入新动力。

三、新公共服务理论

20 世纪八九十年代，西方国家为应对在管理过程中出现的政府信任危机，提出了新公共管理理论。新公共管理理论提出政府是起到掌舵指导作用的，应将更多的主动权交给市场。一时间新公共管理理论成为风靡一时的主流理论，但同时也有一些学者对此提出了疑问。美国著名公共行政管理学家罗伯特·B. 登哈特则提出政府并不是掌舵人，而是服务于大众的，公民才是真正的主人，新公共服务理论应运而生，成为西方改革的理论指导[②]。

新公共服务理论的主要思想是：借鉴新公共管理理论的成果，对新公共管理理论进行革新，重点突出政府的服务职能，公民在管理中享有足够的话语权、民主权，政府应广泛听取民众意见和建议，着眼于追求公共利益，为公众服务，真正实现政府、社区、民众多方协作、共同参与的格局。

新公共服务理论的基本观点主要有：政府是为公民服务的；追求公共利益；在思想上要具有战略性，在行动上要具有民主性；为公民服务，而不是为个体服务；负有的责任重大，并不轻松；以人为本，而不是关注效率；关注公民权利和公共服务。

在此通过借助新公共服务理论中“政府不是掌舵人，而是服务于大众”的思想，从服务大众的角度出发，以服务为导向，更好地提出有利于农村产业发展的措施。

---

① 薛金霞，曹冲．国内外关于产业融合理论的研究综述［J］．新西部，2019（30）：73-74，90.

② 珍妮特·V. 登哈特，罗伯特·B. 登哈特．新公共服务：服务，而不是掌舵［M］．丁煌，译．北京：中国人民大学出版社，2004：7.

四、农业产业化理论

国外最早涉及农业产业化是在20世纪50年代，由美国哈佛大学的学者戴维斯和戈尔德提出“农业一体化”或“农业产业一体化”概念。国内在农业经济建设中对农村经济和农民生产经营深度分析、不断探索，提出了“农业产业化”这一新概念，是对农业农村农民整体发展作出的总体部署和战略要求，是农业产业高质量发展的重要理论支撑和理论依据。具体是指以经济效益为中心，以市场为导向，以农业产品、特色产业为重点对象，对各种生产必备要素优化组合，根据市场需要决定具体生产，保障市场供应和市场需求，实现供应和需求的平衡发展，使农产品供销平衡、产销对路，从而指导农民控制生产，实现农业产业效益最大化，促进农民增收①。实行总体化布局、规模化生产、标准化建设、精细化加工、企业化管理、个性化服务，构成一套集种养加工、产供销、贸工农、农工商、农科教于一体的生产经营模式，提高农产品附加值，不用多加干涉，就可以实现自我调节、自主运营。

当前我国农业发展矛盾突出，一方面，是生产经营方式分散，农业生产多以农户为代表的“点”的形式存在，难以与互联互通的大市场衔接；另一方面，是生产率低下，农业生产还存在生产力落后、生产效益低下的问题，农产品在市场上的竞争力严重不足。在我国社会主义市场经济建设中，保护和发展农业经济显得尤为重要，农业产业发展模式亟须革新。新形势下，如何向前推进农业农村经济发展是面临的一个现实问题，这就催生了一种新型的、符合我国社会主义市场经济整体要求的农业农村产业发展思路，农业产业化理论应运而生。农业产业化理论是在实践中诞生的符合我国国情的发展理论，是所有劳动者集体智慧的结晶。

从根本上来说，农业产业化理论是我国原有农业发展理论的又一次创新，是对农业产业发展作出的又一次战略调整，是对传统型农业的一次重大技术升级和改造，是淘汰落后产能推进农业产业新旧动能转化的重大变革。

第三节　农村产业融合发展分析

一、农村产业融合发展机制

（一）*农村产业融合发展机制构建的背景要求*

城乡二元结构是我国实现社会主义现代化进程中需要解决的重大瓶颈。如何实现城乡协调发展，正确处理工农关系是我们国家绕不开的理论和实践问题。为解决这个问题，党

① 卢晓．推动农业产业化实现农民增收［J］．人民论坛，2019（12）：94-95.

和国家一直在不断探索和尝试。改革开放以来，我国城乡关系大概经历了四个阶段：城乡互动阶段、城乡协调阶段、城乡统筹阶段以及城乡融合阶段①。党的十八大提出，推动城乡发展一体化，我国城乡发展一体化进入机制更加健全的城乡融合阶段。这一阶段的城乡和工农关系为工农互促、城乡互补、共同繁荣的新型城乡关系，主要抓手是健全城乡融合发展体制机制。农村产业融合发展，需要通过推进农村一二三产业融合发展，充分发挥城镇、企业以及人才、资本等要素对农村产业发展和转型升级的引领作用，带动城乡协调发展和工农业互动发展。因此，农村产业融合发展机制的构建应符合城乡融合发展的背景要求，并且成为城乡融合发展体制机制的重要组成部分。

城乡融合发展为农村产业融合发展提供良好的前提条件。首先，城乡互动渠道逐渐打通使城乡之间的要素流动更加自由，促进各类生产要素在农村农业集聚以及优化配置，推动农村产业融合发展。城乡之间户籍制度、公共服务体系等一体化发展有助于农村剩余劳动力转移到城镇，有助于农村土地规模化经营，为农村产业融合发展提供良好前提条件。其次，要实现城乡融合发展，必须提高农村相对地位，才能实现城乡相互融合、协调发展。最后，城乡融合发展，城乡之间产业互动、转移和布局优化有助于产业融合发展。城镇二三产业出于优化布局和经济功能目的，逐渐向农村延伸，有助于一二三产业在农村地区集聚，从而实现相互融合。例如，以提升区域品牌为目标，以优势资源为基础，农业相关生产经营主体在区域内集聚，围绕农业产业链进行分工协作，在区域内形成一二三产业互动和融合，形成集聚效应。

（二）农村产业融合发展机制构建的基本原则

1. 立足农业、惠及农民的原则

在推进农村一二三产业融合时应注重农业的基础地位，着重处理好两个关系，即农业与其他产业之间的关系、农户与其他经营主体之间的关系。农村产业融合发展需要限定在农村区域展开，防止资源要素由于趋利性流向非农产业；要围绕农业的基本生产要素来展开，吸纳二三产业的参与，保证农业的基础地位；应注重创新利益联结机制，积极带动农户，合理分配利益；要注重防范非农化生产经营风险，社会资本、企业等经营主体参与农业生产经营，在利益的驱动下可能会出现生产经营非农化的现象，从而偏离产业融合的发展目标。因此，要完善约束机制，从制度上规范参与主体的行为。

2. 因地制宜、有序推进的原则

我国地域辽阔，由于地理环境、资源禀赋、经济发展程度的差异，各地区农业发展模式差别较大，发展基础强弱各异。在推进农村产业融合时，不能“一刀切”，应坚持因地制宜、有序推进的原则，充分发挥所在区域的特色和优势，推行不同的产业融合模式。例

① 蒋永穆，周宇晗. 改革开放40年城乡一体化发展：历史变迁与逻辑主线［J］. 贵州财经大学学报，2018（5）：1-10.

如，四川省充分发挥“农家乐”的传统优势，利用深厚的农耕文化和绿色生态资源较丰富的特点，大力推行农业与旅游业的融合，发展休闲农业。北京市借助首都的区位、市场以及技术等优势，大力发展都市型农业，扶持农业与加工业、会展服务业等产业的融合，促进农产品精加工和会展农业等新业态的发展。不仅如此，即使在同一区域内的不同地区，产业融合发展的模式也各不相同。目前，农村产业融合在国内处于初步发展阶段，应有序推进，先试点再推广，发挥先进典型的带动作用，引导多元化主体积极参与，不宜实行整齐划一、同步推进的发展政策。

3. 产城互动、合理布局的原则

城乡之间要素流动是农村产业融合发展的前提条件。长期以来，先进技术、高水平人才和社会资本等要素都聚集在相对发达的城镇区域，工业和服务业多数布局在城镇。农村产业融合要突破仅依靠农业内部进行发展的局限性，就要保持开放性和融合性，充分利用城镇的要素优势和农村的生产要素相结合，补充其自身发展的不足。目前，我国城乡一体化进入城乡融合发展的阶段。因此，在推进农村产业融合发展的同时，要统筹考虑城乡关系的深刻变化，合理布局产业，促进美丽乡村建设与新型城镇化、农村产业融合与新型工业化之间相互促进，协调发展。

4. 创新驱动、激发活力的原则

农村产业融合发展是产业创新的过程，是微观经济主体追求利益最大化，进行技术创新和制度创新，从而进一步催生新技术、新业态和新模式的过程。因此，农村产业融合发展的内生动力源于微观经济主体的创新行为。应进行体制机制改革，消除制度和政策障碍，减少对微观经济主体的约束，激发微观经济主体的创新活力对产业融合发展起到关键作用。在创新驱动下，微观经济主体推动产业链延伸、农业多功能拓展、技术渗透等，运用现代管理理念和技术对传统农业进行改造，从而实现农村产业融合。

（三）农村产业融合发展机制构建的目标体系

农村产业融合发展机制构建的目标是通过对农村产业融合内在运行机理进行深入分析和研究，结合实际情况，构建科学合理的融合机制，推动农村产业融合发展所要实现的目标。目标体系对融合机制的构建与发展起着导向作用，是农村产业融合发展机制构建的出发点和归宿，农村产业融合发展机制构建的原则、基本模式等都要围绕目标进行。具体而言，农村产业融合发展机制构建的目标体系包括以下几点。

1. 实现农村产业融合发展整体水平的提升

农业加工业和服务业的附加值占农业总产值的比重显著提升。农产品精加工较快发展，形成一批国内外领先的精加工品牌企业。农业多功能得到较充分开发，农业农村资源得到充分利用。休闲农业、会展农业、文化创意农业快速发展，农业与康养、教育、体验、度假等融合发展的高水平新业态不断涌现。农业生产经营的技术贡献度越来越高，生物技术、以互联网为典型代表的信息技术等在农业广泛应用，智慧农业、“互联网＋农业”、工厂化农业等新业态不断发展壮大。物流基础设施和冷链等物流技术不断发展，农产品区域物流布局更加合理，物流模式不断创新，农产品短链直销、农超对接、农社对接以及农企对接等新模式不断出现。

2. 培养一批融合能力较强的新型经营主体

打造一批规模较大、创新能力较强以及品牌效应突出的龙头企业。促进合作社向质量型转变，规范合作社建设，鼓励合作社采取横向、纵向一体化方式发展，扩大规模，提高带动能力。培育一批管理规范科学、规模较大、技术先进的专业大户和家庭农场。引进一批专注农业发展、经营行为规范和实力较强的社会资本。鼓励新型经营主体之间以及新型经营主体与农户之间加强联合和合作，丰富农业经营体系，提高带动能力。

3. 使农村产业融合主体之间联结紧密

订单合同式的利益联结方式所占比例不断下降，订单合同内容更加完善，管理更加严格。股份合作制、产销联动、链式利益联结等新的更加紧密的利益联结方式快速发展。农村产业融合主体之间形成农民利益得到保障、风险共担、利益共享、互利共赢的利益共同体。

4. 提高农民收入增长贡献率

农民收入增长是我国推进农村产业融合发展的主要目标。因此，科学合理的农村产业融合发展机制，一方面要保障农民获得合理利益，惠及更多农民；另一方面，要不断拓宽农民增收渠道，除了农民依靠传统农业生产要素获得报酬外，要创新机制，带动农民更加深入地参与农村产业融合，获得产业融合的股权分红等利益。

（四）农村产业融合发展机制构建的基本模式

1. 发达国家农村产业融合发展机制构建的基本模式

发达国家农村产业融合发展机制构建的基本模式主要有两种：一是市场演进型模式；二是政府推进型模式。

（1）市场演进型模式。市场演进型的构建模式指的是在农村产业融合形成和发展过程中，市场是内生变量。农村产业融合各构成要素在市场机制支配下，相互作用、相互联系和相互制约并实现相应的功能。在这个过程中，政府是外生变量，不直接干预农村产业融合的形成过程，只起到组织协调和保障作用，弥补市场失灵，包括提供公共服务、完善政策法规、加强市场监管、营造公平竞争环境等。这种模式多见于市场体系比较发达、技术比较先进的国家和地区，如美国和荷兰两国农村产业融合的形成就是典型的市场演进型模式。

（2）政府推进型模式。政府推进型的构建模式指的是政府直接干预农村产业融合形成和发展的过程。在这个过程中，政府的政策和措施等是内生变量，政府的引导和推动增强了农村产业融合的动力和理性预期，农村产业融合各构成要素在政策和制度的支配下，相互作用、相互联系和相互制约并实现相应的功能。这种模式常见于市场经济体系不发达的国家和地区，如法国和日本两国农村产业融合的发展就是典型的政府推进型模式。

2. 中国农村产业融合发展机制构建模式的选择

根据产业融合发展规律和我国农业农村基本现状，我国应采取“政府推进＋市场导向＋农户为主体”的模式。原因如下。

一是我国农业的弱质性和农户的弱市场性决定农村产业融合发展需要政府直接干预。当前，我国农业发展基础仍然较薄弱，农业技术水平相对落后，农业劳动生产率相对较低，导致我国农业比较利益较低。在采取市场配置资源情况下，资源要素会进一步聚集到城镇区域和二三产业，不利于农村农业发展。农业企业、社会资本等新型经营主体在技术、资金、规模以及市场等方面相对农户具备很大优势，农户经营规模较小，在市场竞争中处于劣势地位，还未成为具有竞争力的市场主体。因此，我国需要采取政府推进型的模式发展农村产业。一方面，通过政府的干预增强融合主体的内生动力；另一方面，政府的利益协调，可以确保农业增值收益更多留在农村，并有效引导和约束相关主体，形成农业与其他产业协同发展、农户与其他经营主体联结紧密的良好局面。

二是农村产业融合处于初级阶段决定需要政府统筹协调。目前农村产业融合处于初级阶段，发展水平较低，不具备市场演化型发展条件。由此，需要政府统筹协调，通过政策引导作用，对产业融合发展进行合理布局，形成区域之间分工协作的格局；需要政府加强外部性较强的制度和公共服务的供给，为农村产业融合发展提供有力支撑；需要政府对人才培育、技术推广、资金等薄弱环节加强扶持；需要加强监管，维持产业融合发展秩序，营造公平竞争和鼓励创新的氛围；需要健全风险防范机制，建立负面清单，规范引导工商资本等主体的经营行为；需要大力培育新型经营主体，创新利益联结机制，支持鼓励各类经营主体和农户之间开展联合与合作，建立紧密联结，完善农业经营体系，丰富现代农业经营方式等。

三是农村产业融合的发展规律决定融合机制构建的市场导向性。首先，市场需求是产业发展和成长的前提条件。产业融合发展需以市场为导向，让市场决定产业融合发展的方式、类型和速度。政府应尊重农户、企业等生产经营主体的自主决策地位，保障产业融合发展的可持续性。其次，发挥市场作用符合产业发展规律。在产业发展初始阶段，政府干预能够起到积极支持作用。随着产业发展壮大，政府应逐渐退出，市场规律的作用越来越强。若在产业发展较成熟时期，政府仍过多干预市场，容易导致资源配置效率低下，从而阻碍产业发展。最后，市场导向符合我国农村农业经济改革的趋势。建设市场经济体制是我国改革发展的基本方向，关键是处理好政府和市场的关系。经过多年努力，我国的市场经济体制不断完善，市场在资源配置中的作用不断增强。我国农村改革发展宏观上也是以市场化为导向。“家庭承包制使农民获得了剩余农产品索取权，是农村市场改革突破口，流通领域改革是市场化改革的中心环节，乡镇企业是市场化改革的先行者，农业产业化是市场化发展的重要表现形式。”①

四是我国农村基本经营制度决定农户处于主体地位。改革开放以后，农户经历了“集体经济组织内部的责任单位”到“集体经济组织中的经营主体”，再到“独立的市场主体”的变迁②。与此同时，涉农企业、合作社、社会资本、专业大户以及家庭农场等新型经营主体不断发展壮大，不同主体间分工协作形成了丰富多样的生产经营方式。但无论采取何种经营方式，都受到我国农村基本生产经营制度框架的制约。“家庭经营的基础性是农业经营主体层面的质的规定性……而普通农户本身就是家庭经营，任何农业经营主体的形成也都离不开农户家庭这一基础性组织，都必须建立在家庭经营基础之上。”③ 普通农户本身就是家庭经营，专业大户和家庭农场本身就是在农户基础上发展起来的，合作社是农户组成的经济联合体，农业企业需要与农户签订契约，开展生产经营活动。因此，农村产业融合要坚持农户主体地位，保证农村产业融合的正确发展方向。

（五）基于分工理论的农村产业融合发展基本逻辑

1. 分工理论对农村产业融合发展的指导意义

（1）社会分工体系发展变迁的框架。社会分工理论体系是一个完整系统，这个系统从时间上看，包含自然经济社会的分工、简单商品经济社会的分工和资本主义社会的分工；从静态角度考虑，包含各生产部门和企业内部分工共同组成的社会分工体系。社会分工体系的演变与发展可以从以下几个层面来分析。

第一个层面：分工具备生产力和生产关系双重属性。分工是在生产力和生产关系矛盾运动中不断发展变化的。一方面，社会生产力的发展水平决定了分工水平。从历史角度考察分工，生产力的发展促进了分工的不断发展，分工产生的前提是生产力发展到一定水平。资本主义社会的分工制度由社会分工和企业分工共同组成，很显然它是生产力的发展结果。这一结论，我们可以从人类最初的自然分工到资本主义社会的分工体系发展历程中得知。在不同的生产力发展水平，分工表现出不同的形态。另一方面，分工促进了生产力的发展。分工理论从企业内部分工、社会再生产和剩余价值分配的角度分别阐述了两种不同的分工如何产生协作力，提高生产效率，指出“随着分工水平的发展，劳动的协作性越来越得到增强，生产效率进而不断提高”④。同时，分工决定生产关系，生产关系反过来作用于分工。分工直接表现为不同的生产资料归属不同的部门或主体，因此决定生产资料所有制关系，而后者是生产关系的核心，它决定生产、分配、消费和交换各环节。生产关系

① 蒋永穆．中国农村改革四十年：回顾与经验［M］．成都：四川大学出版社，2018：141.

② 米运生，罗必良，曾泽莹．农村基本经营制度改革：中心线索、重点变迁与路径取向［J］．江海学刊，2015（2）：67-74.

③ 蒋永穆，赵苏丹．中国农村基本经营制度：科学内涵、质规定性及演变逻辑［J］．当代经济研究，2018（1）：28-35.

④ 杨慧玲，张伟．马克思分工理论体系研究［J］．经济学家，2011（10）：10-21.

一方面有可能成为分工发展前提条件，另一方面有可能成为限制分工发展的因素。

第二个层面：社会分工和企业内部分工的相互作用。两种分工形态之间不是完全独立、互不干扰的系统，它们之间具有相互促进、相互替代关系。其中，企业内部分工是社会分工发展到一定阶段的产物，社会分工是企业内部分工发展的前提条件。一方面，社会分工发展促进商品经济发展，在大规模商品生产基础上，企业内部分工才得到迅速发展。另一方面，企业内部分工的不断深化，使其中某些环节逐渐独立出来成为新的生产部门，促进社会分工发展。企业内部分工的发展和范围的扩大，实际是对社会分工的替代。在同一个生产部门内部，企业内部分工通过资本集中和集聚，不断扩大规模。在不同的生产部门之间，企业的跨产业经营逐渐发展，实现企业内部分工对多个社会分工替代，并逐渐形成新的生产部门。综上分析，我们可以认为社会分工和企业内部分工在每一个发展阶段相互促进和替代，都推动着社会分工体系向前发展。

第三个层面：企业之间的相互作用。企业之间相互作用可以包含以下两个方面。一是在同一生产部门内部，企业之间是竞争关系，为了追求更多剩余价值，企业尽可能通过改进技术、扩大分工提高劳动生产率，当所有企业都获得相对剩余价值，企业分工和社会分工相互替代处在均衡点上。二是在不同生产部门之间，企业之间相互联系、相互作用。一方面，某一部门社会必要劳动时间缩短，依赖于生产生活资料和生产资料相关部门劳动生产率提高，不同生产部门之间存在着技术、产品等形式关联。另一方面，在社会平均利润率作用下，等量资本要求等额利润。资本和劳动力等要素总是从低利润生产部门向高利润生产部门流动，从而改变社会分工结构。

第四个层面：企业内部分工的变迁。追求剩余价值是企业内部分工发展的动力，对于单个企业而言，通过不断改进内部分工，提高劳动生产率，缩短必要劳动时间，从而获得超额剩余价值。因此，社会必要劳动时间决定企业内部分工发展的技术规律和变迁的方向。同时，分工的不断发展导致了企业生产组织形式变迁。分工理论系统分析了前资本主义时期到资本主义阶段生产组织变迁的历程。在前资本主义时期，由于社会分工体系发展，商品经济日益活跃，使生产组织形式从行会制度向包买商制度，再向工场手工业制度变迁。在资本主义阶段，随着社会分工体系发展，生产组织形式经历了以简单协作为基础的手工工场到以分工为基础的手工工场，再到以机器大工业为基础的工厂的变迁。

综合以上分析，可得出社会分工体系发展变迁的基本框架：整个社会分工体系在生产力和生产关系的矛盾运动中不断发展变化，主要表现为两种分工形态的相互作用、相互促进和相互替代。微观主体对剩余价值的追求，是推动企业内部分工和生产组织形式变迁的内在动力。在追求剩余价值的过程中，企业之间相互作用、相互联系，这是社会分工和企业内部分工相互作用的联结纽带。社会分工体系变迁的基本框架如图 1-1 所示。

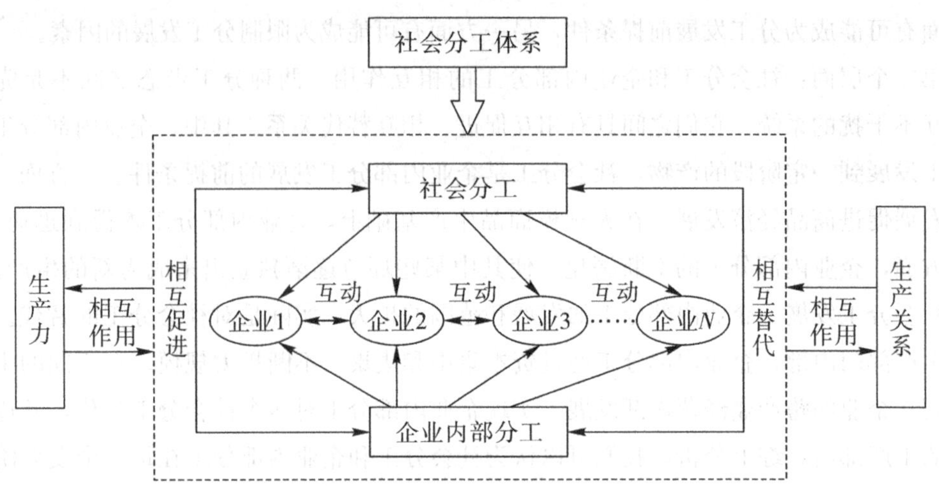

图 1-1　社会分工体系变迁的基本框架

“产业融合是产业间分工的内部化，是产业间分工转变为产业内分工的过程和结果。”① 但是，融合并不意味着分工消灭，反而是对分工的深化，主要表现为以下两个方面：一是产业之间分工内部化虽然使原本两个或多个产业之间的分工消失，但是增加了新的产业内部分工；二是产业分工内部化形成新的分工形式，表现为多个产业经过内部化成为一个产业，形成新的产业，与原有产业并存，或者导致原有产业消失，或者这本质上是整个经济社会内部分工结构的调整和深化。根据以上分析，我们可以将产业融合发生机理简化为“产业分立（社会内部分工）—企业之间相互作用—企业内部分工—产业融合（新的社会内部分工）”的过程。因此，从产业分立到产业融合，最为关键的环节是企业之间如何相互作用实现对社会分工替代。

（2）农村产业融合发展的基本逻辑。农村产业融合作为产业融合的一种特殊形式，它的发展同样遵循产业融合的发展规律，其本质是一二三产业在农村实现分工内部化的过程。在这个过程中，社会内部分工和企业内部分工此消彼长，推动农村的分工形态不断向前发展。其中，起到联结作用的是生产经营主体的分工协作。因此，我们可以将农村产业融合的形成和发展分为三个层面：微观层面表现为经济主体对于利益最大化追求而采取的融合经济行为；中观层面表现为微观主体之间的分工协作及其形成的产业组织；宏观层面表现为农村一二产业内部化导致产业融合，推动农村经济发展。其中，中观层面是微观和宏观层面的联结纽带，体现了农村产业融合形成和发展的内在机理。因此，要深入研究分析农村产业融合发展的基本逻辑，需对微观主体经济行为及其相互之间分工协作进行研究。

微观主体的分工协作包含以下四个维度。一是组织维度，即微观主体之间如何形成有效组织形式。有效组织形式是农村产业融合发展的重要载体。在农村产业融合发展过程

① 梁伟军．产业融合视角下的中国农业与相关产业融合发展研究［J］．科学·经济·社会，2011（4）：12-17.

中，农户和各类新型经营主体相互分工协作，形成不同的产业组织，推动产业融合发展。二是利益维度，即微观主体如何实现利益和谐。微观主体相互作用，但是利益诉求不同，并且由于机会主义行为存在，很有可能导致主体之间产生利益冲突，使分工协作难以维持下去。因此，需通过利益协调，使微观主体之间实现利益和谐格局。三是路径维度，即微观主体相互作用的基本路径如何实现。在农村产业融合发展过程中，微观主体跨产业经营方式各异，或是沿着农业产业链方向延伸融合，或是拓展农业多功能性实现农业与其他产业融合。无论采取何种形式，其本质都是产业链协同发展。四是政策维度，即微观主体分工协作需要哪些政策制度保障。在农村产业融合发展过程中，微观主体相互作用必然在政府政策和制度约束条件下进行。政策和制度会对微观主体的经济行为产生重要影响。

基于以上分析，认为农村产业融合发展的基本逻辑是：农村产业融合本质是农村一二三产业分工内部化，其发生机理表现为企业内部分工对农村一二三产业分工替代，而微观主体分工协作是两种分工形式相互作用的重要联结纽带。微观主体之间互动需要从四个维度来分析，即组织形式是农村产业融合发展的重要载体，利益协调是农村产业融合发展的根本手段，产业链协同是农村产业发展的实现路径，政策制度是农村产业融合发展的支撑保障。农村产业融合发展的基本逻辑如图 1-2 所示。

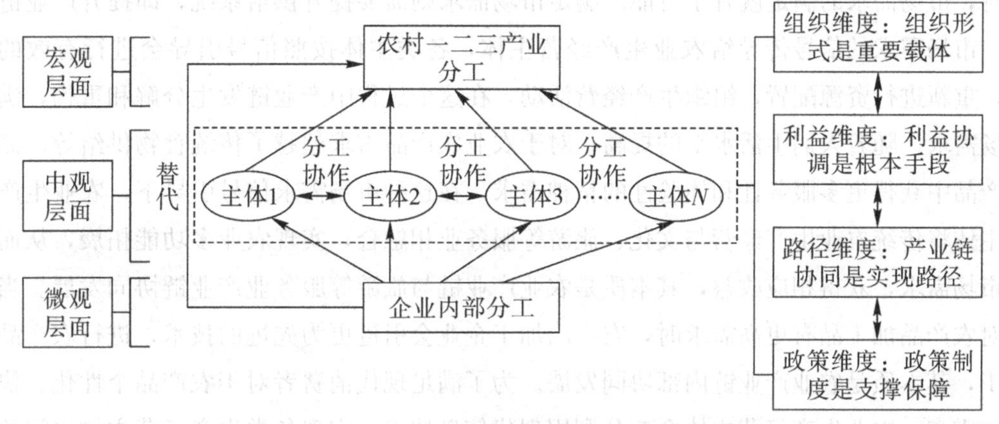

图 1-2　农村产业融合发展的基本逻辑

2. 组织形式是农村产业融合发展的重要载体

在农村产业融合过程中，微观主体之间相互作用、分工协作形成一定的组织形式或载体。除了之前马克思所研究的企业内部分工之外，产业分工内部化的过程并不一定全是企业内部分工对产业分工替代，还存在着一种中间状态，主体之间可能会分工协作形成企业之间分工协作网络，这种分工协作形式介于企业内部分工和社会内部分工，被称为“企业社会性分工”。“这种分工形式介于企业分工和社会分工之间，兼具二者的特性，但又与它们有着本质区别。与前者相比，它们之间区别在于，这种分工形式生产最终产品依靠的是多个企业分工协作，共同完成；与后者相比，这种分工形式使内部的企业之间存在一定的经济关系；而社会分工情况下，企业之间关系由市场机制来协调，不存在特殊的经济关系。”① 在我国农村产业融合发展实践中，微观主体之间的组织形式经历了一定发展阶段，并与农业生产经营主体密不可分。农业生产经营主体从传统农户向农户、专业大户、家庭农场、合作社以及农业企业并存的现代农业经营体系转变。在这个过程中，“龙头企业＋农户”“龙头企业＋合作社＋农户”等就是典型的企业社会性分工形式。而以龙头企业或合作社为核心构建的全产业链，则属于企业内部分工，其内部资源配置依靠的是企业内部的行政权威和命令。相对于单个生产经营主体，这种新的企业内部分工或企业社会性分工具备市场竞争优势。在竞争压力下，其他企业纷纷模仿这种行为，当大多数经营主体都采取这种企业社会性分工或企业内部分工时，就会形成农村产业分工内部化。

3. 产业链协同是农村产业融合发展的实现路径

农村产业融合发展形成丰富多样的新业态、新模式和新技术，但最终形成何种形式的业态和模式，取决于微观主体的生产经营决策。市场需求是产业融合发展的重要基础条件，当市场需求发生变化时，相关农业生产经营主体会针对这种变化，综合分析内外部资源条件，并进行预期收益和成本的计算。当产业资源与市场需求相匹配，预期收益超过成本时，市场需求的满足就有了可能。满足市场需求则需要提升供给系统，即提升产业链水平。市场需求的信号传导给农业生产经营主体，各类主体按照信号引导会进行有效的反应，重新进行资源配置，组织生产经营活动，在这个过程中产业链发生分解和重构，满足市场需求。随着人们生活水平的提高，对于农业农产品需求超越了传统食物供给等，需从农产品中获得更多服务性和体验性的精神需求。在这种市场需求信号引导下，农业生产经营主体将传统农业生产经营与文化、旅游等服务业相融合，实现农业多功能拓展，从而满足市场需求，获得相应收益，其本质是农业产业链与旅游等服务业产业链协同发展。当人们对农产品加工品有更高需求时，农产品加工企业会引进更为先进的技术，进行农产品精加工，其本质是农业产业链内部协同发展。为了满足现代消费者对于农产品个性化、快捷化的需求，农业生产经营主体会充分利用现代信息技术，实现各类生产经营主体之间的紧密连接和高效协作，提升产业链供给水平，实现对市场需求的快速响应，其本质是农业产业链与高新技术产业协同发展。

4. 利益协调是农村产业融合发展的根本手段

从微观主体角度而言，产业融合只是无意识的微观主体的经济活动的集合，产业融合并不是微观主体的目的，而是众多微观主体追求利益最大化过程中经济活动集合而成的结果。当外部环境发生变化，微观主体面临着不确定性，使预期收益发生变化。为了达到利益最大化，企业创新生产经营行为，进行资源重组，将潜在收益内部化。当微观主体创新的生产经营行为恰好是跨产业的生产经营行为时，使微观主体之间分工逐渐内部化为同一

① 李翀．论社会分工、企业分工和企业网络分工［J］．当代经济研究，2005（2）：17-22.

个企业内部分工或企业社会性分工，将逐渐推动产业融合发展。因此，微观主体对利益的追求是农村产业融合发展的内在动力。在具体实践中，微观主体之间可能存在利益冲突。因此，为了使各主体之间分工协作实现高质量发展，推动农村产业融合不断进步，需要采取利益协调手段，解决主体之间利益的冲突问题，实现利益和谐，形成利益共同体。那么，在没有利益协调的作用下，出于“理性经济人”的角度，主体之间难以形成相互分工协作的良好格局。

5. 政策制度是农村产业融合发展的支撑保障

从历史逻辑考察，农村产业融合的形成和发展受到政策和制度环境约束。自 1978 年开始，基于农业和农村对解放生产力的需求，我国农村基本经济制度发生了“自下而上”的诱致性制度变迁，家庭联产承包责任制极大地激发了农民的积极性，农业生产力得到了较大的提升。与此同时，以市场化为目标的制度改革，使农民逐步成为自主决策的经济主体，进一步激发了农民的生产积极性。此时农村产业分工较为单一，以农业为主。随着市场化改革逐步深化，农户分散的生产经营形式已不适应生产力的需求。为解决“小农户”与“大市场”之间的矛盾，农业产业化经营模式应运而生，并迅速在全国推广开来。农村产业分工由单一的农业逐渐过渡到一二三产业并存、相互作用、相互联系的分工体系。在农产品市场需求升级、技术进步、城乡关系深刻变革等因素的作用下，原有的农业生产经营制度已不能适应生产力发展的需要。农业需要突破其内在分工限制，在更大范围内与二三产业深度互动。自 2014 年以后，我国出台一系列政策，支持农村产业融合发展，进行土地产权制度改革等，使农业发展在纵向上不断向农业产业链上下游扩展，横向上深入挖掘农业农村资源，充分发挥农业多功能性，扩展横向增值空间。同时，采用互联网、生物等高新技术，促进农业效益进一步提高。农村一二三产业分工界限开始模糊，出现了农业与其他产业渗透、交叉和重组等相互融合的趋势，产业分工逐渐内部化。

（六）基于农村产业融合发展基本逻辑的机制构成

根据农村产业融合发展基本逻辑，推动其发展需要围绕微观主体之间分工协作的四个维度构建机制，即构建组织机制推动农村产业融合组织形式的发展，构建产业链协同机制厘清农村产业融合的基本路径，构建利益协调机制推动主体之间形成利益共同体，构建保障机制完善农村产业融合发展所需的政策环境和制度。

1. 农村产业融合的组织机制

组织机制指的是推动融合发展的主体及其分工与协作形成产业组织的机理和过程。组织机制的作用在于解决“谁来融合”的问题。根据以上分析可知，微观主体对于利益的追求是推动农村产业融合发展的重要动力，但这不是主体采取融合行为的充分条件。主体要将潜在利益内部化，还必须具备足够的能力，需要生产经营规模达到一定水平，经营管理理念合理科学。在发展实践中，新型经营主体往往是推动农村产业融合发展的主要力量。

从静态均衡视角来考察，新型经营主体应具备“企业家”精神，敢于采取创新行为，对生产要素进行重新组合，将潜在收益内部化。在专业化和集约化生产过程中，由于市场竞争压力，在资源和成本双重约束条件下，新型经营主体必然引进先进生产要素，先进生产要素在新型经营主体中不断扩散，成为解决农村产业融合发展的技术要素。为了获得组织效率优势，主体会改变以往的竞争策略，进行生产经营模式创新，和其他主体相互分工协作，组成企业协作网络，从而推动农业产业分工体系的变迁，逐步实现农村产业融合。从动态发展视角来考察，融合的发展水平随着新型经营主体的发展壮大而逐渐提高。由于农村基本经营制度等外界环境不断变迁，在追求利益最大化的激励下，我国农业经营主体逐渐分化，由传统农户演变为传统农户和新型经营主体并存的格局。微观农业经营主体之间相互作用、相互联系，表现为宏观上的农村产业融合发展。因此，主体之间采取何种方式进行联合与合作，也是融合形成和发展的关键问题。

2. 农村产业融合的产业链协同机制

产业链协同机制指的是农村一二三产业链之间在内外因素的综合作用下，相互吸收和整合，通过相互交叉、渗透、重组等方式最终形成新的产业链过程和机理。产业链协同机制解决“如何融合”的问题。在产业融合背景下，主体之间相互作用表现为产业链协同发展。根据以上农村产业融合发展的基本框架可知，主体的跨产业经营，形成企业内部分工或社会性分工，并逐步替代社会分工是融合形成和发展的重要途径。企业采取何种跨产业经营战略，则决定了产业链协同发展方式，即融合发展路径。微观主体沿着农业产业链跨产业经营，实现生产、销售和加工等环节相互作用、协调发展，提高农业产业链整体效率和利益最大化的协同方式被称为“农业产业链内部协同”。微观主体以农业多功能拓展为基础，实现农业与休闲旅游业等服务业跨产业经营，促进农业产业链与相关产业链解构、重组成融合性产业链，从而实现农业分工和其他产业分工内部化，被称为“农业产业链外部协同”。微观主体通过采用信息网络技术、生物技术等为代表的现代高新技术，不断向农业领域渗透扩散，使高新技术产业和农业边界逐渐模糊，并最终实现农业和高新技术产业分工的内部化，形成新技术、新业态和新模式，从而促进传统农业向现代农业转变，这也属于农业产业链外部协同。因此，农村产业融合的产业链协同机制可分为农业产业链内部协同和农业产业链外部协同。农业产业链内部协同表现为纵向延伸融合，农业产业链外部协同通常表现为农业与其他产业的交叉融合，以及高新技术产业对农业的渗透融合。

3. 农村产业融合的利益协调机制

利益协调机制指的是参与融合的主体之间的利益联结、调节和约束的实现方式的机理和过程。它主要是解决各个主体之间利益的冲突，形成利益共同体。在不同分工形态下，主体之间相互作用的形式即分工协调机制有所差异，从而导致经济主体之间利益关系不同。随着农村产业融合的不断发展，社会分工结构不断调整，分工协调机制随之发生变迁。因此，要研究农村产业融合利益联结机制，首先要考察分工协调机制。分工协调机制可以分为三类。一是市场协调机制。经济主体之间相互作用受市场经济规律支配，主体之

间经济利益关系由价格机制、供求机制和竞争机制所决定。实力较雄厚、具有竞争优势的经济主体在市场竞争中能够获得较多利益。二是企业协调机制。经济主体之间实现一体化，它们作为企业内部生产单元，受企业组织权威支配，主体之间相互分工协作，共同完成生产经营过程。三是企业社会性组织协调机制。经济主体之间保持生产经营独立性，其生产经营决策除了受市场经济规律支配外，还要受到契约或合同以及组织内部制度的约束。由于农村产业融合是农村分工体系的深化，表现为企业分工和企业社会性分工对社会分工的替代，因此农村产业融合的分工协调机制主要包括企业协调机制和企业社会性组织协调机制。其中，对应企业协调机制的是一体化利益联结机制，对应企业社会性组织协调机制的是网络化联结机制。网络化联结方式包含契约联结以及产权联结。在利益联结基础上，不同主体之间的利益分配也不相同，弱势主体的利益可能难以得到保障。因此，需要完善利益调节机制对主体之间利益进行调节，并以利益约束机制对它们的行为进行约束。

4. 农村产业融合的保障机制

保障机制指的是支撑农村产业融合发展的相关环境支持的集合。根据马克思分工理论，分工体系的变迁受到外界多种因素影响。从农村产业融合发展的实践历程可以总结出，农村生产关系的变迁推动了农村产业融合的发展。从家庭联产承包责任制逐步发展至建立农村基本经营制度，带来了农村产业从单一农业，到农业产业化，再到农村一二三产业融合发展的变迁，以至产业之间分工消失和新的分工形成，这充分体现了制度环境的变迁对于农村产业融合发展的推动作用。农村产业融合是一个系统性工程，在这个过程中需要各类主体的参与，以及要素资源的聚集与重新配置。因此，需要相应的制度环境支持其融合发展，主要包括农村土地制度、农村金融服务体系、农业科技推广体系、新型职业农民培训体系、农村产业融合管理体制和政策支持体系等。

5. 机制之间的耦合分析

上述四大机制之间不是相互独立、相互割裂的状态，它们相互联系、相互作用，共同推动农村产业融合发展。

首先，四大机制是一个完整的系统。依据马克思分工理论，农村产业融合发展经历了“产业分立（社会内部分工）—企业之间相互作用—企业内部分工或社会性分工—产业融合（新的社会内部分工）”的过程，具体可以概括为：在农村一二三产业分立情况下，由于生产力、生产关系等外界条件发生变化，微观主体采取跨产业经营行为，通过主体之间相互联结，形成企业内分工或企业社会性分工；在竞争压力驱动下，其他企业纷纷效仿，导致企业内部分工或企业社会性分工不断得到复制，当大多数主体采取这种生产组织形式时，分工体系演变将达到均衡状态，一二三产业分工实现内部化，形成农村产业融合。

根据以上分析，我们认为农村产业融合的形成和发展有四个关键环节：一是微观主体实施融合的经济行为，它们相互之间需要分工协作，即组织机制；二是主体之间利益要相互协调，形成利益共同体，即利益协调机制；三是微观主体跨产业经营的具体路径和方式，即产业链协同机制；四是主体在不断相互作用，形成农村产业融合的过程中，受到外部环境的制约和影响，即农村产业融合的保障机制。在农村产业融合的形成和发展实践中，上述四大机制发挥不同的作用和功能。如图 1-3 所示，组织机制是为了解决“谁来融合”的问题，即内层实线圈④；利益协调机制是为了解决农村产业融合发展过程中主体之间利益冲突问题，即实现协调发展，形成更加紧密的利益共同体，推动农村产业融合高质量发展的问题，即双向箭头①和内层虚线圈②；产业链协同机制则是为了解决“如何融合”问题，即通过何种具体路径实现产业融合的问题，即单向折线箭头③；保障机制是为了解决农村产业融合发展中相关环境支持问题，即外层虚线圈⑤。四个机制相互作用，是一个整体，共同推动农村产业融合不断发展。

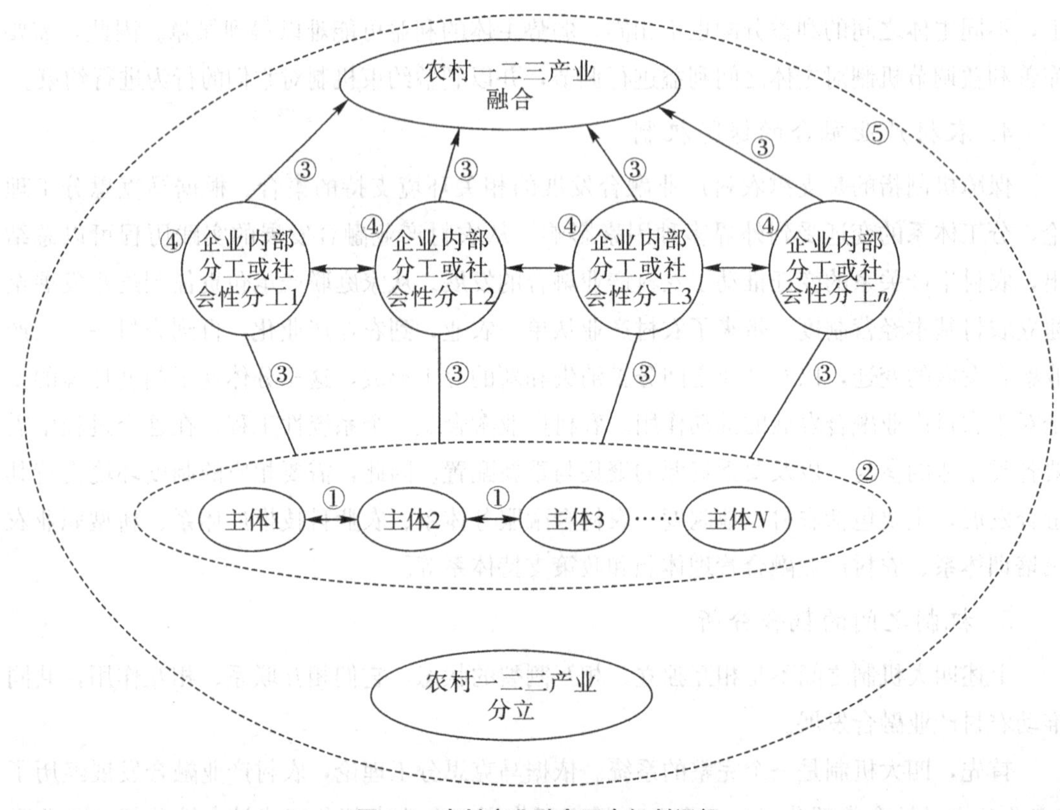

图 1-3 农村产业融合四大机制运行

其次，我们可以从企业行为角度对农村产业融合四大机制的关系及其相互作用作进一步的深入研究。从对农村产业融合发展基本逻辑的分析可知，微观主体的经济行为可以作为我们研究农村产业融合的起点。微观主体作为“理性经济人”，采取各类经济行为或发展战略的目的是利益最大化。随着农村经济社会改革与发展，农业相关生产经营主体发现，通过跨产业的联合与合作，可以获得单个生产经营主体所不具备的竞争优势，从而获得更大收益。这种收益不仅包括传统的规模经济和范围经济，还包括农业产业链纵向延伸和横向拓展所带来的增值收益以及交易成本的降低。为了将这些潜在收益内部化，则需微观主体整合各类资源要素。根据企业成长理论，要进行资源要素重组，可采取扩张的战略，如通过横向合并发展、纵向一体化和多角化经营等，形成企业集团、战略联盟、合资企业或准企业组织形式。基于以上分析，农业相关经营主体的联合与合作同样包含两个方面：一方面是主体之间分工协作形成的组织形式，另一方面是主体基于利益最大化采取的成长路径。随着农业生产经营体系的不断完善，农户与农业企业、家庭农场、合作社等新型经营主体并存，它们拥有不同的资源禀赋和比较优势。为了实现纵向或横向增值收益或者交易成本降低，不同主体之间沿着农业产业链方向，或基于农业多功能进行横向拓展，或通过高新技术渗透等路径，通过联合与合作发挥协同效应，形成多种形式产业组织。因此，为了推动农村产业融合发展，需要深入研究主体之间分工协作形成产业组织，以及成长路径的内在机理，构建组织机制和产业链协同机制。

在组织机制和产业链协同机制这两个基本问题上，又会延伸出另一个问题，即在微观主体通过分工协作形成产业组织的过程中，主体之间利益诉求不同，如何对它们的利益诉求进行协调，使主体之间形成利益和谐格局，从而保障主体分工协作的良性发展。从整体上而言，主体之间分工协作形成产业组织是为了将潜在收益内部化。由于实力和地位差距，主体之间公平分享收益存在一定的困难。例如，分散农户相对农业企业而言，明显处于市场劣势地位，容易出现农户利益被边缘化情况。同时，在有限理性约束下，微观主体"损人利己"的机会主义行为，也会给主体之间分工协作带来很大不确定性。因此，需要构建利益协调机制，减少机会主义行为，为主体之间共享融合带来收益，形成联结紧密的利益共同体。

微观主体选择何种成长路径、组织形式和利益协调方式，除了取决于微观主体所拥有的资源基础、发展阶段、市场需求等因素之外，还取决于宏观政策制度环境。因此，构建保障机制能够为农村产业融合发展提供有利的环境条件。在实际发展过程中，各地区根据自身特点制定不同的产业政策和制度创新，激励和引导各类主体通过多种途径和方式积极参与产业融合。通过农村土地产权制度和金融制度改革等，为微观主体发展提供有力的关键要素支撑。对于农业企业和农产品加工业的大力支持，有助于微观主体延伸农业产业链，形成全产业链的组织形式。同时，我国注重农业多功能的拓展，鼓励支持经营主体通过横向拓展发展多种形式的农业旅游产业，推动农业与教育、文化、健康养老等产业深度融合。在政策支持和引导下，微观主体也会依托互联网信息技术，发展精准农业、现代农业等新业态。除此之外，在平等互利基础上，支持引导龙头企业与农户、家庭农场、专业大户等合作，通过购销合同、入股或交叉持股等方式，建立紧密利益联结。

综上分析，基于企业行为角度，组织机制和产业链协同机制是农村产业融合运行的两个基本问题，利益协调机制是二者能够有效运行的重要支撑，而保障机制为前三者运行提供有利的环境条件。农村产业融合四大机制的内在联系如图 1-4 所示。

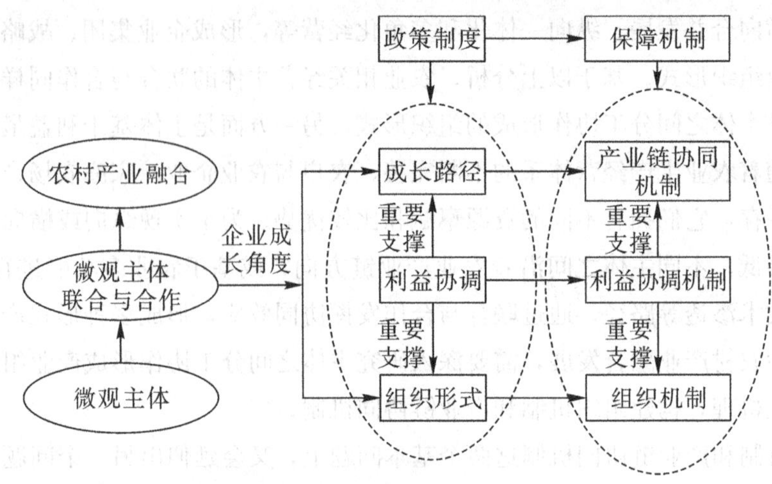

图 1-4　农村产业融合四大机制的内在联系

二、农村产业融合发展环境及主体

（一）农村产业融合发展环境

PEST 分析（Political，Economic，Social and Technological Analysis）是指影响行业发展的政治、经济、社会和技术因素分析，在此基于 PEST 分析法，分析农村产业融合发展的宏观环境。

1. 政治环境

从 2004 年至 2023 年，中共中央连续 20 年发布以“三农”为主题的一号文件。2014 年中央农村工作会议提出要把产业链、价值链等现代产业组织方式引入农业，促进一二三产业融合互动。

在农村产业融合发展提出之前，我国农村发展经历了由城乡二元结构体制向城乡统筹发展的转换，中央一号文件连续关注“三农”问题，从农民增收、建设社会主义新农村、发展现代农业等方面提出了发展要求。党的十八大报告指出：“要推动城乡发展一体化。城乡发展一体化是解决‘三农’问题的根本途径。要加大统筹城乡发展力度，增强农村发展活力，逐步缩小城乡差距，促进城乡共同繁荣。坚持工业反哺农业、城市支持农村和多予少取放活方针，加大强农惠农富农政策力度，让广大农民平等参与现代化进程、共同分享现代化成果。加快发展现代农业，增强农业综合生产能力，确保国家粮食安全和重要农产品有效供给。坚持把国家基础设施建设和社会事业发展重点放在农村，深入推进新农村建设和扶贫开发，全面改善农村生产生活条件。着力促进农民增收，保持农民收入持续较快增长。”①

2019 年国务院发布《关于促进乡村产业振兴的指导意见》指出乡村产业“以农村一

① 胡锦涛在中国共产党第十八次全国代表大会上的报告［R］．中国政府网，2012-11-17.

二三产业融合发展为路径”。2020 年中央一号文件指出，支持各地立足资源优势打造各具特色的农业全产业链，建立健全农民分享产业链增值收益机制，形成有竞争力的产业集群，推动农村一二三产业融合发展。2020 年 7 月，农业农村部印发了《全国乡村产业发展规划（2020—2025 年）》[①]，强调要充分挖掘农村的性能价值、培植壮大新的增长点、发挥创新引领作用、集聚资源要素、利用集群成链加快农村产业发展，为实现产业振兴和农业农村现代化提供了坚强保障。

2021 年《国务院关于印发“十四五”推进农业农村现代化规划的通知》强调，要坚持利农为农，把带动农民就业增收作为乡村产业发展的基本导向，加快农村一二三产业融合发展。2022 年党的二十大报告强调，“发展乡村特色产业，拓宽农民增收致富渠道”。产业兴旺作为发展重点，推进农村产业融合发展，有利于实现增产向提质的转变，有利于培育新动能，促进产业振兴，进而使农业更有效率，农民更有收入，农村更美好，全面推进乡村振兴。中央及各级地方政府都对“三农”问题有足够的认识，认为农村产业融合是农村发展的必经之路，并指明了融合发展的方向。政策上的倾斜使农村地区在教育、文化、医疗等方面得到了全面提高，为农民回乡创业就业、乡村旅游业、农村电商等提供了良好的软环境，也为农民共享发展成果提供了保障。

2. 经济环境

我国政府长期重视农村经济问题，2006 年全面取消农业税，进一步促进了农村经济发展。2022 年，全国居民人均可支配收入 36883 元，比上年增长 5.0%，扣除价格因素，实际增长 2.9%；全国居民人均可支配收入中位数 31370 元，增长 4.7%。按常住地分，城镇居民人均可支配收入 49283 元，比上年增长 3.9%，扣除价格因素，实际增长 1.9%；城镇居民人均可支配收入中位数 45123 元，增长 3.7%。农村居民人均可支配收入 20133 元，比上年增长 6.3%，扣除价格因素，实际增长 4.2%；农村居民人均可支配收入中位数 17734 元，增长 4.9%。城乡居民人均可支配收入比值为 2.45，比上年缩小 0.05。同时，全国居民恩格尔系数为 30.5%，其中城镇为 29.5%，农村为 33.0%[②]。

但农村发展中存在的问题也不容忽视，在农民的可支配收入中有相当大一部分来源于“工资性收入”。虽然农业产业化发展促使部分农民就近就业，但改变不了许多农民远离农业就业的现状。远离农业就业导致农村发展相对滞后，缺少发展动力，因此农村产业融合对农村经济发展具有重要意义，可以为农民就近创业就业创造有利条件。

与农村居民生活水平提升同步发展，城镇居民的生活在过去 20 年也发生了巨大变化，人民可支配收入逐年提高，造就了经济学上的“消费升级”现象。消费升级可以扩大内需，从而拉动经济增长。从农业发展的角度来看，农业需要进行变革以适应经济环境的变化。以食品市场为例，消费者对健康生活的追求日益强烈，使绿色健康食品成为食品消费

① 农业农村部关于印发《全国乡村产业发展规划（2020—2025 年）》的通知［S］. 中国政府网，2020-07-17.

② 国家统计局. 中华人民共和国 2022 年国民经济和社会发展统计公报［R］. 国家统计局官网，2023-02-28.

的热点，对农业生产中的技术与管理的要求也就相应变得更加严格。健康食品消费的理念为农业提供了新的增长动力，但也对农业发展提出的新的要求，农村产业融合成为满足消费升级的重要实现途径。在当前经济中，新兴消费业态占据越来越重要的位置，电子商务的兴起也影响了农村发展，农村为经济发展贡献力量的同时，也需要通过新兴业态来改变农村发展方式。通过农村产业融合发展，区域特色农产品开发、乡村旅游、乡村电商等模式能够满足消费者追求健康、追求特色、丰富文化娱乐生活的需求，为经济发展带来新的活力。

3. 社会环境

党的十九大报告指出，我国社会主要矛盾已经转化为人民日益增长的美好生活需要和不平衡不充分的发展之间的矛盾。进入新时代，农业农村的现代化发展找到了切入点，顺应了广大农民对美好生活的向往。在过去相当长的一段时间中，农业的主要作用是满足人民群众的基本生活需求，特别是食品需求。在新时代，农业主要矛盾转变为结构性矛盾，也就是特定方面的供过于求和供给不足，农业农村的发展需要解决结构性矛盾，必然要进行农业供给侧结构性改革，而农村产业融合是提高农业综合效益和竞争力不可缺少的途径。

随着社会发展和城镇化的深入，农民数量在不断减少，农村所涵盖的区域也在缩减，部分农村变为城镇是乡村发展的一种途径。从另一个角度看，对于农村发展来说，农业人口持续减少问题不可忽视，这里所说的农业人口持续减少主要是指本应该从事农业生产而没有从事农业生产的人数。农村青壮年多选择外出打工，还造成了农业人口老龄化问题，如常见的“空巢村”问题则说明了这种情况的严重程度。依靠守在乡村的老人明显无法完成农村产业发展的任务。

当前，结合农业农村的发展现状，需将与农业相关的二三产业留在农村，为青壮年农民在家乡就业创业提供有利条件。农村产业融合发展中的利益联结机制能够提供收入保障，使他们成为促进乡村发展的主要力量。

4. 技术环境

技术发展是推动农村产业融合的直接因素，现有的技术环境为农村产业融合提供了重要的支撑。相关技术环境包含两个层面的含义：一方面是现代农业技术所起到的作用，另一方面是现代科技在农村农业中的应用。

对农业而言，农业技术的进步使农业与其他产业的连接更加紧密。农业科技向着有利于农村产业融合的方向发展。例如，在与加工业的互动发展过程中，专用品种的种植养殖及规范化管理；为了迎合健康消费的需求，有机农业和特色农业得到发展；无土栽培技术不仅用于农业生产，还是休闲农业重要展示的内容。

对农村产业融合更为有利的技术因素，来源于农业外部，特别是现在信息技术发展带来的变革。“互联网＋”将信息技术渗透各个行业，对于农业生产来说，技术的发展带来了农业物联网、智慧农业的发展，减轻了农业生产中的劳动强度、提高了生产效率，标准化生产也带来了质量稳定的农产品。

电商、仓储物流业技术的发展，使大多数农民享受了同等便捷的网络购物体验，也缩短了农产品及其加工产品与消费者之间的空间与时间距离。农业农村电子商务成为“互联网＋农业”的重要组成部分，也成为农村产业融合的重要技术支撑，例如“农户＋合作社＋电商”的发展模式，整合了农村仓储物流资源，使农业生产者对接消费者，实现了电子商务带动农民支付，也为农民提供了更多的就业机会。同时，农村电子商务所关联的大数据分析技术还可用于农业供给侧结构优化。

技术环境为农村产业融合发展提供了良好的条件保障，不仅加快了农产品的流通，也吸引了大量人才回乡创业就业，促进了农村产业融合的发展。

（二）农村产业融合发展主体

1. 农村产业融合的主体划分

从概念上来说，产业融合是基于技术进步和制度创新，导致产业边界模糊化和产业界限的重构。研究产业融合，即研究一二三产业的融合问题，其中一二三产业的划分及包含的内容应遵从国家统计局的《三次产业划分规定（2012）》。

如图 1-5 所示，以农业为基点，一二三产业融合发展的产业链条可被划分为产前、产中、产后三大环节。产前环节是指农业生产之前，涉及的产业主要是第二产业和第三产业，其中第二产业主要是农业投入品的生产，如化肥、农药、兽药、农机农具、农业设施等，第三产业主要指农业保险、农业金融、农机租赁服务、农产品市场信息服务等。产中环节主要指农业生产环节，涉及的产业主要是第一产业和第三产业，第一产业指传统上的农林牧渔业，第三产业则有农机作业服务、农技推广服务、旅游观光业等。产后环节主要指农产品收获之后的所有环节，涉及的产业主要是第二产业、第三产业，其中第二产业主要是农产品加工业，第三产业主要是仓储业、运输业、批发和零售业、餐饮业等。

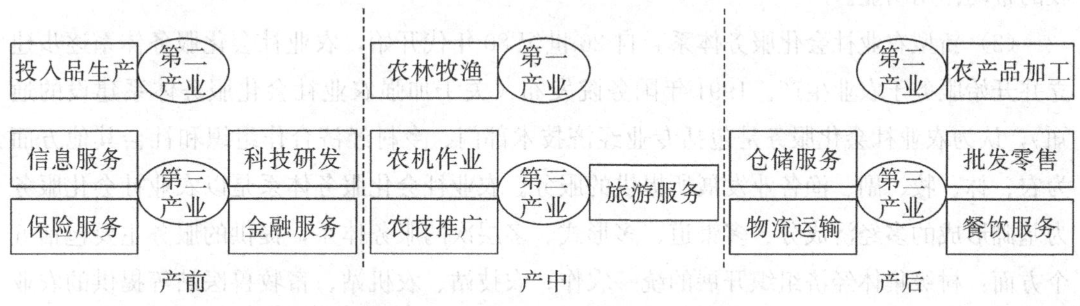

图 1-5　农村产业融合发展所涉及的主要产业

农村产业融合的参与主体分布在上述产业当中，通过价值共享和技术溢出相互关联，成为农村产业融合的利益相关者，它们之间的联系随着融合的深入而变得紧密，有的甚至不会有严格的区分，同一主体起到多种作用。

2. 新型农业经营主体

(1) 农业生产主体。农业生产主体是农村产业融合中最基本的农业生产经营单元，包括传统的普通农户、专业种养大户、家庭农场和农民合作社等新型经营主体。

普通农户是传统的农业经营的最小单位，随着农村产业融合的发展，普通农户在生产经营上受到规模上的制约，参与融合发展的程度较低。为了适应发展需求，以价值共享为纽带，普通农户会向农业新型经营主体转变，最直接途径是普通农户联合形成农民专业合作社。其他可能的发展途径为扩大经营规模形成家庭农场或成为专业种养大户、为农村产业融合提供劳动力、变成农村生产生活服务业者等。

与普通农户相比，专业种养大户具有更大的农业生产规模，而且以直接出售农产品作为收入的主要来源。专业种养大户拥有大型农业机械和生产设施，能满足规模经营的需求。土地流转政策成为专业种养大户稳定经营的保障。专业种养大户在农业生产中通常具有带动作用，为周边村民提供工作机会。还在自身进行农业生产的同时，带动周边农户，形成“一村一品”的风格，也有很大可能成为农民合作社的重要发起人。专业种养大户要获得更高的收益，就需要和二三产业相关行业对接，改善生产方式以符合更高的要求。因此，农村产业融合对专业种养大户具有重要意义。

家庭农场是农业规模化经营、商品化生产经营的代表模式，与专业种养大户相比，家庭农场更重视综合性经营。具有一定规模的土地、具有规范的种养流程、机械化程度较高、可以产出能够直接销售的商品、可以提供特色休闲旅游服务都是家庭农场的特征。家庭农场除了自己的劳动力外，还会雇用其他劳动力，为农民提供就业机会。

农民合作社是农业生产主体自发组成的互助性组织，成员之间通过农业技术、市场信息等相关联。与普通农户相比，合作社具有更大的经营规模，在市场竞争中拥有更大的话语权和议价能力，也有助于新型农业技术的推广，提高农业生产效率。农民合作社是农村产业融合发展过程中重要的农业生产主体，合作社成员之间具有利益的一致性，对农民增收的带动作用明显。

(2) 新型农业社会化服务体系。自 20 世纪 80 年代开始，农业社会化服务体系逐步建立并开始服务于农业生产。1991 年国务院发布《关于加强农业社会化服务体系建设的通知》，认为农业社会化服务是包括专业经济技术部门、乡村经济合作组织和社会其他方面为农、林、牧、副、渔各业发展所提供的服务。农业社会化服务体系是以农业社会化服务为基础形成的多经济成分、多渠道、多形式、多层次的服务体系，提供的服务主要包括五个方面：村级集体经济组织开展的统一农作；农技站、农机站、畜牧兽医站等提供的农业技术服务；供销社、物资、金融等部门提供的购销、筹资、保险服务；科研、教育单位提供的培训指导服务；农民专业技术协会、农业合作社、专业农户提供的服务。

2008 年，《中共中央关于推进农村改革发展若干重大问题的决定》就已指出“建立新型农业社会化服务体系。建设覆盖全程、综合配套、便捷高效的社会化服务体系，是发展现代农业的必然要求。加快构建以公共服务机构为依托、合作经济组织为基础、龙头企业为骨干、其他社会力量为补充，公益性服务和经营性服务相结合、专项服务和综合服务相协调的新型农业社会化服务体系”①。虽然曾经存在过的一些提供服务的主体已经随着各项改革的深入而消失，但农业社会化服务的需求没有消失。从概念上看，农业社会化服务的关键点在于“服务”，也就是服务于农业生产的农村地区“第三产业”。随着现代农业的发展，对农业社会化服务体系的需求也日益提高，农业社会化服务组织多元融合发展成为新型农业社会化服务的重要特征。新型农业社会化服务同样涉及生产、金融、信息、销售四个方面的服务，但边界随着新型农业经营主体和服务主体的出现而变得模糊。以小农户生产托管服务为例，托管形成规模优势，也使农业生产更加规范，在过程中也蕴含了上述提到的各项服务。建立和发展新型农业社会化服务体系，不仅可以服务农业生产，还可以成为农村产业融合的中间环节，为产业间融合发展提供服务。

(3) 农产品加工主体。农产品加工主体主要包括各种类型的农产品加工企业，现阶段大多数农产品是以“生产—加工—销售”的方式进入消费市场，其中农产品加工起到了对接生产和消费的关键作用，农产品加工企业是农村产业融合的关键所在。

农产品加工企业存在的核心价值在于提升农产品的附加值，以龙头企业为代表的农产品加工企业是农村第二产业的重要组成部分，主要完成农产品产地初加工、农产品精深加工和农产品加工副产物综合利用工作。其中产地参与初加工的企业涵盖面较广，既包括专业大户和农民合作社对自产农产品的初加工，也包括中小型企业和龙头企业进行的初加工。农产品精深加工主要由农业龙头企业实现，是延长农业产业链的主要形式。加工副产物综合利用主要由中小型农业企业进行。

农产品加工企业参与的农村产业融合发展模式如图 1-6 所示，在产业纵向融合的框架下，农产品加工企业处于中心位置，农产品加工企业连接农产品生产者和消费市场。农产品加工企业在农村产业融合中的作用主要体现在以下几个方面。

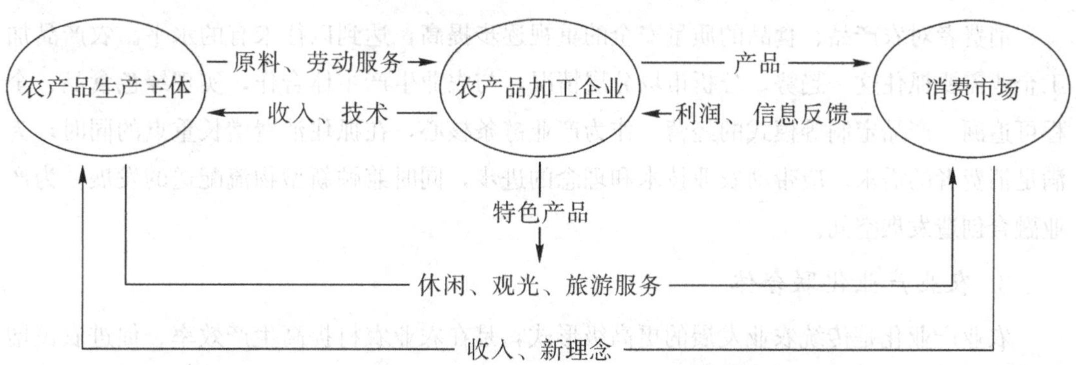

图 1-6　农产品加工企业参与的农村产业融合发展模式

①带动农民增收。农产品加工的主要目的之一是提高农产品的附加值，不仅能够促进

① 中共中央关于推进农村改革发展若干重大问题的决定［S］. 中国政府网，2008-10-19.

农民增收，提供就业岗位，还能促进农业生产的发展。农产品加工企业对农业生产的带动作用主要表现在以下三个方面：一是为大规模农业生产的产品提供了销售出路，能够促进农业生产主体规模和实力的提升；二是能够增强农业生产的抗市场风险能力，经加工后的农产品保存时间延长，更能适应市场的变化，在“保底价”的机制下，能够防止菜贱伤农现象的发生；三是农产品加工企业在产业融合过程中会参与农业生产，建立生产技术服务平台或示范基地，从而促进农业生产技术的发展。

带动农民增收还体现在提供就业岗位上，农产品加工企业大多分布于县、乡镇或村一级，与农民距离近，能够吸收周边农民就业，实现农民增收，也将农业产业链的增值收益更多地返还到农民手中。另外，农产品加工企业作为县域工业化的主要组成部分，对县域经济发展具有较强的推动作用，从而促进地区发展，惠及当地农民。

②改变农村产业发展模式。农产品加工企业带来的产业链增值收益和就业岗位，可以让农民看到增收的新途径，从而推动乡村工厂的形成和发展。合作社和专业大户等主体在参与农村工业生产过程中，具有资金和制度优势，能在农产品的生产地实现初级原料到特色产品的转化。更进一步地可以进行规范化乡村工厂建设，真正做到农村一二产业的融合互动发展。

另外，农产品加工企业在做大做强的发展过程中会向产业链前后延伸，向前延伸带动了农业技术的进步，向后延伸可以带动农村第三产业的兴起，实现企业的跨界发展。很多地区的乡村旅游和休闲农业就是由农产品加工企业带动发展的，由此建立了农业和休闲观光业联系，使农民通过这种新颖的商业模式取得农业生产以外的收入。这种融合体现了乡村的价值，可有力推动城乡融合发展。

③响应消费市场需求。随着国家的发展和人民生活水平的提高，城乡居民的消费结构也发生了重大变化，对农业和农产品加工企业也提出新的发展要求。农产品加工企业与消费市场联系紧密，有快速响应市场需求并传导给农业生产主体的作用。

消费者对农产品、食品的质量安全的重视逐步提高，达到以往未有的水平。农产品加工企业需要抓住这一趋势，分析市场分层情况，与农业生产主体合作，实现绿色食品、全程可追溯、产品定制等模式的经营。作为产业链条核心，在抓住消费增长重点的同时，为满足消费者的需求，应带动农业技术和理念的进步，同时兼顾新型物流配送的发展，为产业融合创造发展空间。

3. 农业产业化联合体

农业产业化是传统农业发展的更高级形式，是在农业农村提高生产效率、促进农民增收需求下的必然产物。2017 年农业部等 6 部门出台《关于促进农业产业化联合体发展的指导意见》指出，农业产业化联合体是龙头企业、农民合作社和家庭农场等新型农业经营主体以分工协作为前提，以规模经营为依托，以利益联结为纽带的一体化农业经营组织联盟。由此可以看出，农业产业化联合体是上述农村产业融合主体以利益为联结形成的具有

整体特性的主体。

根据技术溢出理论、产业链理论和交易成本理论，随着技术的发展，对农业生产力发展的要求也逐步提高，农业产业链也由第一产业内部延伸到第二、第三产业，由此出现了跨产业的产业链内部分工，以保证产业链参与者获得更多的价值增值。在农村产业融合发展的大背景下，农业产业化联合体的特性决定其在发展中具有更大的竞争力。例如，通过农业产业化联合体内部较为紧密的利益联结，由龙头企业领导，带动农民合作社和家庭农场等积极参与，可以更为迅速地响应消费市场需求，快速开发符合消费升级需求的特色农产品。

农业产业化联合体对农村产业融合发展具有重要意义。首先，农业产业化联合体是在农村产业融合过程中自然形成的发展模式，能更好地适应农村产业融合发展的需求，各参与环节都能够发挥自身优势，形成协同发展优势。其次，与普通农产品加工企业相比，农业产业化联合体由于存在更紧密的利益联结，价值增值可以更多地向产业上游传导，带动作用更强，不仅可以提高农业生产力，稳定的经营也是农民持续增收的保障。

4. 其他参与主体

新型农业社会化服务体系作为专门服务于农业生产的第三产业而存在，其侧重点在于服务农业，但在农村产业融合中，第三产业参与者作为重要的组成部分，影响着农村产业融合发展的进程。从起源方面追寻，技术发展是产业融合的直接原因，农村产业融合亦是如此。科技进步是推动社会发展的重要力量，第三产业参与者也依赖于科技和社会的发展，主要涉及运输仓储邮政、金融、信息技术服务、旅游等行业领域。

电子商务影响了中国经济的发展方式，而运输仓储邮政是流通业重要的组成部分，是电子商务的基础。从农村产业融合的角度分析，运输仓储邮政可以看成融合发展中的基础设施，一方面运输仓储邮政为农村产业融合发展提供物流通道；另一方面，农村产业融合的最终目的是提高农村人口的生活水平，运输仓储邮政为农村人口生活水平的提高提供了物质运输通道。金融行业的参与体现在产业融合的多个环节，包括新型农业社会化服务体系中的金融服务，也包括为农村产业融合各参与主体提供的资金支持，政府政策导向也通常通过金融优惠政策体现。农村地区对信息技术服务的需求日益增加，自动化农业生产系统、农产品加工企业使用的食品安全溯源系统、为农村电商提供的技术服务都成为农村产业融合中不可缺少的部分。农业科技直接作用于农业生产可以体现知识的力量，与之相比，信息技术服务在农村产业融合中体现出技术的力量，能起到连接融合要素、优化融合发展流程、保证融合效率的作用。

旅游业与农村产业融合，主要指的是依靠农村民俗特色、农业生产资源或农产品加工资源发展旅游产业，从而形成乡村旅游、休闲农业、观光农业等特色项目。其中发展规模较大、具有代表性的例子是被评为5A级旅游景区的漠河北极村旅游区和中国“乳都”呼和浩特的两家4A级工业旅游景区：蒙牛工业旅游景区、伊利乳都科技示范园。更具有普遍性的农村产业融合旅游项目也在增多，体现出对农民增收的带动作用。以短途游为主的采摘游、民俗游、观光游、健康生态游已成为城镇居民周末或较短假期出行的选项之一。旅游与农业、文化、养生、民俗等的融合，也成为农村产业融合的重要形式，从现代化农业的角度来看，其加快了创意农业、功能农业的发展。

第二章　农村产业发展现状

当前，我国市场经济快速发展，农村改革也一直在进行，农业科技得到了发展，市场化程度逐渐提高，农村产业持续发展，促进了农业农村现代化建设。本章就农村产业发展及农村产业融合发展的现状进行分析。

第一节　农村产业发展具体现状

一、农村产业发展取得的成效

（一）国家政策长期的重视

我国农村长期以来缺乏资金、技术、人才等要素，制约了我国农村产业的发展。因此，我国非常重视农村产业发展，将农村产业视为重中之重，制定了连续的政策扶持，为农村产业的发展提供良好的土壤和环境，各类政策文件为我国农村产业发展指明了方向。其中，《乡村振兴战略规划（2018—2022 年）》和《中华人民共和国乡村振兴促进法》从宏观、全局的角度出发，为我国农村产业发展提供了长期的发展思路，即产业融合、利益联结、打造竞争力创造力。2019 年，《国务院关于促进乡村产业振兴的指导意见》发布，对指导农村产业发展起到了纲领性作用，对农村产业后续的发展作出了细致、深入的部署；提出应吸引人才进入农村兴办产业，在农村产业用地方面给予政策帮助，并使用财政、金融等手段支持农村产业发展。2020 年，《全国乡村产业发展规划（2020－2025 年）》发布，总结了近年来我国农村产业发展取得的成果，并综合当前经济和社会发展现状，细致地规划了预期五年内的农村产业发展的详细目标和任务，具有很强的现实指导价值。2021 年，中央一号文件提出立足县域、构建全产业链发展、创建农业现代化示范区等更加细致、具体的目标和任务，为短期内提高农村产业发展水平提供了可靠的路径。从发展方向看，结构升级、融合集聚、技术创新和品牌培育是我国乡村产业发展的方向和目标。在未来发展中，无论是农产品加工业、农村特色产业还是农村新型服务业，都需要依托新的技术、运用现代化的经营理念、注重对品牌的培养，从而推动农村产业发展。

从以上政策文件可以看出，我国在财政、土地等方面给予农村产业相当多的支持，对农村产业发展的支持力度很大，这是助推我国农村产业发展的有力保障。

（二）我国农村产业发展迅速

在我国政策的支持和保障下，农村的贫困问题得到了巨大的改善，基础设施不断完善，农村创业热情提升，农林牧渔业产值提高，农产品加工业收入不断提高，休闲农业和乡村旅游业蓬勃发展。

1. 农林牧渔业生产形势较好

近年来，我国农林牧渔业总产值呈上升趋势，我国农村基础产业保持着持续、稳定的发展势头。当前，农林牧渔业总产值增长率波动较大，且总体呈下降趋势，说明在政府的长期重视和扶持下，我国农村基础产业从追求增速向追求质量转变，逐渐优化产业结构，农林牧渔业生产形式逐渐稳定，预期未来农林牧渔业产值将继续增长。

2. 农产品加工业快速发展

农产品加工业是农村产业的主要组成部分，对于延长产业链、提高产品附加值具有重要作用，能够吸纳农村地区就业，提高农民收入。我国农产品加工业目前已初具规模，根据《全国乡村产业发展规划（2020—2025年）》的数据，党的十八大以来，我国农村产业快速发展，2019年农产品加工业营业收入超过22万亿元，规模以上农产品加工企业8.1万家，吸纳3000多万人就业；到了2020年，我国农产品加工业营业收入达到23.5万亿元，农产品加工业与农业总产值之比提高至2.4∶1，近年来稳步提高，而农产品加工转化率上升到了67.5%，科技对农产品加工产业发展的贡献率达到了63%。这说明我国农产品加工业发展水平正在不断提升。

3. 休闲农业和乡村旅游业快速发展

休闲农业和乡村旅游业是农业、文创、旅游业结合的发展方式，其上游企业包括农林牧渔业相关生产经营主体，主要提供基础旅游资源和文创设计；中游是以农家乐、生态农业园等经营方式为主的企业，保障产业链运作；下游则是各旅行社及配套企业，负责对接游客。休闲农业与乡村旅游业既能为社会创造经济价值，也可以满足人们远离喧嚣的环境、回归自然、放松自我、体验乡村生活的身心需求，因此越来越受到人们的欢迎，行业的市场需求也日益增长。

我国休闲农业与乡村旅游业从20世纪80年代的农业旅游发展而来，随着我国经济的发展以及对农村产业的扶持开发，我国休闲农业与乡村旅游业已经进入快速发展阶段。各地利用本地乡村旅游资源，广泛宣传本地的旅游产业，通过线上线下相结合的模式，推出各种特色旅游项目。

（三）农业生产社会化服务大有可为

近年来，农业生产社会化服务成为政府重点支持发展的领域之一。农业生产性服务业是在我国农业生产中小农户长期存在、农业从业人员日益老龄化、新技术快速发展的背景下发展起来的。目前国内针对农业生产提供的服务包括农技推广、土地托管、代耕代种、烘干收储等农业生产性服务，以及市场信息、农资供应、农业废弃物资源化利用、农机作业及维修、农产品营销等服务。近年来，我国已经涌现出了一批专注提供农业生产综合服

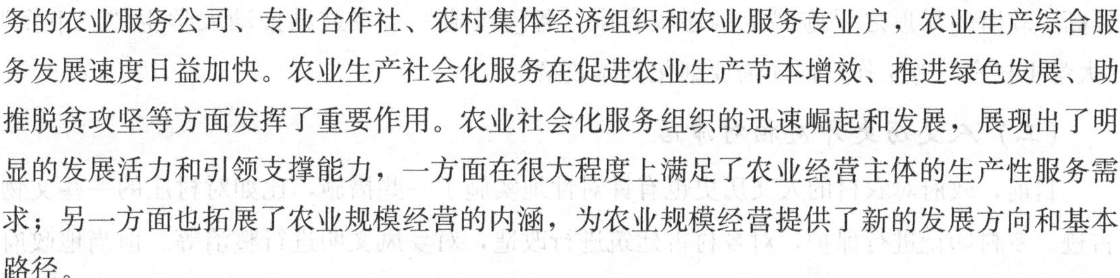

务的农业服务公司、专业合作社、农村集体经济组织和农业服务专业户，农业生产综合服务发展速度日益加快。农业生产社会化服务在促进农业生产节本增效、推进绿色发展、助推脱贫攻坚等方面发挥了重要作用。农业社会化服务组织的迅速崛起和发展，展现出了明显的发展活力和引领支撑能力，一方面在很大程度上满足了农业经营主体的生产性服务需求；另一方面也拓展了农业规模经营的内涵，为农业规模经营提供了新的发展方向和基本路径。

二、农村产业发展存在的问题

（一）农村产业结构单一化

一般意义上的产业经济结构是由第一产业、第二产业、第三产业构成，但从我国广大乡村存在的产业结构来看，大部分农村产业结构是单一化的，很少涉及畜牧业和加工业。大部分农村产业生产规模小，生产条件有限，难以大规模地推广机械化大生产，农村信息闭塞，物流不畅通，难以接收到最新信息，农产品流通困难，加之农业种植、畜牧业养殖和农产品加工业缺乏科学技术的指导，大部分农村还处于靠天吃饭、自给自足的生产状态。有的地方农民辛辛苦苦种植，遇到干旱涝灾天气或者牲畜瘟疫传染，等到年末收成除去一系列成本费用后基本零收入，继而农民就把农业种植和牲畜养殖当作副业。尽管政府运用已有信息来指导种植的品种、传授技术等，但农民收入不稳定，一旦预期利益受损，会导致农民积极性不高，进而农业种植一直处于单一种植状态。

部分农村地理环境相对特殊，地形零碎，高低起伏，这样的地形地势不利于机器大规模生产，农业生产率低。一些地方适合畜牧业等的发展，但由于畜牧业、加工业等成本较高，牲畜瘟疫防控知识储备不足，政府补贴和科学指导不到位，加之农村市场机制不完善，集贸市场流转速度慢、农产品流通不畅，农产品深加工条件有限、生产成本高，政府引导力度和农民配合度不匹配，在一定程度上抑制了农村产业结构的调整。单一化的农村生产结构，使农民生产效率低下，农产品不能增产、收入低，农村经济基础薄弱，产业无法做到多元化。

（二）农村资源闲置率较高

我国西部地区地形以山地丘陵为主，耕地地块较分散，不利于集约化和机械化种植，耕地土壤差，年轻人单纯靠种粮食的收入无法支撑家庭开支，由此土地利用率不高。当前，大部分中西部地区留守老年人口和儿童所占比重过大，多数青壮年劳动力外出务工，这些地区受地形和劳动力不足因素影响，农村土地闲置率较高。

每年每季度的市场环境都在发生着变化，若不能及时接收市场变化信息而进行相应的调整，就会出现农业增产不增收甚至减收的状况。政府调控自身具有局限性，无论是对信息的捕捉还是传达都存在滞后性。与城市居民相比，农村完成九年义务教育以及高校教育的人口仍然有限，整体文化水平还是比较低。政府工作人员科学技术的普及接受能力尚待提高，政府的无形之手施展范围还较有限。各地政府一直在鼓励推动大学生“三下乡”“大学生村官”等工作，但还需要细化具体政策。

（三）人文历史开发相对滞后

目前，政府对农村的人文历史也有针对性地实施了一些措施，比如对村庄的一些文物古迹、乡村印记进行保护，对乡村古建筑进行改造，对乡风文明进行整治等。但当地政府对当地农村的人文历史开发仅停留在保护修缮和整治层面，无法深度挖掘农村人文历史文化的经济价值，没有周全做到绿色开发农村的传统文化，让农村优秀传统的人文历史价值得到充分发挥。

（四）农村经济发展相对落后

与城市交通相比，农村道路交通不发达，农村集贸市场比较小。集贸市场服务的消费群体大多是当地居民，劳动价值没有交换的平台，农贸市场销售的产品也主要来自当地。由于农村居民受文化水平的限制，信息化学习能力较弱，农业电商平台的发展受限，农村经济发展相对落后。既有的农村电商企业的运营规模通常较小，运营资金匮乏，企业资金多以存货形式滞留于流通环节，严重抑制电商业务投资水平。农村物流有着很大的局限性，物流产业无法与城市对接，农产品及特产很难走出去。

第二节　农村产业融合发展现状

一、农村产业融合发展取得的成效

（一）产业融合主体不断壮大

在国家支持、政策扶持下，我国培育发展了一大批引领示范好、服务能力强的龙头企业、家庭农场、农民合作社等产业融合主体。

1. 龙头企业

从农村产业融合实践探索的现状来看，以龙头企业带动的产业融合占比近半数。作为产业融合发展的领航者，龙头企业多是具备一定生产规模、经营能力和作出卓越贡献的企业，兼具现代生产要素与传统农业资源。

2. 家庭农场

家庭农场以家庭成员为劳动主体，依靠自然形成的内部分工，将农业收入作为家庭收入的主要来源，呈现形式普遍化、种类多样化、经营规模化、生产精细化的典型特征。家庭农场不仅包含生产和销售环节，还包括农业景观资源，通过与休闲农业相结合，实现产业融合发展，也拓宽了农产品销售渠道，延长了农业产业链、效益链，提升了经济效益。

3. 农民合作社

农民合作社建立的初衷就是团结凝聚农民的力量，克服单个农户在参与市场中的弱势地位。农民合作社通过提高专门化、专业化、公益化的服务，不仅能推动农业产业链的延伸，建立纵向经营模式，还能推动农业多功能的拓展，横向扩展经营范围，促进新业态的不断涌现。

（二）农村产业融合发展模式日益丰富

1. 农业内部融合模式

农业内部融合模式是指在同一产业内部，各个不同子产业之间彼此融合、交叉重组，有效整合资源，调整产业内部的结构。尽管农业内部融合模式不像产业链融合模式那样鲜明和典型，不能链接上下游，广泛拓展生产和经营范围，但其优势也很显著，产业内部的融合能将利益留在产业内部，尤其第一产业的内部融合，能避免二三产业对利益的侵占。

2. 农业功能拓展融合模式

农业功能拓展融合模式以农业为中心，在保障粮食生产的前提下，充分挖掘农业的生态、文化、社会等功能，在生产功能的基础上进行拓展和延伸，由单纯生产向综合生产转变，融入更多生产环节，集合更多生产要素以及生产资源，开辟农业生产渠道，全面激活农业潜力。

3. 产业链延伸模式

农业产业链以农业为基础，打通上下游，打破产业壁垒，贯穿产业链，全产业链可追溯，也为产品安全提供保障。产业链条越完整，农产品商业价值越高；产业链条越高端，产品竞争力越强。

4. 新技术渗透融合模式

新技术渗透融合指以新技术应用为手段，以农业信息化、智慧化为目标，运用科学技术发展电子商务、产地直销、智慧农业等新型农业经营模式，以此带动农业技术的提升，提高科研成果的实用价值，为产业融合发展进而实现农业农村现代化提供技术支撑。

（三）产业融合发展运行机制逐步完善

1. 利益联结机制

产业融合的过程也是各经济主体融合的过程，产业融合的最终目的是获得经济效益，因此对利益的分配是产业融合主体最关注的现实问题，利益如何分配要看主体的诉求与需求。当前，我国已形成了多种形式的利益联结机制，较为典型的是订单农业制和股份合作制、土地托管制等多种形式，建立了产业发展共同体、利益联结共同体。

2. 监督机制

在农村产业融合发展中，涉及多元利益主体，在共谋发展的过程中，如何平衡利润、共享利益是各类产业融合主体最关心的问题，由此监督机制应运而生。一是来自内部监督。产业融合主体之间的互相监督，能保证各部门履职尽责，各环节高效有序，尽可能避免腐败或其他有损利益的情况发生。二是外部监督，主要是政府监管、媒体监督和社会监督。自觉接受外部监督，主动回应外界关切，才能让产业融合主体真正放心谋发展。

二、农村产业融合发展存在的问题

（一）生产要素制约

长期以来，农村资源要素净流出问题突出，农村产业融合发展面临要素瓶颈，土地、资金、人才等要素供给有限和缺位的问题严重。

首先是人才问题。一是人才短缺，实用型、专业型、复合型人才短缺，缺乏有能力、有担当、有远见的农业发展带头人。二是对人才培养重视力度不够，没有形成科学系统的人才培养机制，出现流失的人才不回流、吸引的人才留不住的现象，人才队伍建设出现后继乏力情况。

其次是土地问题。一是产业用地普遍缺少，三大产业用地需求不尽相同，对耕地、园地等多种类型土地均有需求，传统的农地无法满足。二是用地审批手续复杂、流程烦琐，导致土地使用的成本过高。三是土地分散化、碎片化问题突出，影响规模化、机械化生产。

最后是资金问题。农业贷款困难，贷款成本过高，贷款渠道有限，贷款流程烦琐等问题成为融资的拦路虎，金融产品种类稀缺，金融机构承担风险的能力有限，融资难、融资贵问题成为产业融合发展的绊脚石。

（二）利益联结机制松散

农村产业融合模式的不断创新，也带来了利益联结机制的多样化。然而，由于对利益联结存在认知偏差，有的产业融合主体把利益联结机制简单化，片面理解为对每家每户的利益分配机制，对各主体在产业融合链条中扮演的角色认识不清，再加上各主体自身实力、信息获取能力不同，在产业链条中的地位不等，话语权悬殊，造成利益联结上貌合神离，未形成强有力的利益共同体。目前的利益联结机制中，订单型形式流程简单，期限较短，普遍缺乏法律约束，易受市场波动影响，违约率高，极不稳定，双方利益得不到保障。合作制的问题主要是合作组织单一，并且起步晚，组织程度、规范程度低，自身比较松散，存在发展困难，无法确保产业融合带来的收益。而股份合作制这种紧密联结机制的普及率较低，没有形成对产业融合主体尤其是普通农户的利益保障机制。

（三）基础设施建设不足

目前我国农村地区的基础设施建设普遍滞后。水利设施方面，由于水利投资结构配置不合理，大量的资金用于兴修大型水利设施，最简单、最受益的小型水利设施建设数量不足；水利设施后续维修、保养跟不上，规范管理缺失，致使水利设施的使用年限大幅缩

短，水利设施发挥的作用远低于预期。交通设施方面，道路建设质量难以保证，道路建设完成后，管理不规范甚至缺失的问题也层出不穷，导致农村通行效率低、设施损耗重。电力设施方面，农村地区供电容量低，能够满足基本生活需求，但还不能稳定供给产业融合发展所需电力，且电力设备陈旧，易引发安全事故。网络设施方面，尽管互联网技术逐渐普及，农村地区的网民数量连年攀升，但在互联网功能应用方面还存在不足，网络基础设施薄弱、基站信号不稳定等问题，更是制约了互联网与农业的深度融合。

（四）新型农业经营主体带动能力弱

新型农业经营主体是产业融合的重要支撑和驱动力量，但也还处于成长阶段，自身的素质和能力还不够成熟，普遍存在带动能力不够强的问题。

一是实力强劲的新型农业经营主体占比较小。新型农业经营主体正处于成长期，普遍存在组织化程度低、运作不规范的问题，多数新型农业经营主体基础设施薄弱、经营规模比较小、经营范围狭窄，并没有形成从种植到销售的一体化、全链条式服务，市场辐射面不够大，服务资源没有得到充分利用。

二是新型农业经营主体创新意识不强、创新能力不足。农村产业融合发展项目雷同，没有结合当地资源禀赋，彰显地域特色，休闲农业和乡村旅游等产业融合模式背后的文化底蕴、历史故事有待进一步挖掘，整体规划、资源开发、项目建设、融合模式同质化现象较为普遍，难以满足消费者多样化的消费需求，缺乏对本土文化的挖掘，导致新型农业经营主体自身高质量发展乏力，更难以带动其他主体的发展。

第三章　农业产业发展分析

我国是一个农业大国，农业产业的发展一直是国家发展的根本，而我国地大物博，农业发展过程中发展状况各不相同。在上一章中已提及农业产业发展的成效及存在的问题，在本章则对金融赋能农业产业发展进行论述，对农业产业创新链进行构建。

第一节　农业产业发展中的金融赋能

在金融赋能农业产业发展的探索中形成了以农业产业组织为主导力量、金融全方位支持的生产合作、供销合作、信用合作“三位一体”综合合作。“三位一体”综合合作是社会系统结构与行动者的认知和实践相互作用的结果。外在的法律规则、政策制度等制度性要素和经济诱因、社会网络、模仿创新等内在的技术性要求，共同形塑了“三位一体”综合合作的生成路径、演化空间与组织边界，以及实践发展需要克服的困境。在新的时代背景下，发展“三位一体”综合合作需要营造良好的外部环境、构建不同农业经营服务主体紧密的联结机制、提升农业经营服务主体能力水平、推动为农服务资源聚集，更好地引领小农生产与现代农业发展有机衔接，更好地服务农业强国建设。

强国必先强农，农强方能国强。建设农业强国的重要任务就是培育壮大农村产业，推进农村产业深度融合。从20世纪80年代开始推进农业产业化以来，我国农业产业化取得了长足发展，然而在农业产业化过程中，金融支持一直是短板和弱项。众所周知，金融支持是促进农业产业发展的基本经济要素，在推进产业融合特别是在农业产业化基地、农产品加工、流通、仓储等设施建设的过程中，需要注入大量的金融要素①。然而，在总体处于金融抑制状态的农业发展领域，金融资本尤为稀缺，现有的农村金融服务不能适应农业产业链延伸的需要，不能适应农业产业化配套体系建设的需要，不能适应农业产业化经营运作模式的需要等②，农户和各类农业产业组织长期以来贷款难、贷款贵的问题得不到解决。通常情况下，农村金融服务供需之间的矛盾根源于信息不对称导致的农村金融服务风险高、成本高、收益低。那么，什么样的制度设计能够解决这一矛盾？什么条件能够诱发制度生成？随着信息化水平不断提升，能否低成本地实现农村金融服务供需主体之间信息共享，最终让更多的金融要素注入农业领域，赋能农业产业发展？

---

① 高云峰．农业产业化发展中的金融约束与金融支持［J］．农业经济问题，2003（8）：66-69，78.

② 刘西川，程恩江．农业产业链融资：案例考察与博弈分析［J］．金融发展评论，2012（3）：85-100.

从现有文献看，农业产业组织在农业产业化过程中能够汇集产业链上各主体的生产经营信息，通过适当的机制与金融机构对接实现信息共享，就可以农业产业链融资的方式为农业产业组织提供金融服务①。在金融赋能农业产业发展推动产融结合的实践探索中，一些地方通过契约关系将农业产业组织和金融服务组织有机联系起来，形成以农业产业组织为主导力量、金融全方位支持的生产合作、供销合作、信用合作“三位一体”综合合作，能够有效地建立起较其他市场主体而言更具竞争力的产业链横向、纵向组织优势②，实现农户和各类新型农业经营主体信息流动、信息共享③，有效解决农业融资中信用不足、信息不对称、资产短缺等交易成本和风险过高问题④，实现农户和各类新型农业经营主体双方或多方福利的帕累托改进⑤，是走具有中国特色的农业现代化道路的一种值得提倡的发展模式⑥。

从本质上讲，“三位一体”综合合作是一系列契约的联结，是不同农业服务资源所有者通过契约形成的为农户和农业产业组织提供综合服务的契约联合体。相比于松散的联合合作，“三位一体”综合合作通过横向联合和纵向整合实现了农民进入市场的组织化⑦，其组织化程度更高，有的农民合作社通过内部全过程合作和全要素合作形成了“三位一体”的综合性合作社。相比于单一要素的合作，“三位一体”综合合作能够整合更多的资源，从全过程合作和全要素合作两条路径深化不同资源所有者的合作关系⑧，进而把供销合作社的流通优势、农民合作社的生产优势、信用社的资金优势以及农业科技推广机构的技术优势等有机结合起来，形成农服务合力⑨，并且通过资源整合和金融合作，能够解决农户和新型农业经营主体贷款难等问题⑩。

2021年中央一号文件提出，深化供销合作社综合改革，开展生产、供销、信用“三位一体”综合合作试点。各地供销合作社发挥独特的组织网络、物质资产和人力资本等优势，积极探索生产合作、供销合作、信用合作“三位一体”综合合作。比如，浙江省供销合作社建立了省、市、县、乡（镇）四级农民合作经济组织联合会，作为生产、供销、信用“三位一体”的实施载体和运营主体；重庆市供销合作社与农民合作社、信用社在组织

① 曾立平，周红岩．金融支持农业产业化发展情况的调查与思考：以湖南为例［J］．农村金融研究，2008（11）：77-79.

② 朱乾宇，龙艳，钟真．“三位一体”：从单一合作到综合合作的制度创新：基于三个案例的比较分析［J］．农业经济问题，2021（6）：19-33.

③ 姜松，喻卓．农业价值链金融支持乡村振兴路径研究［J］．农业经济与管理，2019（3）：19-32.

④ 丁宁，牛俊英．农业价值链融资模式：一个创新模型的建构［J］．农村经济，2015（4）：84-87.

⑤ 王曙光．论新型农民合作组织与农村经济转型［J］．北京大学学报（哲学社会科学版），2010，47（3）：112-117.

⑥ 苑鹏．深化供销合作社改革与加快“三位一体”综合合作的发展［J］．中国合作经济，2021（1）：17-19，63.

⑦ 仝志辉．“三位一体”农民合作的目标和路径［J］．中国国情国力，2014（2）：17-18.

⑧ 曾立平，周红岩．金融支持农业产业化发展情况的调查与思考：以湖南为例［J］．农村金融研究，2008（11）：77-79.

⑨ 王侠．发展“三位一体”综合合作加快打造为农服务大平台［J］．中国合作经济，2017（12）：5-7.

⑩ 胡振华，何继新．“三位一体”农协动力机制分析［J］．青岛农业大学学报（社会科学版），2012，24（1）：26-30.

形态、生产经营、利益联结、管理体制和运行机制上有效融合，形成服务合力。一些研究对各地“三位一体”综合合作做法进行了分析，在肯定成绩的同时，提出推进“三位一体”综合合作，要进行持续的内外部体制机制特别是供销合作社系统的优化和创新，防止产生供销合作社、信用社等部门“体制俘获”“目标替代”等问题①，要将供销合作社综合改革与“三位一体”综合合作有机融合②，以此推动供销合作社的转型发展③，以增量改革推动供销合作社深化改革、回归农民怀抱④。

目前，关于“三位一体”综合合作的研究以实践经验总结和案例分析为主，对“三位一体”综合合作的形成逻辑以及实现方式的研究还不够，对“三位一体”综合合作发展的动态演化缺少总体性的理论检视，也更鲜有深入挖掘其实践路径形成的动力机制。应从政策层面和理论层面将生产合作、供销合作、信用合作这三种经济组织之间的联合合作，看作引领小农生产进入现代农业发展轨道和建设农业强国的重大事件，可以在某种程度上推动这项研究的深入。鉴于“三位一体”综合合作已成为推动农产品上行、工业品下行和将普惠金融落到实处，以及深化供销合作社综合改革等的重要形式，在此立足于“三位一体”综合合作的实践探索，将建构“三位一体”综合合作的外在条件与内在动力结合起来，探究形塑“三位一体”综合合作的生成路径和演化空间的组织与制度因素，进而加深人们对“三位一体”综合合作制度实践的理解与认知，为观察供销合作社综合改革提供一个新的视角，为在中国特色农业现代化过程中更广泛、更深入地开展“三位一体”综合合作提供有益的参考。

一、“三位一体”综合合作的“结构—行动”分析框架

“三位一体”综合合作并不局限于技术层面，还要更多关注技术嵌入具体情境的具体可行的实践过程。这就要求在研究的过程中，既要对“三位一体”综合合作场域内行动主体具有激励性或约束性的外部客观条件进行分析，也要对参与“三位一体”综合合作的行动者的能动创造与策略行动进行分析。

吉登斯在《社会的构成》一书中提出行动与结构的二重性原理。他认为，结构是作为社会系统特征而得到组织的规则与资源，社会世界存在着各种形式的客观结构，它们独立于行动者的意志和意识，给予社会生活以形式和框架性的东西，可以影响和限制行动者的思想观念和行动方向，是人的行动得以展开的前提和条件⑤。正如组织分析的新制度主义所提出的，行动者或组织所处的不仅是一个进行资源交换、投入和产出的技术系统，更是

① 徐旭初，金建东，吴彬．“三位一体”综合合作的浙江实践及思考［J］．农业经济问题，2018（6）：58-66.

② 苑鹏．深化供销合作社改革与加快“三位一体”综合合作的发展［J］．中国合作经济，2021（1）：17-19，63.

③ 陈林．农村金融深化有赖于农民组织化：兼论供销社综合改革与“三位一体”合作组织［J］．银行家，2015（7）：101-102.

④ 徐旭初，李艳艳，金建东．供销社“去内卷化”路径探析：浙江“三位一体”改革之路［J］．西北农林科技大学学报（社会科学版），2020，20（3）：68-75.

⑤ 安东尼·吉登斯．社会的构成［M］．李康，李猛，译．北京：生活·读书·新知三联书店，1998：52.

一个由行动者和文化构成的社会系统，必然会受到嵌入其中的外部制度环境的影响。另外，吉登斯认为，行动是行动者对实践事件进程施加影响的连续过程①。由于行动者是具有知识和主观能动性的，他们会出于某种动机驱动而展开行动，在行动过程中不断保持对行动的理性化认识以及反思性监控，进而建构行动的意义，采取相应的策略行动来回应实践活动要求。因此，在结构—行动的分析框架下，组织的产生和演变既要分析社会系统结构或制度环境的影响，又要分析行动者的积极行动。

吉登斯的结构化理论在解释行动者在特定场景下的创造性活动，以及不同行动者与结构的交互活动所产生的特定结果方面有很强的解释力。生产主体、供销主体和信用主体组建“三位一体”综合合作，也是社会系统结构与行动者的认知和实践相互作用的结果，其形成和演变既需要行动者的积极行动，也离不开制度、文化、资源等外在条件的支持与保障。

具体而言，一方面，生产主体、供销主体和信用主体等参与各方在法律规则、政策制度等制度性结构限定的范围内，遵从适当性逻辑为“三位一体”综合合作寻找发展空间，并且积极争取权威性资源，进而为形成金融支持农业产业发展的“三位一体”综合合作提供可行路径。另一方面，生产主体、供销主体和信用主体等参与各方出于自身发展需求或寻求发展的正当性，在理性选择机制、协同互促机制和模仿创新机制等的作用下，推动“三位一体”综合合作由理论上的可能变成具体实践。其中，理性选择机制和协同互促机制也成为金融赋能农业产业发展的内在基础性要素，决定着“三位一体”综合合作是否可行以及是否可持续。

二、“三位一体”综合合作的制度性建构与技术性要求

法律规则和政策制度等制度性建构与经济诱因、社会网络和模仿创新等技术性要求，共同决定了“三位一体”综合合作的生成路径、演化空间与组织边界。一方面，现有的法律规则和政策制度是“三位一体”综合合作形成的前提条件，为“三位一体”综合合作发展和演变提供了行动空间，也为金融赋能农业产业发展提供了多种可行的路径。另一方面，农业产业组织在产业化过程中积累了真实的生产经营信息，借助“三位一体”综合合作这一载体，通过信任机制和信息传递机制等将信息在农村金融服务供需主体之间共享，并且在同一社会关系网络内部形成的信息交流和信任机制，使农村金融服务供需主体之间的交易成本大大降低，这是“三位一体”综合合作形成和演变的内在驱动力，也是金融赋能农业产业发展的基本逻辑。

（一）法律规则：“三位一体”综合合作的适当性机制

外在的结构影响着结构内行动者的行为。规范制度主义学派强调制度在影响行为方面

① 安东尼·吉登斯．社会的构成［M］．李康，李猛，译．北京：生活·读书·新知三联书店，1998：53.

遵循着适当性逻辑，就是说，制度规定了一套对制度内不同职位个体的行为期望，行动者通过一个学习过程来权衡哪些行为是适当的、是符合组织规则的，哪些行为是不适当的。行动者根据制度规定的范围选择适当的行为，这些行为不是被正式的、成文的规则所强制，而是被组织规定的价值所影响①。现有的法律规则没有明确规定“三位一体”综合合作，但是对金融支持农业产业发展给予了广阔的空间，如《中华人民共和国农业法》（以下简称“农业法”）、《中华人民共和国乡村振兴促进法》（以下简称“乡村振兴促进法”）等明确要求金融机构创新金融产品和服务模式，为农业产业组织提供贷款支持。农业法规定，有关金融机构应采取措施增加信贷投入，改善农村金融服务，对农民和农业生产经营组织的农业生产经营活动提供信贷支持。农村信用合作社应当坚持为农业、农民和农村经济发展服务的宗旨，优先为当地农民的生产经营活动提供信贷服务。国家通过贴息等措施，鼓励金融机构向农民和农业生产经营组织的农业生产经营活动提供贷款。乡村振兴促进法规定，商业银行应结合自身职能定位和业务优势，创新金融产品和服务模式，扩大基础金融服务覆盖面，增加对农民和农业经营主体的信贷规模。《中华人民共和国农民专业合作社法》规定，国家政策性金融机构应采取多种形式，为农民专业合作社提供多渠道的资金支持；国家鼓励商业性金融机构采取多种形式，为农民专业合作社提供金融服务。

由上可以看出，虽然现有法律规则积极支持金融赋能农业产业发展，为农业生产提供更多金融服务，但对具体的实现路径和行动空间没有明确规定，特别是对“三位一体”综合合作实现金融赋能农业产业发展没有明确规定，也未在实践中形成某种主导的组织模式，这就使金融赋能农业产业发展可能会存在多种选择路径，为“三位一体”综合合作的生成提供了土壤。因此，在现有的法律规则下，信用主体可以以金融全方位支持农业产业发展的适当性逻辑，与供销主体和生产主体建立各种形式的契约形式，进而形成更加紧密的合作关系，使“三位一体”综合合作成为可行的备选方案。

（二）政策制度：“三位一体”综合合作的权威性资源

如果说法律规则规定了行动者的行动空间，政府政策则为行动者提供了具体的发展路径。政府政策是一种权威性资源，对行动者具有很强的影响力，特别是在法律规则还不完善的情况下，政府政策对行动者的各种行为起着促进或限制作用。在我国，大部分经济组织倾向于研究和分析政府政策，从中找到自身生存发展空间。“三位一体”综合合作实现金融赋能农业产业发展也是政府相关政策支持的结果。为了鼓励金融机构下沉农村更好地服务农业产业发展，党的十七届三中全会明确提出，综合运用财税杠杆和货币政策工具，定向实行税收减免和费用补贴，引导更多信贷资金和社会资金投向农村。党的十八届三中全会强调，保障金融机构农村存款主要用于农业农村。党的十九届五中全会提出，要健全农村金融服务体系，完善金融支农激励机制。《乡村振兴战略规划（2018—2022年）》提

① 盖伊·彼得斯．政治科学中的制度理论：新制度主义［M］．王向民，段红伟，译．上海：上海人民出版社，2016：25-45.

出，探索开展适合新型农业经营主体的订单融资和应收账款融资，以及农业生产设备、设施抵押贷款等业务。各地政府通过设立担保机构对符合条件的农业信贷需求予以担保，对符合条件的农业产业组织贷款进行贴息，对金融机构发放一定条件的农业信贷给予风险补偿等多种方式，解决农业产业组织贷款难、贷款贵和金融机构不愿贷等问题。党和政府的一系列政策为金融赋能农业产业发展提供了权威性资源，推动“三位一体”综合合作从理想变为现实。

政府的权威性资源莫过于直接鼓励和肯定“三位一体”综合合作的探索。浙江省最早探索以供销合作社为载体构建农民专业合作、供销合作、信用合作“三位一体”的农村新型合作体系①。2015 年，《中共中央、国务院关于深化供销合作社综合改革的决定》提出，积极发展生产合作、供销合作、消费合作、信用合作，加快办成以农民为主体的综合性合作社。2017 年和 2021 年的中央一号文件先后强调，开展生产、供销、信用“三位一体”综合合作试点，健全服务农民生产生活综合平台。2021 年，供销合作总社四部门联合发文开展“三位一体”综合合作试点工作。在中央及相关部门政策的支持下，供销主体特别是供销合作社将供销合作社综合改革与发展“三位一体”综合合作有机结合起来，在农业产业化的基础上积极与金融机构合作，引导产业资源和金融资源向“三位一体”综合合作聚集，推动了“三位一体”综合合作的组建，实现了金融赋能农业产业发展。

（三）经济诱因：“三位一体”综合合作的理性选择机制

经济学与社会学的结构功能分析认为，组织内部制度如内部市场的建立和演化受效率机制的制约。在组织结构变迁早期，场域内的行动者多出于提高运行绩效等内在需求而寻求制度突破或创新的可能②。实践中，“三位一体”综合合作实现金融赋能农业产业发展，也是行动者出于自身发展需求而遵循效率逻辑作出相应的理性选择。

交易成本理论认为，市场资源配置条件下生产组织形式在很大程度上受经济主体间交易费用的影响。科斯在《企业的本质》一书中提出，企业是为了降低市场交易成本而存在，企业规模与范围取决于它所提供的交易成本优势有多大。“三位一体”综合合作生成的路径正是为了节约生产主体、供销主体和信用主体在服务农业生产过程中的交易成本而作出的理性选择，这是一种组织理性化的实践逻辑。由于我国人多地少的基本国情，供销主体与数量众多的农户合作时，交易成本自然很高。为了降低交易成本，供销主体与生产主体在产业化逻辑的驱动下，通过订单、合同等契约安排形成稳定的合约关系，分别负责供应链中农业生产、产前服务、农产品加工以及市场销售环节，稳定了双方的预期收益，减少了交易的不确定性。供销主体和生产主体在产业化过程中能够逐步建立起相互了解、

① 陈林．农村金融深化有赖于农民组织化：兼论供销社综合改革与“三位一体”合作组织［J］．银行家，2015（7）：101-102.

② MEYER J W，ROWAN B. Institutionalized organizations：formal structure as myth and ceremony［J］. American Journal of Sociology，1977，83（2）：340-363.

相互信任的关系，在此基础上能够形成更加真实的生产经营数据，从而客观反映产业链上经营主体的信用水平[①]。为了使积累的生产经营数据发挥更大的价值，供销主体、生产主体与信用主体开展“三位一体”综合合作。信用主体通过“三位一体”综合合作形成的信任机制、信息传递机制，以及通过供应链金融、全程介入产业发展等措施，能够解决因信息不对称引发的融资成本高、机会不均等问题，与农户和其他生产主体之间的交易成本大大降低，从而使金融要素能够更好地赋能农业产业发展。研究表明，农户参与产业链对其信贷可得性和信贷规模具有显著正向作用[②]，而农业产业化水平也因金融要素的注入而得以提升。

因此，在“三位一体”综合合作的制度框架内，突破了各自发展的瓶颈，改变了原来不同农业服务资源独立发展和简单的业务往来，实现了协同发展和系统合作。此外，“三位一体”综合合作是不同农业服务资源和资源所有者构建的契约集合，是在单要素合作的基础上延伸而成的全过程合作和多要素合作的重要形式[③]，或者说除了生产、供销、信用三大功能，所有为农服务的资源都可以被整合进来[④]。这种综合性的合作模式将农业产业链上的各种为农服务资源以及农业经营主体进行立体网络式整合从而创造出单要素合作无法实现的收益，更容易形成稳定的合作预期和更加稳定的合作关系，降低交易不确定性。

总而言之，在“三位一体”综合合作的过程中，农业产业化进程中积累的真实信息低成本地共享给信用主体，解决了信息不对称导致的融资难问题，最终将更多的金融要素注入农业产业组织，推动农业产业高质量发展，这是“三位一体”综合合作形成的经济逻辑。

（四）社会网络：“三位一体”综合合作的协同互促机制

在多方参与的集体行动中，即使合作符合所有参与方的利益，有时仍会失败，可能的原因是忽视了嵌入其中的关系网络。由于合作的形成不仅是一个经济构造，也是一个社会构造，这就要求探讨“三位一体”综合合作形成机制，除了考察经济诱因这一技术性要求外，还要进一步分析嵌入其中的关系网络。

中国是一个传统的关系型社会，网络结构对组织或个人的行为具有影响作用[⑤]。处于同一社会网络内部的人会对彼此的信用有更多的事前信息，具有信息分享和减少机会主义的作用，更有可能把钱借给有信用的人，并且处于同一社会网络的人更有可能监督借款人获得资金后的行为，以及内部有更多非正规的履约机制，群体的压力会使借款人不敢轻易

① 供销合作社有农业企业和基层社等完整的经营服务网络，可以在推进农业产业化过程中通过服务积累完整的生产经营主体数据，并且供销合作社属于体制内的单位，有企业所不具备的体制和品牌优势，供销合作社提供的数据更容易获得金融机构的信任。不可否认的是，供销合作社提供的数据可信度还依赖于当地供销合作社参与农业产业化的强度以及政府对供销合作社的重视支持程度。供销合作社在农业产业化方面发挥的作用越大，政府越重视支持供销合作社，金融机构就会越相信并使用供销合作社提供的数据，反之则反是。

② 祝国平，郭连强，李新光．农户产业链参与对信贷获得的影响［J］．经济与管理研究，2022，43（4）：82-95.

③ 高强，孔祥智．我国农业社会化服务体系演进轨迹与政策匹配：1978-2013年［J］．改革，2013（4）：5-18.

④ 徐旭初，金建东，吴彬．“三位一体”综合合作的浙江实践及思考［J］．农业经济问题，2018（6）：58-66.

⑤ 周雪光．组织社会学十讲［M］．北京：社会科学文献出版社，2003：74.

违约[①]。而金融机构利用社会网络关系能够获取更真实的信息，进而有助于推广金融产品和服务[②]。无论是从地缘关系还是业缘关系看，供销主体与生产主体的关系比较密切，它们同处于一个社会网络之中，通过日常的交流和业务合作，能够对其合作的生产主体进行初步评价，并积累翔实的生产经营相关信息，这可以作为生产主体的信用证明，使信用主体借此数据信息降低了因信息不对称引致的交易成本。如一些地方供销合作社牵头组建农民合作社服务中心，在为农民合作社等生产主体提供财务代理、政务事务、商务业务、合作金融等全方位服务的同时，获得这些经营主体数据信息，进而向合作的银行等信用主体推荐贷款主体、提供生产经营精准信息，确保信贷和贷后服务安全。"三位一体"综合合作一旦形成，行动者直接缔结合同，其行为不仅嵌入与他们直接互动的关系网络中，还嵌入其所在的社会网络中，形成"二次嵌入"[③]。正是由于所有交易在社会关系上的嵌入性，使行动者的经济行动还要受社会网络的约束。并且随着交易频率的增加，处于同一社会关系网络的行动者之间会进行更多的信息交流或资源交换，进而构建起以信任为基础，依靠关系以及关系网络中的道德规范等提高签约的频率和执行合约的效率，减少行动者之间的协调成本[④]。正是由于同一社会关系网络内部形成的信息交流和信任机制，供销主体、生产主体与信用主体之间的协调成本大大降低，使"三位一体"综合合作能够持续发展。

（五）模仿创新："三位一体"综合合作的推广机制

在一个组织网络中，一旦从事同样业务活动的差异性组织结构化为一个事实上的场域，随之会出现一股强大的力量推动制度性同构，从而弱化组织之间的差异性[⑤]。这种力量可能是源于强制性权威或者源于环境的不确定性，也可能来自对环境不确定性作出的反应。

在"三位一体"综合合作发展早期，各地试点探索往往是基于组织内在发展需求而作出的理性决策，但随着政府鼓励、树立典型、媒体报道等因素的影响不断扩散，场域内的其他组织会逐渐缩小其行为选择的范围，而更倾向于追随、模仿已成为典型的组织形态，因为对已有实践的模仿行为具有节省行动成本的优势。从各地实践探索看，浙江省是最早探索开展"三位一体"综合合作的省份[⑥]，2014 年浙江省供销合作社综合改革试点又以"三位一体"综合合作为主要内容，推动全省建立具有联盟性质的农民合作经济组织联合会。在模仿机制的驱使下，具有一定发展基础的供销合作社通过参加培训和现场会学习，

---

① 马光荣，杨恩艳．社会网络、非正规金融与创业［J］．经济研究，2011（3）：83-94.

② 苏冬蔚，陈纯纯，许振国，等．商业银行社会网络与微型金融可持续发展［J］．经济研究，2017，52（2）：140-155.

③ 刘世定．嵌入性与关系合同［J］．社会学研究，1999（4）：77-90.

④ 彭正银．网络治理理论探析［J］．中国软科学，2002（3）：51-55.

⑤ DIMAGGIO P J，POWEL W W. The iron cage revisited：institutional isomorphism and collective rationality in organizational fields［M］．American Sociological Review，1983，48（2）：147-160.

⑥ 陈林．农村金融深化有赖于农民组织化：兼论供销社综合改革与"三位一体"合作组织［J］．银行家，2015（7）：101-102.

模仿试点地区相关政策和具体做法，发展当地的“三位一体”综合合作，最终结果是具有“典型”和“示范”意义的“三位一体”综合合作逐渐扩散为一种结构化模式。

然而，任何组织都是嵌入特定的制度环境之中的，组织生存的资源环境不同、产业环境不同、政府支持政策不同，特别是参与主体的创造性破坏力量会导致组织异质性。现实中“三位一体”综合合作的做法是多样的，一方面是因为缺少国家权威和强制性同构的压力；另一方面是因为创新的力量，即各地在推动“三位一体”综合合作过程中，不是照搬照抄先进地区的经验做法，而是与当地的资源禀赋结合起来，利用创造性破坏力量，形成具有自身特色的“三位一体”综合合作实践。如浙江省供销合作社是建设农民合作经济组织联合会，而山东省供销合作社是在农民合作社内部搭建信用合作平台，重庆市供销合作社则是供销合作社、农民合作社与信用社的有机融合。

三、“三位一体”综合合作促进农业产业发展的困境

（一）制度环境中的认知偏差

总体而言，“三位一体”综合合作的组织场域内还没有形成统一的认知。从研究层面看，多数研究者站在供销合作社的视角看待“三位一体”综合合作，提出应将“三位一体”综合合作与深化供销合作社综合改革有机结合起来，也有研究认为“三位一体”综合合作是以农业产业组织为主导力量。从新闻媒体层面看，虽然关于“三位一体”综合合作社的报道较多，但由于对供销合作社的实际情况认识不到位，认为政府支持供销合作社开展“三位一体”综合合作试点，是通过政府的力量提升供销合作社的权力，改革的目的是让供销合作社成为垄断为农服务资源的部门，很大程度上会偏离竞争中性原则。从政府角度看，由于一些供销合作社实力不强、历史遗留问题较多，供销合作社在当地政府的工作中处于边缘地位，导致一些地方政府认为“三位一体”综合合作试点是供销合作社牵头的事，没有给予足够的政策支持。从参与主体视角看，金融部门对合作金融不够重视，发展“三位一体”综合合作必须有一个健全的、强有力的农村合作金融体系作为依托，但建立农村合作金融至今尚未破题[①]，有一些农村金融工作主管部门把合作金融与非法集资相混淆，对农民合作社开展信用合作业务采取冷漠甚至打压的政策[②]。在供销合作社内部，许多基层供销合作社对“三位一体”综合合作认识还比较模糊，对“三位一体”综合合作的内涵、推进路径等认识不清，不知道该怎么开展试点，存在着供销合作社开展“三位一体”综合合作就是办金融的观点，而没有从提升自身服务能力的角度看待“三位一体”综合合作。

① 中国社会科学院农村发展研究所课题组．“三位一体”综合合作与中国特色农业农村现代化：供销合作社综合改革的龙岩探索［J］．农村经济，2021（7）：11-24.

② 徐祥临．深刻认识“双成为”论断与“三位一体”综合合作体系［J］．中国合作经济，2021（Z1）：29-31.

（二）模仿创新过程中的主体资源困境

“三位一体”综合合作关键在于推动农业产业发展，而农业产业发展的核心是通过完善的供销服务引领农业生产主体与现代农业发展有机衔接。但由于目前供销主体特别是供销合作社发展不平衡、不充分，许多地方还无法满足农民多元化、综合性、全程农业服务需求，供销合作社的为农服务在全部农业经营服务主体中依然是一个很小的单元，农业产业化的综合效益无法形成，这就使“三位一体”综合合作缺少持续运行的基础。并且，由于“三位一体”综合合作发展模式的特点是强调整个农业一体化进程中金融支持的重要性①，供销合作社长期以来一直将“三位一体”综合合作的着力点放在补金融短板方面，而与金融机构的合作还不充分。还有金融服务对技术、人才等方面要求较高，供销合作社开展的金融服务业务发展还处于起步阶段，金融和类金融机构数量有限、业务规模不大、服务能力有限，有的地方供销合作社金融业务还存在着风控机制不健全等问题，基层政府基于防范风险的角度对供销合作社开展的金融业务并不支持，单靠供销合作社一家的力量开展“三位一体”综合合作还是比较困难。

（三）协同互促过程中的道德风险

“三位一体”综合合作需要不同的行动者参与进来形成服务合力，这意味着供销主体、生产主体和信用主体在一定程度上能进行资源整合。但从目前的情况来看，生产、供销、信用这几项功能分别隶属于不同的主管部门，资源的整合必然涉及部门既得利益的藩篱②，没有政府强力推动，很难实现资源整合，甚至有可能出现供销合作社、信用社等主体在“三位一体”综合合作过程中的“内部人控制”或者“目标替代”等问题。基层实践中，不同行动者走向“三位一体”综合合作的制度变迁过程中，协同机制或利益分配机制没有建立起来，依然是各自为战，形不成合力，这就使农业生产主体在获得供销、金融服务的过程中，仍然要与不同的主体打交道，交易成本依然较高。即使是合作社内部开展的“三位一体”综合合作，也需要协调各方资源深化农民合作社与社员之间的合作关系，面临的道德风险问题依然很多。

（四）理性选择过程中的机会主义行为

“三位一体”综合合作是资源所有者预期到事后剩余会增加并且能够分享合作带来的租金而形成的合作关系，这种合作不是短期的、一次性的，而是中长期的。合作期间，各行动者都要冒共享资源和权利遭受机会主义行为打击以致形成负的溢出效应的风险。特别是各行动者在合作中会投入必要的专用性资产，如农民合作社投入生产加工所需要的机械设备，供销合作社投入的仓储物流和农产品加工设施，金融机构投入的放贷资金等，这就致使它们都面临着“套牢”的风险，导致“三位一体”综合合作在抑制投机行为、降低不

---

①② 中国社会科学院农村发展研究所课题组．“三位一体”综合合作与中国特色农业农村现代化：供销合作社综合改革的龙岩探索 [J]．农村经济，2021（7）：11-24.

确定性，进而达到降低交易成本的治理均衡是非常困难的①。另外，由于农业受自然风险影响较大，即使农业产业组织提供的生产经营数据是真实可靠的且在事前签订了完善的契约，但仍然无法避免因自然风险导致产业链不能有效实现而诱发农业产业组织的机会主义性问题。解决这一问题必须依赖于农业风险保障机制的建立，但目前我国农业风险保障机制的缺位使农业产业组织的机会主义行为无法彻底消弭。与此同时，我国农村金融改革尚未破题，正规金融机构不愿下沉农村以及农村合作金融发展不完善等，导致“三位一体”综合合作发展模式存在明显的短板②。

四、“三位一体”综合合作促进农业产业发展的建议

“三位一体”综合合作是在一定的社会结构和制度情境下，供销合作社、农民合作社等农业产业组织和农村金融机构通过契约进行融合与互构的实践。法律规则、政策制度、经济诱因、社会网络、模仿创新等，是“三位一体”综合合作运行的主要动因，其中法律规则和政策制度构成了“三位一体”综合合作的社会系统结构或外部制度环境，而经济诱因、社会网络和模仿创新则构成了“三位一体”综合合作的内在技术要求。外部制度环境和内在技术要求共同形塑了“三位一体”综合合作的生成路径、演化空间与组织边界。然而，“三位一体”综合合作是近年来兴起的能够推动农业产业高质量发展的新型经营模式，目前仍处于探索阶段，在实践探索中仍然面临着诸多发展瓶颈。针对“三位一体”综合合作的实践困境，要从营造良好的外部环境、推动为农服务资源聚集、提升农业经营服务主体能力水平、构建不同农业经营服务主体紧密的联结机制等几个方面，推动“三位一体”综合合作持续健康发展。

（一）营造良好的外部环境

农业、金融、供销等相关部门要深刻认识“三位一体”综合合作在推进现代农业经营体系建设、实现农业农村现代化方面的重要意义，建立协作机制，形成工作合力，共同推动“三位一体”综合合作各项工作落到实处。有条件的地区要积极开展“三位一体”综合合作试点，不断研究新情况、解决新问题、总结新经验，形成可复制、可推广的经验做法。注重“三位一体”综合合作理论研究，重点研究其基本内涵、运行机制、功能作用、扶持政策等，为“三位一体”综合合作奠定理论基础。加强“三位一体”综合合作相关培训，解读相关政策，推广相关经验，提升基层干部和各类农业生产经营主体为农服务能力和水平。

---

① 徐旭初，金建东，吴彬．“三位一体”综合合作的浙江实践及思考［J］．农业经济问题，2018（6）：58-66.

② 中国社会科学院农村发展研究所课题组．“三位一体”综合合作与中国特色农业农村现代化：供销合作社综合改革的龙岩探索［J］．农村经济，2021（7）：11-24.

（二）推动为农服务资源聚集

政府要立足当地产业发展情况，支持不同形式的“三位一体”综合合作探索，注重运用市场的手段而非“拉郎配”或强迫命令的方式，推动农民合作社、供销合作社、农村金融服务机构等建立联结机制，积极推动更多的涉农服务资源进入“三位一体”综合合作平台，为农业生产经营主体提供多元化的服务。

（三）提升农业经营服务主体服务水平

发挥供销合作社为农服务的优势，围绕农资供应、农产品流通等核心主业，着力打造一批具有较强市场竞争力和行业影响力的骨干龙头企业，以龙头企业为引领，通过参股经营、订单农业等方式，带动小农户和农民合作社等农业产业组织开展产业化生产。金融机构要完善金融支持农业产业组织的政策产品，大力开展农户小额信用贷款、保单质押贷款、农机具和大棚设施抵押贷款、企业担保贷款等业务，稳妥有序开展农村承包土地的经营权、农民住房财产权抵押贷款试点，为符合条件的农户和农业产业组织提供首贷、信用贷。

（四）构建不同农业经营服务主体紧密的联结机制

注重发挥供销合作社服务优势，以综合性、便利化、全产业链的服务作为黏合剂，将供销合作社与农民合作社等组织资源融合成完整的产业链，并按照相关法规加强对农民合作社、农业企业、家庭农场、农户等各类农业生产主体基本信息、交易数据、财务信息等的收集、整理和运用，为农业生产主体获得金融服务支持起到增信助贷的作用。切实发挥好供销合作社联结农业生产主体与金融机构的桥梁纽带作用，推动各类商业、政策性金融机构与供销合作社对接合作，以农业生产主体信用数据为黏合剂，解决信贷双方信息不对称的难题，为农户和农业生产主体提供更多金融服务。

第二节　农业产业创新链发展与构建

2021 年 12 月中央农村工作会议强调，必须着眼国家战略需要，稳住农业基本盘、守好“三农”工作，确保农业农村稳定发展，要聚焦产业促进乡村发展，深入推进农村一二三产业融合，大力发展县域富民产业。“十四五”规划针对农业农村明确提出，要培育具有国际竞争力的行业龙头企业，延长农业产业链条，完善农业科技创新体系，发展智慧农业，提高农民科技文化素质，推动乡村人才振兴。因此，有必要在明晰农业产业创新链本质的基础上，探索构建农业产业创新链的依托、模式与对策。

一、农业产业创新链的实质

以熊彼特为代表的创新理论认为，创新是将新的生产要素或条件引入生产体系，从而改变生产函数、提高劳动生产效率和产业水平[①]。但农业发展不能忽视农业生态中主体与要素的关系，农业产业创新链的构建绝不能止步于生产内部，而应该扩展到产业生态系统各个链条与环节之中。这就意味着农业的产业创新不能局限于要素与条件，其更多是创新影响下生产关联体之间关系的深刻变革。农业发展置身于产业生态中，形成于多主体、多要素相互的系统生态中，受到系统内部各主体、要素及其相互关系的影响。系统内部通过协同、伺服、自组织等，从无序向有序逐渐过渡，每个小系统围绕着农业产业各个环节的功能和目标，实现各元素、环境与系统整体之间的良好互动，重组元素、构建新关系，以最大化发挥农业产业系统的生态功能和产业价值[②]。技术、知识、产品、市场、资源、组织管理和模式制度等作为创新对象进入农业生态系统的各个小系统中，形成关联不同主体、不同环节的全过程链中各要素的共同革新，改变了过去农业单一环节、链条在技术和管理方面的革新模式。基于主体、要素在新结构、新关系、新机制、新模式中的互动，激发农业产业生态系统有序化发展动力，促进其快速从混沌状态经过有序化达到新的系统均衡[③]，加速产业生态的内部循环，促进大系统迅速从反应循环阶段、催化循环阶段向超循环阶段发展[④]。推进不同链条结构不断完成阶段提升，并对应调节各系统环节的发展阶段，形成自下而上的驱动型升级；或者通过系统的整体性阶段迈进，刺激各链条生产力或生产关系的调整，形成自上而下的匹配型升级。创新驱动农业内涵式发展主要通过传统产业的优化升级及新兴产业的协同带动实现。创新链囊括多类型、多层次的创新活动，将相关企业、政府部门、孵化器、科研院所、高校、中介组织等作为创新主体，围绕研究发明、成果产生、应用推广三个环节，以问题式策略回溯生产力、生产关系的影响因素，依托关涉主体进行机制、模式的变革式调整。农业产业的创新发展同时受到技术及其生态的影响。创新链的核心是优化物理、社会、信息“三元”空间资源以解决复杂问题，目标在于基于数字化提升协同能力，使链条中各个主体能够进行信息共享与交换，保证多元主体中个人与机构的协调一致，从而增强信息运用能力，提高系统内部的协同效率。农业产业创新链强调信息运用能力在农业各环节的强化，提升系统协同过程中定位、传递和利用信息资源的能力，强化信息在产业链各个环节的扩散，以及各主体与环境之间的高效率互动。因此，农业的产业升级实际是考验两个方面：一是信息运用能力或信息流动能否协同高效展开；二是技术升级对于信息运用能力或信息流动的提升作用。这决定了农业产业创新链是以满足需求为目标，将创新活动的各参与主体连接起来，以实现系统整体优化的链式结构，从整体上推进农业产业生态中各系统在技术、管理等方面的循环上升。通过链接农业

---

① 主动把握和积极适应经济发展新常态推动改革开放和现代化建设迈上新台阶［N］. 人民日报，2014-12-15.

② 秦楼月．构建发展共同体下的中国农业产业链安全保障机制［J］. 理论学刊，2022（2）：84-93.

③ 姚树洁，房景．科技创新推动“双循环”新格局发展的理论及战略对策［J］. 东北师大学报（哲学社会科学版），2021（3）：39-51.

④ 董长瑞，邵瑛瑛．企业科技创新对产业结构升级的驱动效应：基于山东省的实证分析［J］. 济南大学学报（社会科学版），2020（6）：125-135，159-160.

产业上下游的纵向链、链接不同合作主体的横向链、链接跨系统利益相关群体的区域链的同步创新，突出农业产业创新体系的公共性、协同性、系统性、开放性等特征，以技术、知识、管理、制度等创新对象为要素，贯穿农业市场和全部流程，将农业产业创新活动各参与主体连接起来，实现农业产业整体优化的链式结构。

二、农业产业创新链构建的主要依托

农业产业创新链的构建意味着农业产业的综合提升，需要依托农业生态系统的经济技术结构、经济管理结构、经济生态结构的动态调整，对产业全流程、全要素、多主体、多循环的结构式关系进行深层次变革，形成不同结构中不同流程、不同要素、不同层次的循环共生。

（一）农业产业创新链构建要依托经济技术结构

经济技术结构涉及生产过程中所有环节、各要素和主体之间相互形成的稳态结构，当创新链介入后，通过调整主体与要素之间的关系，使要素发展更有利于产业的循环发展需求。经济技术结构包括产业各结构的分布，产业部门比例关系，生产与流通、消费之间的关系，国内与国外市场之间的关系等。经济技术结构主体主要包括产业技术参与群体及农业产业的全员。经济技术结构的主体通过科学技术对创新链施加作用，提升创新链对经济技术结构的影响作用，促进产业链中各链条、系统的技术提升，推动各链条的循环发展，实现产业生态系统内各系统功能的协同上升。经济技术结构优化的关键在于实现各链条之间的协同优化，通过创新因素的介入，促进链上各环节链接与链条的延展延伸。农业产业创新链构建的关键在于整合农业产业全员、全流程、全要素，通过创新要素的介入，将经济技术结构主体、全过程、各要素接入创新链，在每一处的创新、推广与应用上均对全链条产生正向作用。同一创新链中每一环节的反应循环，推动同一创新链中不同环节及不同创新链中不同环节之间的循环，再推动不同创新链各环节之间的超循环，进而实现农业产业创新链正循环，提升农业的整体实力。

以新的知识和技术改造物质资本、提高农业产业全员素质，进而推动管理制度、商业模式、产业协同机制创新，可以获得相比物质投入对经济增长更大的推动力。在开放的创新环境和背景下，知识溢出效应、创新意愿与创新能力之间存在内在关联。知识溢出效应和创新意愿均对创新能力有显著正向影响，且知识溢出效应对创新意愿的影响会随着效应的增强而变化①。知识溢出效应是知识接受者或者需求者消化吸收新知识、促进企业增长和产业提升而产生的关联效应，主要包括经济效应和技术效应②。知识溢出是一种非竞争

① 李扬子．管理层能力、高管激励与企业创新战略选择［J］．中南财经政法大学学报，2022（2）：41-51.

② 肖卫东，杜志雄．以提升涉农企业科技创新能力推进农业新旧动能转换［J］．理论学刊，2021（6）：70-78.

性的知识交换，而溢出效应能够刺激企业的技术创新和技术进步①。同时，企业技术研发新颖度对知识溢出效应与创新能力有着重要影响。将农业打造成战略性产业，需要立足开放创新环境，强化知识的溢出效应，从而在发掘知识技术、经济功能的同时，促进参与农业生产的各知识创造主体主动提升创新能力，从而实现产业的综合升级。但从开放式研发系统的角度看，知识溢出效应与创新绩效呈倒U形曲线关系②。一方面，知识接受者消化知识后会促进知识类型的转化，将以学科范式为基础的逻辑知识转化为应用知识，或在应用知识的基础上促进逻辑层次的进一步提升。这种双向转化带来的知识流动产生了巨大的知识效能，刺激个人和团队改变知识模式与技术方式，从而促进产业技术和生产能力提升。另一方面，知识转化带来的动力势能较为隐蔽，产生的创新效能较多受到知识生产者和应用者的主观意愿影响。个体的行为态度、主观规范、知觉行为、团队环境等控制变量都会通过创新意愿作用于创新行为，从而影响意愿和行为的产生，最终影响产业结构内在的创新意愿、结构自身的知识溢出效应的产生，以及影响经济技术结构从外部获取低成本且有价值的知识的能力③，而产业结构内在的创新意愿则受到其所依托的载体即企业的相关投入的影响，因此，需要通过体制机制创新和产业结构的整体创新，刺激农业经济技术结构中个体的主动创新。

（二）农业产业创新链构建要依托经济管理结构

经济管理结构指在垂直体制或网络信息化影响下各主体要素的组织衔接关系。农业技术的提升、反馈与农业发展存在密切关系，但当技术保持在恒定创新的情况下，除了土地和人口两个要素能够提升农业的生产效率外，管理也成为农业发展过程中的重要因素，经济管理结构的优化能够有效促进人力和技术因素作用的发挥。从技术因素来看，知识溢出可使企业获得创新手段、方式和效果，但即使是良好状态的知识溢出也难以准确把握和测度。依托人力所产生的创新思想和创新意愿会受到环境和条件的影响，当团队创新氛围不利于创新意愿的培育时，个体创新行为将会受到限制④。个体的知识溢出及偏向主动的知识溢出容易引发产业关联性溢出和市场性溢出，相关行业会通过主动学习或被动相互学习展开创新。这种企业间的互动创新会进一步强化技术的市场性溢出，在市场交易环节促进企业之间、地区之间的技术溢出⑤，并会引发下游产品的技术改进和质量提升，使各个生产环节及整个产业链的生产效率提升。创新链将被动的知识溢出转变为知识效能的主动转

① 浦天龙，张巍，万相星．企业创新驱动发展的国家战略进路：模仿性、强制性同构到规范性同构［J］．河南师范大学学报（哲学社会科学版），2021（5）：67-72.

② 荀延杰．产业互联网视角下农业供应链金融模式创新研究［J］．四川轻化工大学学报（社会科学版），2020（2）：33-52.

③ 王亚飞，徐铭，张齐家．农旅产业协同集聚对农业绿色全要素生产率增长的影响：作用机理与经验证据［J］．安徽师范大学学报（人文社会科学版），2022（4）：143-157.

④ 欧璇．“一带一路”背景下农村农业经济管理模式创新研究［J］．农业经济问题，2020（10）：146.

⑤ 生吉萍，莫际仙，于滨铜，等．区块链技术何以赋能农业协同创新发展：功能特征、增效机理与管理机制［J］．中国农村经济，2021（12）：22-43.

换，通过知识生产模式的互动形成创新技术中介，并进入全过程、全链条、全产业，推动产业生态平衡与效率的循环提升。由知识溢出向知识生产的主动转变是创新链创新协同功能有效发挥的充分体现。

经济管理结构的核心在于调动全要素与创新链结合。全要素不仅包括传统的人、财、物，还包含各类生产函数中的劳动、资金、土地、技术、物资、物流、信息数据等。管理制度创新是盘活资源的重要途径，将全要素与创新链深度融合，加强创新链与产业全流程的紧密衔接。通过创新链与产业链的有机衔接，降低要素无序流动对产业内各行业、企业互动的不利影响。依托产业全流程管理和产业链协同并轨，激发企业或行业间的技术溢出效应。在整体经济管理结构中，通过创新链的打造与交融，加强产业内部关联企业、组织之间的技术交流与更新，促进产业与行业之间的跨领域技术要素流动，带动产业生态的横向发展，营造农业的良性知识生态。经济管理结构通过促进产业链上下游与创新链紧密衔接，有效解决产业流程上下端技术脱节或创新动力不足问题，从产业流程上加速不同产业环节的创新融入，在产业的整体发展中形成内生创新力，实现产业流程从强制性创新到主动性创新的改变。同时，通过制度化方式将农业创新链注入产业全流程，有利于营造良好的企业创新氛围和行业发展前景，也为产业上中下游的行业、企业树立既定标准和要求，强化产业链发展的全流程管理，加速全产业全流程的创新协同。

（三）农业产业创新链构建要依托经济生态结构

经济生态结构涉及生产布局与自然条件、经济政策、科学技术等环境因素之间的关系。劳动生产率是同自然条件相联系的，而自然条件可以归结为人本身的自然和人周围的自然。随着生产技术水平的提高，经济规律的作用机制愈加复杂，环境因素通过经济结构对社会发展的影响也愈加广泛，因此，改善交通等环境因素成为各国发展生产力的重要手段，进而成为其经济政策制定的重要内容。不同的经济结构下会形成具有不同特点的经济生态结构，不同的经济生态结构和经济发展水平下经济规律的作用形式也会不同。因此，中国特色的经济生态结构意味着我国的农业发展道路必然有其独特性蕴含其中。基于我国复杂多样的自然环境及农业现代化发展速度和水平，需要依托我国的经济生态结构特点推进农业产业创新链构建，通过发展多样化的农业业态和拓展空间资源寻求发展的新思路，农业发展需要在充分考虑自然环境因素的基础上，深刻理解政治、经济、文化等环境因素在整体产业发展中的影响作用，通过不断发挥多主体功能，降低农业发展过程中的不确定性和资源损耗，逐步淘汰落后的技术和生产方式，通过创新链的融入实现农业的产业新陈代谢。

生产技术的综合进步是生产力发展的主要推动力，但农业生产周期长，加之知识的溢出效应，导致农业企业对科技投入的重视不足，尤其忽视推动生产技术的综合进步。新的技术革命带来知识生产与传播模式的重大变革，高校和科研机构、产业组织、政府（UIG）构成的三重螺旋模型成为产业发展的新型动力组织形式，国家需求和经济发展需求逐渐成为创新的主要动力源，推进应用型和问题型知识生产路径的加速形成。然而，UIG关系下的三重螺旋模型可以用来支撑知识经济的核心过程，却难以平衡知识对经济利益的偏重。随着数字化通信方式的广泛使用，知识生产活动的关联性迅速提升。现代网络社会将知识生产与社会生产的各个领域和环节相衔接，使以知识为基础的创新体系主要建立在中介性的社会基础设施之上，关注知识社会和利益相关者权益的四螺旋或“n螺旋”模型得以出现和发展①。这使现代农业发展和产业创新链构建需要更多立足经济生态结构进行整体考量，在农业产业创新链与整体经济生态结构的互动中，探索绿色农业发展道路、现代农业的底线（经济、社会和环境）标准，以及如何优化经济生态结构以促进农业产业创新链的高质量发展，明确农业现代化与工业化、信息化有机结合的发展新方向。

三、农业产业创新链构建的主要模式

塑造农业产业创新链的核心在于落实创新链与产业发展的嵌入式衔接，明确创新主体和建链抓手，保障政策对于知识创新的动力激励和机制贯彻。发挥创新链对于农业产业经济结构和产业布局的积极影响，打造农业产业生态域，加速创新模式的形成，促进农业产业创新链有效落地，并不断产生正向溢出效应。基于“n螺旋”创新链主体结构，可围绕产业链主体或关键要素构建农业产业创新链。

（一）围绕不同主体搭建农业产业创新链

农业产业创新链构建可根据主导主体不同分为政府主导模式、农户主导模式、公司主导模式、合作社主导模式和教科研机构主导模式。当然，不同主导模式并非孤立存在，而是可以相互结合、共同发展的。同时，在农产品研发、生产、管理、流通等不同阶段，不同主体也发挥着不同作用，为不同要素的优化配置创造条件。

1. 政府主导模式

政府主导模式是由政府牵头建立创新链，形成“政府—农户”“政府—示范基地—农户”“政府—教科研机构—示范基地—农户”等关系链条。政府主导模式多为区县级政府发挥主体作用，打造农业资源共享平台，积极引进推广新技术、新方法、新产品，提升技术更新效率，扩大产业规模，打造沟通衔接通道，为资金、技术等领域合作提供信用支撑和绿色通道。该模式可采用先试点后推广的形式，主要考虑引进技术的成熟性和因地制宜的适应性。

2. 农户主导模式

农户主导模式是由具有发明创造能力、掌握核心技术、创新生产经营方式的核心农户进行组织。核心农户已经证明新技术、新方法、新产品的可行性和经济效益，因此需要其具有“发明－应用－推广”等辐射带动周边其他农户的能力。该模式的局限性在于，核心

① 王静．提升产业链供应链现代化水平的共融路径研究［J］．中南财经政法大学学报，2021（3）：144-156．

农户的数量往往很少，其行为多是自发性的，且限于其推广能力，导致模式的扩散效应有限。为克服这一局限，可将该模式与政府主导模式等其他模式结合起来共同推进，通过其他主体的协作，不仅可以帮助核心农户解决创新过程中的资金、技术、知识等瓶颈，还可通过扩大试点试验范围更快地传播技术和经验。进一步地，核心农户可依托技术和产品优势，联合创建乡镇企业，向技术型企业和产业方向发展，实现农户主导模式创新链做大做强的目标。

3. 公司主导模式

公司主导模式是由涉农企业尤其是自主研发型企业，通过自行研发、外部引进、合作或委托等方式，形成并掌握创新成果，再向农户推广应用的创新链构建模式。公司主导模式中的研发、宣传、咨询和服务等经费都由企业承担，因而更加强调企业化运营。该模式可在合同和信用的基础上形成“公司＋农户”的利益共同体，从而有效提升创新链整体的科研能力、资金实力和规范化水平。目前，公司主导模式是我国涉农龙头企业辐射带动周边的主要方式，比较适合现阶段农业农村经济发展阶段，也可成为农业产业创新链构建的主要模式。

4. 合作社主导模式

合作社主导模式是由合作社组织引入先进技术或优良品种，推广给组织成员应用，通过“示范—带动”效应不断扩大辐射范围。农民合作社可产生明显的规模效应，便于在种苗、饲料、化肥、疫病防治、收割储存等方面产生规模优势。合作社主导模式兼具政府主导模式的威信和权威与农户主导模式亲近农民的优点，但该模式受到组织稳定性和规范性的影响，存在资金、市场、管理、品牌等因素的制约。

5. 教科研机构主导模式

教科研机构主导模式是由教育和科学研究等机构利用其技术、知识、人力和智力优势，主动与地方政府、企业、合作社或农户建立联系，推广应用创新技术、产品、模式、管理方法和服务方式，通过农业教科研机构与各方的良性互动，实现科研成果转化、经济效益提升和服务社会等多重目标。教科研机构接受国家财政经费的资助，因而具有服务社会的公共属性，其突出和落实为“三农”服务的职责，不仅能在一线实地检验科研成果的实用性，还可为“三农”发展带来实效。

（二）围绕关键要素搭建农业产业创新链

农业产业创新链构建还可围绕资金、政策、人才、信息、生态这五个关键要素展开。

1. 资金是助力农业产业创新链构建的关键要素，也是长期存在的制约因素

信贷和金融是现代经济的重要内容之一，农业产业创新链的构建和延展同样需要资金的大力支持。无论是科技研发、企业孵化，还是技术培训、应用推广，都离不开资金支持。有研究表明，创新链与资金融合能够显著提升创新链的整体效能，正向激励产业结构

升级，间接影响经济高质量发展①。因此，对于创新链的不同主体来说，与金融机构的协同合作至关重要。同时，金融机构也应主动服务农业产业创新链发展，为其开发有针对性的信贷产品，特别是政策性金融机构应充分发挥其应有功能②。

2. 政策是农业产业创新链构建和提升的重要保障

政策在引导各主体参与创新链构建并发挥功效方面具有巨大作用。例如，加强对地方政府推行农业创新方面的考核评价，加大对农业教科研机构、教师、科研人员服务“三农”的鼓励与奖励力度，明确金融机构参与农业产业创新链构建的标准和要求，提高涉农企业补贴水平和针对性。因此，要强化不同层级政策制定机构的创新链参与，保持信息和需求的顺畅沟通，及时协调产业链上下游相关企业的技术协同，保障农业现代化、工业化、信息化的深度融合发展，提升农业产业创新链层次定位，为创新链的全领域贯通做好政策指引。

3. 人才是农业产业创新链构建与发展的不竭动力

人才是创新的基础，农业人才政策要贯穿全领域、全过程、全产业。按照“n 螺旋”的创新机制，人才不仅包括农业技术结构相关人员，还包括农业管理结构和农业生态结构的相关人员，都需要增强创新意识和能力，为农业产业创新链的构建和延展夯实基础、提供保障。同时，随着农业的不断升级发展，传统农业的产业边界已极大扩展，众多关联领域的相关人才也在积极参与“三农”发展。因此，需要通过农业教育、产业培训、继续教育和终身学习等，增强人才的创新意识、农业知识、研究能力和市场才能，并重视跨领域人才培养。

4. 信息和数据是农业产业创新链发展的方向及现代化手段

我国农业与工业的深度融合已取得众多实践成果，但农业与信息化的融合起步较晚，尤其数字经济带来的诸多便利和创新成果尚未广泛惠及农村。目前，城镇的信息化发展不仅带来个人移动端的便捷，还催生出智慧城市、智慧政府、智慧交通及产业信息化、信息化产业等，这为农业的信息化创新发展勾勒了蓝图。同时，农业涉及的信息数据种类繁多，不仅包括产品市场供需和价格变动信息、产业链上下游资源配置信息和人才供需信息等，还包括各类环境监测信息，因此更需要搭建综合信息平台，重视信息技术和数据的分析使用，在创新链中有意识地纳入专业化的数据企业，提高农业产业创新链的信息技术含量和水平。

① 刘家树，石洪波，周梦琦．创新链与资金链融合影响经济高质量发展的效应研究［J］．经济与管理评论，2022（1）：103-115.

② 张芳，康芸芸．乡村产业振兴的金融供给：“政府—市场—社会”合作模式的探索［J］．商业研究，2020（12）：124-131.

5. 以不破坏生态为底线，以保护、循环利用生态为农业产业创新链构建的最高目标

绿水青山就是金山银山，高质量发展的农业需要以良好的生态环境为承载，产业创新链自然要重视环境和谐共存关系的构建，促进生态环境的持续向好发展。因此，农业产业创新链需要促进各主体之间通过中间产品和废弃物的相互交换衔接，形成闭合的循环生态链条，促进资源最佳配置、废弃物有效利用、化肥农药科学施用、环境污染和破坏降到最低①，实现循环经济和绿色高质量发展。同时，要强化开垦方式和规模的管理，通过政策、资金、人才、管理、技术之间的高效协同，推进高标准农田建设，充分发挥农业生态的优势。

四、农业产业创新链构建的主要策略

要根据产业利益相关者原则，构建关涉自然环境和社会环境"n 螺旋"动力机制的创新结构。同时，要明确政府主导、农户主导、公司主导、合作社主导、教科研机构主导等不同创新链主导模式的关系，围绕资金等关键要素建链补链强链，保证以系统性措施推动农业产业创新链落地实施并不断拓展。

（一）落实创新链"链长制"

各地区农业产业创新链的牵头主体负责沟通、协调、联络等工作，便于创新技术、产品、方法、经营管理方式的推广应用和再创新、再提升。将"链长制"与创新链不同主导模式相结合，确定不同主导模式下适宜的创新链链长，落实责任义务与奖励机制等，推进创新链落地。发挥评价工具的指挥棒作用，突出强调各评价对象在农业产业创新链中的贡献。定期开展链长考核评比，保障链长责任的落实。增加对地方政府推行农业产业创新方面的评价权重，评选认证全国优秀的创新型合作社，对教科研机构及其各类工作人员在农业产业创新链构建中的贡献予以奖励。

（二）加强农业信息平台建设

增强已有的全国性农业信息平台的功能，将线上平台与线下的农技推广站、合作社、核心农户、创新链链长等进行有效链接，实现线上信息与线下实践的有机结合，提高信息的丰富性与时效性。丰富农业信息平台的内容，传播共享创新技术、产品、经验的推广信息，以及电商、直播销售等教学培训信息②。开发拓展信息平台的 App，促进市场信息的实时交流，强化平台的惠农性特征和定位。同时，积极构建产业链协同机制，促进农业产业链上下游信息共享，加强创新技术的全产业渗透，以顺畅的信息和技术沟通保障与强化

---

① 杨钧，李建明，罗能生．农村基础设施、人力资本投资与农业全要素生产率：基于空间杜宾模由于型的实证研究［J］．河南师范大学学报（哲学社会科学版），2019（4）：46-52.

② 吴捷，成忠厚，黄小勇．"互联网＋"驱动传统农业创新发展的效应研究［J］．江西社会科学，2021（8）：37-49.

技术协同，进而提升产业的整体实力。

（三）建链延链强链以实现各方联动

在现有农业产业创新链基础上，进一步强化建链延链强链工作，落实农业产业创新链各主体的效能发挥、工作目标和具体举措。丰富农业产业创新链主体结构，补充缺失主体和要素，促进金融机构、教科研机构、信息化企业、核心农户、推广组织和数据公司等多方联动。实现农业关键要素、全部流程和全体成员的有效链接，以创新链促进产业建设、加强政策保障、补充人才资源、强化资金支持、联通信息数据、保护生态环境。

（四）构建农业经济技术—管理—生态结构

通过构建农业经济技术—管理—生态结构，促进生产模式、产业机制、管理体制等各方面的根本性变革，形成农业的内涵式发展动力。平衡生态保护与农业发展之间的关系，形成产业创新链的生长基点，加强技术交流和经验互鉴，增强各主体的创新意识。例如，鼓励核心农户建立“家庭研究所”，根据其实效和流程确认育种、农机具、种植养殖技术等创新成果，并通过荣誉奖励和成果推广加速形成创新链、确定链长。鼓励涉农企业设立“研发部”、合作社设立“科研创新室”，增强研究能力，实现全员、全流程、全要素创新，以创新人才、队伍、组织机构的形式塑造，巩固和提升农业产业创新链。

第四章　农村旅游业发展分析

农村旅游业是促进农村经济高质量发展的重要途径。首先，旅游是人们对于美好生活向往的表达，旅游业是随着时代变迁、社会转型而衍生发展起来的朝阳产业，是实施启动消费、强化投资、稳定出口等供给侧结构性改革的战略举措。其次，作为旅游产业的重要组成和现代农业的价值延伸，农村旅游业吸引了越来越多的社会资本进入，俨然成为新一轮市场投资的热点。最后，农村旅游业不仅可以增强农村经济发展的内生活力，还有利于缩小城乡差距，推动城乡统筹协调发展。然而，经济效益差却使农村旅游业虽开发火热但成长不足，进而出现资源开发泛滥、生态环境恶化、利益主体矛盾尖锐等问题。特别是在建设新农村大背景下，作为农村产业兴旺的重要途径，农村旅游业发展越来越受到人们的重视；促进农村旅游业高效、持续、生态与开放协调，已经成为全社会和各级政府的统一共识。因此，探究农村旅游业高质量发展以及分析农村旅游业当前现状并提出合理化建议具有重要的理论价值和现实意义。

第一节　农村旅游业高质量发展

一、高质量产业发展的理论兴起

（一）高质量发展的理论源头

相对于经济高质量发展问题的复杂性，产业的高质量发展并不涉及各个产业结构的优化与调整，而更关注产业内部的技术升级、生产协调与效率提升。但是，产业高质量发展的论题却根源于整体经济的高质量发展问题。由此，高质量产业发展的理论源头，既要讨论产业自身的高质量发展逻辑和基本原理，又要讨论与产业上下游相关乃至与市场需求相关的影响机制，更要讨论本产业不同层次的经济关系和运行逻辑。

1. 我国质量发展的理论溯源

任何研究的起点都离不开历史的考察。回顾我国宏观经济政策的演变过程，经济增长质量不是一个新的概念，早在 1956 年的政府工作报告中就提到产品质量差、经济效益低是我国经济的致命弱点。1995 年的政府工作报告明确提出，以提高经济增长的质量为发展目标。2003 年的政府工作报告指出了提高产品质量是兴国之道，也是经济效益和竞争力的根本之策。由此可见，我国经济增长质量问题最早起源于微观产品的认识，并逐渐上升到宏观经济的政策层面。

2. 产业持续发展的理论问题

产业是经济发展的支撑，产业的持续发展便成为经济高质量发展的重点。首先，可持续发展观是产业发展的重要原理。供需结构性失衡导致产能过剩，忽略环境导致产业的高耗能污染，产业要素成本的上升导致产业成本过高，大批占据资源却不利用的“僵尸企业”问题等，都严重制约产业持续发展。这些问题将会成为产业发展的瓶颈，制约产业的持续发展。其次，产业资源生产率决定产业投入与成本的关系。资源生产率的高低是资源是否配置优化的外在表现。产业资源生产率能更多地体现资源投资的有效性，衡量投入产出效率，以及衡量产业的综合运营效率。也就是说，在产业资源生产率较低的情况下，不仅产业运营成本较高，而且是产业产品实现交易能力较低的表现，严重时会抑制产业的投资。因此，由于关乎产业持续发展问题，产业结构的转型升级问题也上升到宏观政策。

从微观产品到中观的产业，都对宏观的经济高质量增长提出需求。因此，经济转型高质量发展蕴含了产业高质量发展的需要与产品供给改革的逻辑。

（二）高质量发展的影响机制

随着市场竞争日趋激烈，质量带来的经济性效应成为供给侧结构性改革的重要理论课题。质量是如此重要的经济论题，不同的产业结构、不同的作用机制，对于产业或者产品的质量都会产生显著不同的影响作用和导向作用。

1. 信息传递机制的影响

信息经济学从信息角度对市场行为进行分析。乔治·阿克尔洛夫（George A. Akerlof）通过二手车交易市场分析发现，由于汽车质量信息在买卖双方非对称分布而容易发生逆向选择问题，即消费者往往按照统计的平均质量给出二手车交易的价格，卖方往往只会出售低于价格反映平均质量的次品，反复交易后，二手车质量越来越差，最后会导致柠檬市场的出现[①]。门罗（Monroe）通过消费者对质量信息的获取，将产品分为通过观察就可以指导质量的搜寻品、通过使用后才得知的经验品以及即使使用后也无法知道质量的信任品[②]。对于搜寻品来讲，若能够在买卖过程提供透明的信息，就可以减少市场交易成本，能够让市场机制更有效地运行。而对于经验品而言，厂商若要长期发展，需要如实地披露产品质量信息或通过政府、第三方中介担保，可以有效缓解信息不对称带来的负面影响[③]。对于信任品而言，很难在短期内确认产品的安全性，消费者也不愿意冒风险，这

① AKERLOF G A. The market for “Lemons”: quality uncertainty and the market mechanism [J]. Quarterly Journal of Economics，1970，84（3）：488-500.

② MONROE K B. Buyers subjective perceptions of price [J]. Journal of Marketing Research，1973，10（10）：70-80.

③ PLASSMANN H，O'DOHERTY J，SHIV B. Marketing actions can modulate neural representations of experienced pleasantness [J]. Proceedings of the national academy of sciences of the United States of America，2008，105（3）：1050-1054.

会在一定程度上降低厂商提供高质量商品的积极性，容易导致信任品市场的萎缩①。谢识予认为如果消费者所购买的产品信息很难识别的话，很容易出现假冒伪劣产品，从而导致逆向选择问题。该问题的存在也是困扰厂商质量是否提升的主要问题②。宋洋、徐英东等认为，基于双寡头博弈情境，企业最终会使用虚假信息，以获取高利润，但是通过契约就可以对虚假问题作出合理的规避制度安排③。即信息传递机制对于高质量的鉴别、确认和甄别发挥着关键性作用。

2. 市场竞争机制的影响

谢克德（Shaked）、萨顿（Sutton）认为，在寡头重复博弈竞争中，高质量都会带来高利润，寡头厂商都会选择高质量产品。因此，在一定程度上提高市场的垄断程度，无论在提高产品质量的成本不变还是成本递减或者递增的情况下，都对提高产品质量具有一定的促进作用④。杜创认为厂商维持信誉主要是基于产品价格高于成本以及厂商是追求长远利益的基础条件⑤。特别是当产品赋予品牌价值内涵以后，厂商为了维持品牌的稳定性，获得消费者持久的满意度，会着手解决产品质量问题⑥。消费者品牌认知决定消费者能够随时从众多品牌中选择厂商，从而影响消费者购买意愿，而消费者最终的选择并不是要求厂商的质量有多好，关键是被选者要能够超越竞争对手，从而拥有市场地位。往往在市场处于领导者的企业更加珍惜其地位与信誉，这意味着市场竞争机制对于高质量发展的意义重大⑦。

3. 收入分配机制的影响

谢克德、萨顿认为，产品质量的提升往往会伴随价格的上扬，低收入的消费者往往会排斥在市场之外⑧。因此，消费者收入的差距在一定程度上会影响厂商制定价格和产品质量。贝瑞（Berry）、瓦尔德福格尔（Waldfogel）认为，在消费者收入约束线下，垄断厂商会采取产品质量歧视以实现总收益最大化，为不同收入水平的消费者提供不同质量的产

---

① CASWELL J A，MOJDUSZKA E M. Using informational labeling to influence the market for quality in food products［J］. American Journal of Agricultural Economics，1996，78（5）：1248-1254.

② 谢识予 . 假冒伪劣现象的经济学分析［J］. 经济研究，1997（8）：72-79.

③ 宋洋，徐英东，张志远 . 信息不对称条件下产品绿色质量虚假信息研究［J］. 吉林大学社会科学学报，2019，59（1）：146-155，222-223.

④ SHAKED A，SUTTON J. Relaxing price competition through product differentiation［J］. Review of Economics studies，1982，49（1）：3-13.

⑤ 杜创 . 信誉、市场结构与产品质量：文献综述［J］. 产业经济评论，2009，8（3）：1-17.

⑥ ARMSTRONG，M. Competition in two sided markets［J］. Rand Journal of Economics，2006，37（3）：668-691.

⑦ 刘海兵，冯文静，张文礼 . 中华老字号文化传统、创新与能力动态分析［J］. 科学学研究，2019，37（1）：140-153.

⑧ SHAKED A，SUTTON J. Relaxing price competition through product differentiation［J］. Review of Economics studies，1982，49（1）：3-13.

品[①]。因此，收入不同会影响厂商的质量决策行为。贝纳西（Benassi）等认为更为集中的收入分布为企业生产高质量产品提供动力[②]。何立华通过收入与质量的边际替代率分析，发现低收入的消费者对价格较为敏感，收入边际效用比较大，对低价格产品偏好[③]。在这种情形下，即使政府加大质量监管力度，但因为消费者人均收入水平较低，最后产品交易的均衡点的价格都会较低，导致厂商生产高质量产品动力不足。李世刚、李晓萍等认为人口规模、企业固定成本以及收入差距一起影响厂商对产品质量的提供[④]。往往人口规模越大，企业固定成本越小，收入差距的增大会提高产品创新。李后建、蒲波等认为最低工资标准上调会弱化企业创新研发的积极性，但会增强企业对创新产品的应用[⑤]。王思文、管新帅等提出规模大、生产率较高的企业更愿意技术升级与技术创新，提升产品质量并积极参与出口[⑥]。由此可见，分配机制也是农村旅游业高质量发展理论的重要推动力。

二、农村旅游业高质量发展的基本理论

（一）农村旅游业高质量发展的逻辑

党的十九大报告指出我国经济已由高速增长阶段转向高质量发展阶段，这不仅符合唯物辩证法量变到质变的逻辑，也符合古典经济学质量并重的逻辑以及后发赶超型国家发展的逻辑。

1. 唯物辩证法逻辑

马克思主义质量互变规律揭示了事物矛盾性的普遍存在性，然后事物的发展都在不断地从量变到质变，且不断地循环交替，不断推动事物发展。量变和质变作为事物发展的两种状态，本质上是对立与统一的矛盾结合体。矛盾的冲突，都是从发展的量变起源，当量变积累到一定限度时，就会突破局限转为质变。量变作为质变的基础，需要被重视，而质变转为量变的飞跃，需要注意把握时机，将事物发展推向更高的发展阶段。中国经济发展史中，数量与质量的矛盾始终存在，一起推动社会迈向新台阶。

中华人民共和国成立初期，我国的主要矛盾是人民对于建立先进的工业国的要求同落后的农业国的现实之间的矛盾。当时是在人均水平极其低下的状况下开始的社会主义改造。改革开放初期，我国社会的主要矛盾是人民日益增长的物质文化需要同落后的社会生

---

① BERRY S，WALDFOGEL J. Product quality and market size［J］. Journal of Industrial Economics，2010，58（1）：1-31.

② BENASSI C，A. CHIRCO A，Colombo C. Vertical differentiation and the distribution of Income［J］. Bulletin of Economic Research，2006，58（4）：345-367.

③ 何立华．产品质量、不对称信息与市场均衡［J］．山东经济，2009，25（1）：33-37.

④ 李世刚，李晓萍，江飞涛．收入分配与产品质量前沿［J］．中国工业经济，2018（1）：24-40.

⑤ 李后建，蒲波，陈瑶．最低工资上调会激励企业应用信息技术吗？［J］．中国经济问题，2018（3）：49-61.

⑥ 王思文，管新帅，刘雪强．出口、创新与生产率：基于异质性企业的联合决策模型［J］．经济评论，2018（5）：75-89，105.

产之间的矛盾。生产的实现、丰裕的自然的资源为工业化和城市化提供了基础优势，但是资源的大量消耗在促进经济快速增长的同时，高投入、高产出、低收入、高能耗、高污染、低效率境况犹如经济发展的一把“双刃剑”。资源是经济发展的基础却因资源的过度利用成为经济发展的约束。特别是进入新时代之后，我国的社会矛盾已经转化为人民日益增长的美好生活需要和不平衡不充分的发展之间的矛盾。发展绿色经济，实现有效供给，提升人民的幸福感成为新的经济发展导向。综观中国社会矛盾的演绎，从中华人民共和国成立初期到党的十九大，人民生活水平从贫困到温饱再到小康，社会生产从不足到部分行业产能过剩，量变问题已经转变为质变问题，亟须改变发展方式，转换经济发展动能，转变需求目标，优化产业结构，推动经济高质量发展。

2. 古典经济学逻辑

正如斯密谈及不问土地的生产物如何，其地租随土地肥沃程度的不同而不同。土地的肥沃程度在一定程度上即为土地的质量而非数量①。土地肥沃程度的判断标准与土地数量的判断标准截然不同。土地数量可以通过数值直接判断并作为分析基础，而土地质量的价值判断必须是确定处理问题的价值标准是什么。这如同当今主流经济学中的新古典经济分析范式与增长理论范式，新古典经济学从马歇尔的局部均衡到瓦尔拉斯的一般均衡，一直在探讨数量问题；增长理论从索罗的外生增长理论到罗默的内生增长理论，虽然探究的是经济增长缘由，但更多探究的是经济数量的增长。正如金碚指出由于现代经济学研究的数理化模型的倾斜，质量逐渐成为一个被抽象掉的因素②。尽管在主流经济学研究中质量因素被抽象化，但它也是成为抽象的解释变量，而不是被解释变量。

质量成为数量的解释变量，究其源泉从斯密开始。以斯密为代表的古典经济学除了重视财富数量、价格等数量因素，也同等重视质量。斯密的论地租中就以土地肥沃为基础，李嘉图的论劳动价值中就提及劳动本身存在量和质的差别。虽然斯密当时在论劳动工资中意识到劳动有质量的区别，但是没有着重研究。李嘉图还强调劳动的品质可以参照劳动者的熟练程度和工作强度评定。此外，马克思关于质量的研究，通过商品的价值角度进行分析，认为商品作为使用价值首先就有质的区别，而在质的区别前提下，进行商品交换，实现商品交换价值就是商品量的差别。基于马克思阐述商品具有使用价值和交换价值的双重属性，看出任何事物都存在质与量的两重属性，量决定事物的交易程度，质决定事物的交易特征。

3. 后发赶超逻辑

自 20 世纪后半期以日本和“亚洲四小龙”为代表的国家和地区的经济成功实现赶超，经济增长方式从速度型到质量型成为一种正常的赶超逻辑。即表现为通过政府人为地压低

① 亚当·斯密．国富论［M］．北京：商务图书馆，1972：96．

② 金碚．关于“高质量”发展的经济学研究［J］．中国工业经济，2018，34（4）：5-18．

生产要素价格，模仿发达国家生产，激励生产要素流向生产领域，通过扩大出口来消化规模发展带来的过剩的产出成为速度型追赶的主要方式。当后发国家（地区）逐渐实现赶超后，可能会陷入模仿陷阱而停滞，也可能成为质量提升型中高增长和创新引领型低增长。

综观后发赶超成功的后发国家（地区），在关键期无一例外地把质量提升作为经济发展战略。例如，20世纪50年代的联邦德国，在GDP跃居世界第二之后，实施以质量促品牌，以品牌促出口的高质量发展战略。又如，日本在20世纪70年代GDP跃居世界第二之后，也提出质量兴国战略等。由此来看，数量与质量作为经济发展在不同阶段的发展战略，相继起到主导作用。数量的提升带来规模经济发展，降低生产成本，从而有效带动后发国家（地区）跨越“贫困陷阱”，实现工业化和现代化的超越。但若要持久超越，避免从贫困陷阱陷入中等收入陷阱，最重要的是在关键时期注重高质量发展。

（二）农村旅游业高质量发展的内涵

实现农村旅游业高质量发展，首先必须准确辨析什么是高质量发展。对于高质量发展的内涵，似乎大家还没有一个公认的统一的标准。从农村旅游业高质量发展理论的演绎逻辑来思考，高质量发展应该是基于经济高速发展，在注重人的需求的基础上，从商品的品质着手，以现代科技创新与人文继承为手段的系统工程。

1. 以人为本

马克思认为历史进步是社会发展和人的发展相统一的过程。也就是说社会发展是为了人，社会发展必须依靠人，社会发展成果由人享受。而人的发展带动社会发展方向，丰富社会发展内容。从一定程度上来讲，任何发展都是手段，最终都是为了人的发展。综观经济活动带来的有形与无形产品，最终获得者都是人。就如从罗斯托的经济成长阶段论来看，人类社会发展分为六个经济成长阶段：一是传统社会，该阶段以农业为主，消费水平较低；二是起飞前阶段，该阶段世界市场扩大成为经济增长的推力；三是起飞阶段，该阶段有较高的资本积累率以及发展较好的主导产业；四是成熟阶段，该阶段工业大发展，新的主导产业代替起飞的主导产业；五是高额群众消费阶段，该阶段工业经济高度发达，消费水平很高；六是追求生活质量阶段。从经济成长阶段来看，经济成长的最终目的就是满足人民的需求。也就是说，高质量发展就是要以人民为目的，坚持人的需求为导向，把人民对美好生活的需求作为奋斗目标。

人民作为社会经济发展的受益者同时也是社会经济发展的创造者。坚持以人为本，也意味着始终坚持人的主体地位，在经济发展过程中，尊重人的劳动，尊重人的创造，尊重人的特性，充分调动人的积极性、创造性以及主动性，坚持权利平等、机会平等的公平竞争机制，努力创造多元主体发挥作用的平台。

2. 创新引领

马克思指出，随着大工业的发展，劳动量与劳动时间对现实财富的创造贡献力逐渐下降，反而动因力量逐渐成为现实财富的贡献主力。这种动因的力量与它所花费的时间不成

比例，更多的是科学技术进步带来的效率提升和财富积累。当一般性模仿经济陷入中等收入陷阱后，企业的竞争趋于白热化，模仿创新带来的高额利润也随之消失，此时，经济发展随着社会结构的不断破坏而不断成长。创新成为引领经济跳跃发展陷阱的关键动力。一方面，市场上的企业家们在不断追求超额利润下发动新一轮创新；另一方面，企业家要融合技术、人力及各种生产要素的创新潜力，挖掘消费者的内在需求，从技术、产品和文化等角度进行转换，将二者恰当地结合并最终在市场上加以实现。

熊彼特更关注创新在经济发展过程中的内生性作用，进一步指出，除了技术进步，要获得潜在超额利润就必须建立一个新的生存函数，此函数应包括较多的创新组合，如生产条件与生产要素的创新组合。此时，生产要素的重新组合应包括五个方面，分别为产品创新、工艺创新、市场创新、资源开发利用创新、体制和管理创新。

3. 品牌建设

科特勒认为品牌是一种无形资产，会给品牌拥有者带来产品的增值甚至是溢价①。品牌的形成不仅是通过宣传，更多的是产品在被消费的过程中得到消费者的认可，是需要在市场中不断被消费者检验、反馈、提升磨合而成，因此，这也是一种信任。品牌的无形价值，在市场经济快速发展中日益显著。品牌建设大多具有以下几个方面特征。一是差异化。差异化不仅仅体现为产品名称、符号等表象的差异，更多的是产品或服务功能、特征、质量等的差异，以区分其他同类产品。二是效用价值高。消费者购买商品时经常会形成期望效用与实际效用的比较，当实际价值低于期望价值时，消费者就会抵制甚至会传播品牌的负面能量导致品牌形象受挫，因此实际效用的认知价值很关键。三是传播范围广。品牌只有让消费者或潜在消费者收到品牌信息，才能形成品牌概念，所以品牌的宣传是必需的。

品牌建设带来的品牌价值其实就是高质量发展的内涵。高质量发展内涵就是不断地提升产品质量、服务质量以及管理质量从而打造品牌质量，从生产到创造的过程。从简单加工、模仿、组装中挖掘自己的品牌价值的同时，跳跃微笑曲线的低洼地段，延伸产品价值链，从低附加值转向高附加值，向产品开发优势、产品质量优势、文化创新优势转化，从而形成行业标志而带来高附加值。

（三）农村旅游业高质量发展的特征

新时代的中国经济正处在转变发展方式、优化经济结构、转换增长动能的关键期。农村旅游业作为国民经济的组成部分，转方式、调结构、转动能也是农村旅游业未来的高质量发展的趋势。农村旅游业不同于农业与工业，它们不仅在产品生产过程有差别，还存在产品是否可见的形态差异等。同时，农村旅游业作为服务业的一类产业，隶属于旅游业的子类，但也存在差异，其既不同于自然景区旅游也不同于文物古迹或主题公园的旅游，更

① 菲利普·科特勒．塑造知名度［M］．赵银德，张灏，译．北京：人民邮电出版社，2007：155.

倾向于一种情境转化的旅游。鉴于农村旅游业的特殊性，结合农村旅游业高质量发展的逻辑和内涵，可得出农村旅游业高质量发展的特征如下。

1. 村民的积极参与

农村旅游业的发展前提是旅游活动地发生在农村。农村作为村民的生活作息基本场所，村民是乡村自然旅游资源的广义所有者，也是农村一切经济社会活动的主体。主体的行为与语言行为都会构成农村旅游活动的内容，同时也会成为旅游者情境转换的因素。因此，脱离了村民的农村旅游如同一副没有血肉与情感的空壳，缺乏生机与活力。农村旅游与景区旅游相比，没有景区旅游的资源禀赋；与主题公园相比，没有主题公园的创意；与其他旅游行业相关的服务业相比，没有服务业发展的集聚效应。如此，脱离村民的农村旅游业，尽管归属地在农村，但缺乏农村生活赋予的灵性，核心竞争力就会丧失，消费者效用价值将无法实现。

村民的参与是农村旅游业产品高品质的重要构成。其参与形式多种多样。从参与程度来分，可以分为积极参与、普通参与与被动参与；从参与的身份来看，可以分为股份形式参与、普通员工参与；从参与的态度来看，可以分为热情参与、冷漠参与、干扰参与等。从道德风险的研究前提来分析，任何经济活动的发生，其参与者的行为都具有不确定性，因此，如何降低信息不对称带来的风险，激发参与者的积极性至关重要。同时，在农村旅游业高质量发展背景下，当地村民的获得感与幸福感既是高质量发展的重要内容，也是消费者旅游满意度提升的重要指标。当地村民的参与行为将直接影响农村旅游业高质量发展的效应。

2. 利益共同体的合作结盟

从斯密的思想来看，人与动物的区别在于人是社会性动物，总是需要其他同伴的帮助。并且，单凭别人的善意他也无法得到幸福，真正帮助的实现需要激发别人的自利之心，向他讲明白所做的事情对他自身亦有好处，这样才能够得到真正的帮助，也就是在交易中满足双方的需求，实现交易①。这意味着合作的本质是广义交换的互助。换句话说，斯密认为一个人要生存下去必须获得他人的合作与支持，并且这种合作与支持仅靠他人的无私提供不能永续长期，长期获取支持或合作需要激发人的需要动机，通过一定程度的物品彼此交换，这样才能达到永续支持与合作②。李嘉图通过比较优势理论，解释了在两国产品自由贸易中以“两优择其甚，两劣取其轻”原则，通过专业化分工，两国合起来不仅可以生产出更多产品，还可以交换比原来更多的产品，真正实现“双赢”，实现两国财富的增加。Shapely 值给出了合作联盟的核心价值即一旦缺乏合作方的参与会导致群体行为的最低收益减少，因而合作是必不可少的人类行为模式。纳什讨价还价博弈模型将人类社会的交易行为规范化为一种“事前交流”的程序，经由纳什“讨价还价程序”，交易双方

①② 刘守英，王瑞民．农业工业化与服务规模化：理论与经验［J］．国际经济评论，2019，39（6）：9-23.

将达成“一致同意”的公平契约。童乙伦进一步挖掘纳什讨价还价程序的社会条件，即讨价还价博弈的“非暴力”公理，否则，即使双方交易是有利且可行的，市场自身也无法确保交易合作的达成①。马文斌、牛连峰等考察利益合作主体如何实现交易，基于Shapely值法、纳什谈判模型、简化的MCRS法和最小核心法四种常用利益分配的基础上，将正交投影法应用于联盟利益分析，认为只有在分配中体现公平与效率，才能提高联盟者们的满意度，从而促进联盟的稳定发展②。张裕稳、陈万明等认为，合作联盟是技术创新有效实现的重要保障，并通过双向选择的视角采用区间灰数表达联盟主体评价信息，将灰靶决策与前景理论相结合，考虑合作者的心理期望和规避损失是最稳定的匹配方案，也是实现交换稳定、经济高质量发展的重要微观主体因素③。

同时，联盟是一把“双刃剑”。一方面合作者之间可以实现资源共享与优势互补，另一方面合作者之间可能会面对被合作者模仿而丧失优势。吴海滨、李垣等认为联盟契约是联盟机制的重要载体，契约分为正式契约和关系契约④。任旭、刘延平认为合作初期往往合作伙伴之间通过正式契约治理联盟，而随着合作的不断深入，合作伙伴的信任程度逐渐加深，会逐渐降低对正式契约的依赖，转而对柔性的更低交易成本的关系联盟治理⑤。解学梅、王宏伟基于上海地区的产业技术创新战略联盟的调研数据，认为联盟绩效对联盟机制的实现存在显著的中介效应，是企业持续创新的新型主导模式⑥。

3. 资源开发的因地制宜

农村与城市的划分是随着城乡二元结构的发生而越发显著地区分。初期，农村因人均收入普遍低于城市，被视为贫穷落后的区域。但随着工业化与城镇化的进一步加深，城镇人口逐渐增多，留守在农村的人口日益减少。农村的绿水青山，被视为金山银山。农村区域成为众多城镇人员心中放松、自由、宁静、悠闲的代名词。若将所有的农村旅游目的地都视为同一感受与体验，没有差异化的农村旅游，势必带来同质化的竞争以及消费者的审美疲劳。农村旅游的产品主要是无形产品，产品的生产不能像农业与工业产品那样批量生产。农村旅游产品的生产具有个体性特征，因而特色发展成本较批量生产成本高。尽管批量生产带来的价格偏低，但同质化竞争只会导致农村旅游业成长停滞。因此，从产业成长角度来看，农村旅游业差异化路线势在必行。

气候、地形以及中华五千年文明发展史给不同地域的农村带来不同的特征。这些因素的影响带给乡村地域不同的饮食结构、语言差异、乡俗风情、传统文化以及农作物种植等

① 童乙伦．基于讨价还价博弈的中国改革逻辑［D］．浙江大学，2011.

② 马文斌，牛连峰，谭静，等．基于正交投影法的企业技术创新联盟综合利益分配［J］．统计与决策，2017（4）：176-180.

③ 张裕稳，陈万明，吴洁，等．基于行为视角的联盟合作伙伴选择［J］．系统工程，2018，36（6）：143-148.

④ 吴海滨，李垣，谢恩．基于博弈观点的促进联盟合作机制设置［J］．系统工程理论方法应用，2004（1）：1-5.

⑤ 任旭，刘延平．基于信任观点的企业联盟治理机制演变机理研究［J］．中国流通经济，2010，24（3）：48-51.

⑥ 解学梅，王宏伟．产业技术创新战略联盟稳定性影响机制研究：一个合作机制视角的多案例探索性分析［J］．科技进步与对策，2020，36（4）：1-10.

差异，为农村旅游业差异化发展带来禀赋优势。因此，农村旅游业高质量发展的差异化路线可以根据区域特点和资源禀赋，以市场为导向，因地制宜，科学规划，积极开发特色化、差异化、多样化的农村旅游产品，防止大拆大建、千村一面和城市化翻版、简单化复制，避免低水平同质化竞争。

4. 品牌发展的创新引领

随着旅游消费多样化与体验化的转型，旅游消费者对农村旅游的需求也越来越高。简单的乡村非遗博物馆、农具展览等已经不能让消费者深刻感悟农业文化传承的精神。旅游消费者对旅游的需求从观赏性逐渐走向参与式与体验式的需要。对于旅游者，他们不仅需要视觉上的感悟，还需要精神上与行动上的共同感悟。因此，将农村现有资源的活化利用，引入创新元素才能吸引更多的消费者。同时，现在消费者的需求不仅是旅游产品的需求，还包括对旅游过程舒适的需求。特别是随着数字经济时代到来，人们不仅希望乡村性的保持，也希望农村旅游能够带来“家”的感觉以及新的体验，这就要加大农村基础设施建设，如农村的“厕所革命”、农村旅游的可通达性、旅游产品的安全性以及激励高科技注入创新元素。对于以上这些基础设施的建设都可以注入创新元素。

当创新带来旅游硬件与软件发生转变时，农村旅游品牌发展可以通过数字经济基础设施建设进行宣传。将农村旅游差异化赋予特色的农村旅游产品依托电子商务走向消费终端，通过强化农村旅游与运营商合作，畅通商流、信息流、资金流、人才流，有效推进农村旅游多渠道传播、多途径升级转型，实现农村旅游产品的品牌价值。

5. 融合共享的和谐发展

旅游业属于综合性行业，产业链条较长，与多个产业之间都存在交集。农村旅游业作为旅游业的分支，同样也需要多个行业与产业的支撑。特别是农村旅游发展目的地隶属农村，离不开农业这个基础支撑条件，同时也需要工业提供相应旅游产品，服务业提供吃、住、行、娱、游、购等多领域的支撑与融合。与此同时，农村旅游业要不断挖掘新动力，结合资源特色朝着新业态模式转变，如农村旅游业与康养、体育、教育、科技、文化创意等融合，形成新的农村旅游核心竞争力。

同时，农村旅游资源的属性与城市资源属性存在一定的区别，城市资源分为国有资源与私人资源，界限清晰。而农村旅游资源属于国有与集体所有以及私人拥有等多重产权属性。正因为多重属性的存在，农村旅游资源的激活需要部门联动，统筹推进。特别是在市场经济作用下，充分运用市场自身的效率机制，改革农村土地、规划、建设、户籍及文化管理体制，使之适应农村文化市场的发展，从而完善农村旅游市场发展的政策环境，对于农村旅游业高质量发展具有重要的现实意义。

三、农村旅游业高质量发展的作用机理

所谓机理是实现某一特定功能，一定的系统结构中各要素的内在工作方式以及诸要素

在一定环境条件下相互联系、相互作用的运行规则和原理。通过以上农村旅游业高质量发展基本理论分析，农村旅游业高质量发展主要源于三个层面：（1）微观层面，即构成农村旅游发展的各个利益主体所形成的合力；（2）中观层面，即实现农村旅游资源效率优化配置的产业效率的协同；（3）宏观层面，即不同的政策与制度安排激励、监督及协调农村旅游业高质量发展。

（一）农村旅游业高质量发展的微观经济机制

1. 微观主体合力的经济学内涵

在古典经济学理论中，一般认为个人自利行为的自由主义交易思想在一定程度上实现了帕累托效率，促使社会财富的增加。同样，古典自由主义大师哈耶克认为，如同在分散、自主的个体决策模式下，可以引导经济行为达到资源配置的帕累托效率一样，看不见的手也能够引导人们自发地形成彼此合作的社会秩序。哈耶克将合作思想融入经济学理论之中，显然，他的合作思想更多地认为不同行为主体不需要外力的强制性约束，而是顺应自然程序自发的合作状态，尽管其中可能会有利益冲突，但是不同个体总会达成合作。

根据古典经济学的自由主义方法论，通过看不见的手实现不同行为个体的占优策略来确立合作的社会秩序。回到前面的综述，合作是通过讨价还价博弈达成的，而从策略均衡的角度分析，引出两条关于博弈论的理论路径：一是在博弈过程中合作博弈是非合作博弈的特例；二是在博弈结果分配中非合作是合作的特例。通常，在博弈过程中有两种假定：一是每个行为人都会选择其能得到最高回报的最优决策，而其对手也同样选择他们的策略；二是这种战略是双方的共同知识，即自己的选择建立在假定对手会按其最佳利益行动的基础上。这两个假定的共同特点就是假定对方的任何选择方案，他都可以想办法获取利益最大回报即都有一种占优策略。此时，占优策略中的个人利益回报并不一定是社会利益的最大回报，也不可能是各种可能回报中最高的回报，除非他们之间能够事先达成契约。在实际生活中，博弈行为是合作与非合作博弈的混合物，行为人往往面临合作与非合作的复杂性选择，关键因子是合作与非合作相互转化的条件与均衡的实现。在现实的信息不对称情境下，从纳什均衡的结论来看，博弈者若能共谋，不但对自身最为有利，也可以形成社会福利与其他博弈者利益更好的策略均衡。

2. 农村旅游业高质量发展的微观基础

不同利益主体形成的微观经济合力对于农村旅游业高质量发展的作用体现如图 4-1 所示。

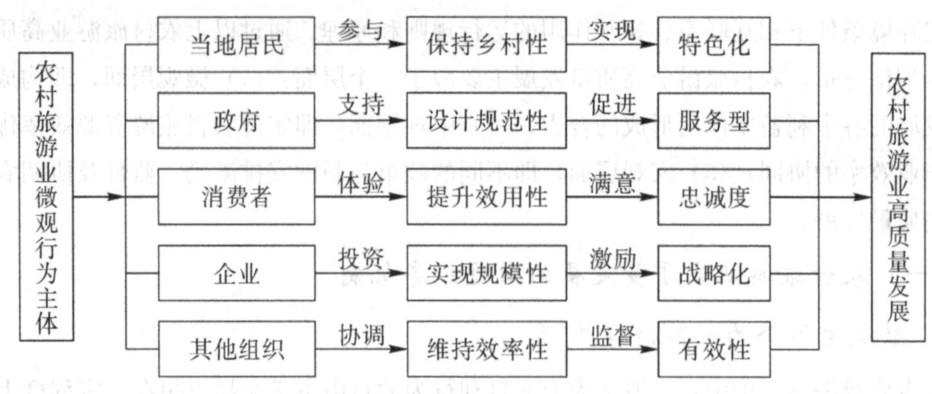

图 4-1　微观主体促进农村旅游业高质量发展机理

一是当地居民的积极参与，有利于形成农村旅游产业发展的核心竞争力。从农村的本质定义来看，村民是农村旅游发展的核心要素，是农村旅游保持原真性、乡村性的基本。特别是农村特定的地理环境、文化习俗、气候等因素形成农村的差序格局。不同的地缘、血缘、宗祠文化铸成村民不同的待客礼仪与方式。这些差异性的存在帮助农村旅游差异化发展，并在激烈的旅游市场竞争形成核心竞争力。与此同时，需要考虑的是，当地村民作为农村旅游业发展的重要微观主体，是农村旅游产业各类利益方中成员较多的一类利益相关方，同时也是决策行为的依据最难判断的一类利益相关方，这是由农村旅游资源的特殊属性决定的。不同的情境下，村民可能会有不同的决策依据，利益出发点可能会发生改变，从而决策也会发生改变。农村旅游产业的发展，在一定程度上改善了村民的生活环境与收入，是农村旅游发展的受益者。但是农村旅游的发展，在一定程度上剥夺了村民资源空间的占有，甚至会对他们的生活方式产生负面影响，因此，从这个角度上看，村民又是农村旅游产业发展的受害者。在农村旅游发展过程中，村民的行为表现又使其角色发生改变，他们有可能是农村旅游参与者，也有可能是农村旅游破坏者。因此，只有发挥村民的积极主观能动性，才能更有效地形成合力。

二是政府的顶层设计，有利于防止农村旅游项目出现重复建设、促进资源的优化配置。农村旅游产业发展的区域都是乡镇以下、以村为单位的区域，虽然按照政府职能的高低有中央政府、省级政府、地市级政府、县级政府、镇（乡）政府，因此，该阶段的微观主体分析更多的是以县级政府和镇（乡）政府为分析对象。政府在普遍场景下是国家行为的执行者，因此在更多的时候政府的行为决策会影响农村旅游业发展。一方面，政府会对农村旅游资源较为丰厚的区域进行开发，政府开发农村旅游业不仅可以促进乡村经济发展，而且可以提升政府工作业绩，此时政府是农村旅游资源的受益者也是规划者。另一方面，政府可以从系统协同发展的角度对农村旅游资源进行保护和建设，注重农村旅游带来的经济、环境、社会结构的变化，此时政府又是农村旅游资源归属者。但是，不得不注意的是，各级政府职权范围不同或同级政府所管理区域不同，它们发展农村旅游的目标也会有所差异。如中央政府是整个国家的代表，其出发点是为了全国人民的美好生活而奋斗，实现经济、社会与生态的高质量发展。因此，中央政府在农村旅游产业发展中提倡扮演组织者与协调者的中立角色，而省、市级政府对待农村旅游实施的利益诉求与中央政府基本一致。县政府、镇（乡）政府作为农村旅游发展过程中这类利益相关方的主体，在理论上和中央政府的诉求是保持一致的，如制定农村旅游产业发展战略时完全按照中央政府的精神与要求制定。但是，县政府、镇（乡）政府为了考核目标的实现，在一定程度上更加重视农村旅游项目的引进与开发，而可能有所忽视环境的考评与建设，以追求经济效应的最大化为目标。此时，县政府、镇（乡）政府与中央政府的战略是有冲突的。与此同时，同级县政府、镇（乡）政府所管理区域不同，行为表现有所不同。比如，与大城市毗邻的县政府、镇（乡）政府，由于经济发展水平和人口集中度相对较高，与其他与城市距离较远的县政府、镇（乡）政府相比，其行为更倾向于大力度地开发农村旅游资源，甚至在行为上忽视农村旅游资源的承载力。与城市距离较远的县政府、镇（乡）政府的行为则更倾向于成本较小的原生态规模小的农村旅游资源开发。因此，虽然各县政府、镇（乡）政府对农村旅游持续发展的影响差异较大，但他们的出发点都是实现该农村旅游目的地的 GDP 提升，因此，只有当政府站在顶层设计的高度，以区域的长远发展为蓝本，将自己的角色转化为服务型角色，才不会成为农村旅游业高质量发展的“阻隔”，而会成为农村旅游业高质量发展的动力。

三是农村旅游消费者的满意度提升，是培养消费者对农村旅游产品忠诚，形成稳定客源的最为关键因子。农村旅游消费者是农村旅游产业价值链的终端消费者，是农村旅游各类利益相关者中的成员最多、最终完成“生产—交换—消费”三大环节的一类利益相关者，其需求的多样性、模糊性、潜在性和变化性导致其个体行为较为复杂。旅游者对农村旅游目的地的态度与评价，决定农村旅游的发展前景。旅游者的消费种类、消费方式、消费能力直接决定旅游地的收支状况；同时，旅游者对旅游地的评价（网络评价、口头评价）或宣传直接或间接地影响旅游地的收支。旅游者作为农村旅游产品的直接买单人，在旅游过程中必然会对旅游地产生各种影响。该影响有可能给当地旅游地各主体带来正面能量或影响，也可能给当地旅游地不同利益主体带来负面影响或负能量。因此，旅游者的行为对农村旅游目的地的影响差异巨大，是农村旅游业价值是否顺利实现、是否造成农村旅游产品“库存”的微观主体因素。因此，增强农村旅游消费者的体验感、获得感、幸福感，有利于消费者效用价值递增，有利于农村旅游供需匹配。

四是企业的加入，是农村旅游引入社会资本并走向规模化发展的核心因素。企业是农村旅游发展中成员结构较为复杂的一类利益相关方，成员包括旅游企业和与旅游企业相关联的其他企业。各类企业在农村旅游发展中同样具有不同的行为表现，对农村旅游产业持续发展的影响也不一样。其中，旅游企业主要指负责农村旅游资源开发的企业，它们往往通过对农村旅游资源进行开发将各种生产要素转变为旅游产品后，在旅游服务过程中将旅游产品的价值通过旅游者的各类开销得以实现。作为农村旅游资源开发者的旅游企业，会因为其在旅游市场定位的不同，采取不同的旅游产品决策，如可能定位为市场领导者，也可能定位为市场追随者等。而作为旅游产品的生产者，必然也会因为旅游产品的种类的不同，带来不同的影响，从而对农村旅游的影响也不同。与此同时，农村旅游产业不同于其他产业，旅游产品的开发需要与当地村民结合才具有“乡土文化”气息，才能体现农村旅游的本质。因此，旅游企业与当地村民和与旅游企业相关联的企业的关系，是依托旅游企业发展起来的，他们之间的关系是相互依存的。只有共同将农村旅游品牌做大，提升声誉度，才能推进农村旅游业高质量发展。

五是其他组织，主要包括农村旅游协会、村级集体经济组织、村委会等。为了重点突出村集体经济组织的分析，我们将村集体经济组织看成农村旅游发展中日趋重要的一类利益相关方。党的十九大报告已明确指出，深化农村集体产权制度改革，保障农民财产权益，壮大集体经济。村集体经济组织是除了国家以外对土地拥有所有权的唯一组织，不同于企业组织，也不同于社会团体与行政机关，有其独特的历史特性、政治特性和法律性质。村集体经济组织既要贯彻县政府、镇（乡）政府的利益诉求，如配合各县政府以及镇（乡）政府关于经济发展规划的制定，又要满足乡村居民的利益诉求，如村民期盼村集体经济组织能够带领他们实现生活富裕。但是目前村集体经济组织尚不健全，发展集体经济观念较为弱化。集体统一经营和家庭分散经营统分结合的双层经营体制实施后，基层干部与群众发展集体经济的意识逐渐淡薄，集体概念弱化。但是随着城镇化的逐步推移，农村空心化逐渐严重，务农人员急剧减少，大量良田以及房屋被空置。资源闲置无疑不利于农村经济的发展。特别是在全面建成小康社会背景下，农村集体经济组织又被赋予新的优势、作用与功能，对闲置资源的整合起到载体作用。发挥农村集体经济的监督与协调作用，促使村民与其他利益组织的交易成本最低化，才会有利于农村旅游业高质量发展合力的进一步黏结，从而形成强有力的发展动力。

（二）农村旅游业高质量发展的中观产业效率

1. 效率的内涵

新制度经济学家诺斯从实证角度依据经济发展史的基础，提出高效率的制度决定社会、政治和经济的多样化的演进①。谢克德、瑟顿提出若按照演化史逻辑来看，高效率的制度只能预期在纯协调博弈的均衡中自发形成②。虽然纳什均衡的囚徒困境可以通过重复博弈与演化博弈的角度去进行分析，但是重复博弈具有偶然性，演化博弈也有“顽固分子”。如在重复博弈中，当违约惩罚较小、贴现成本较低等都会抑制重复博弈。这就意味着重复博弈的自发合作必须都有先验前提，即人们存在着自身能被协调、被约束以及害怕风险的策略的基因。当存在此类基因时，很容易陷入康德主义正义理论的孰优孰劣的哲学争论之中。于是人们关于合作的机制演化为两种相互对立的机制：一种是人为干预机制；

① 周其仁．城乡中国［M］．北京：中信出版社，2017：69.

② SHAKED A，SUTTON J. Relaxing price competition through product differentiation［J］. Review of Economics Studies，1982，49（1）：3-13.

另一种是自发机制。有经济学家如汪丁丁认为这仅仅是哲学认识论的差异。而目前我们关注的重点是效率的问题，对于这两个对立机制的性质，我们暂且搁置，并且简单承认两者都存在的情境。

不同学科对效率的定义不同。鉴于我们从社会科学角度进行研究，若从人力资源角度讲就是劳动生产率，从物质资源角度讲就是资源利用率，从社会资源配置角度讲的话，就是经济效率。因此，视角不同，效率的侧重点也不同，具体策略也有所不同。思考不同的视角时，我们始终围绕经济学贯穿的两大核心思想，即物品和资源是稀缺的，以及社会必须有效率地利用这些资源。资源的稀缺性决定人们会不断地考虑如何实现资源的优化配置，如何高效地利用资源。特别是在人的欲望支配下，能够有效地使用资源，就能改进使用者的效用。因此，这使我们重新面对效率这个概念。按照萨缪尔森的观点，效率是指最有效地使用社会资源以满足人类的愿望和需要。而与效率相对应的状态是，如一个经济中充斥着恶性竞争、严重污染或政治腐败，这些低效率的事情只能生产少于无上述问题时经济原本可以生产的物品，或者会生产出一大堆不对路的物品。这些都使行为人的境遇比本该出现的情况更差，这些问题都是资源未能有效配置的结果。因此，为简化效率多角度研究问题，我们仍然遵从帕累托角度定义效率，认为在不会使他人境况变坏的前提下，如果一项经济活动不再有可能增进任何人的经济福利，则该项经济活动就被认为是有效率的。

2. 产业效率的驱动

赫克歇尔—俄林模型较于李嘉图的比较优势理论更显著的优势是解释为什么会产生交易以及两个市场为什么会存在差异。产业效率的提高会维持产业产生较高的利润，进一步促使企业深化产业优化，提升产业效率。产业效率是不同区域产业发展水平差异的根源，也是不同区域产品发生交易的缘由。产业效率由技术水平和市场结构所构成，正如阿罗的干中学模型所提及的，技术水平和市场结构的差异是在过程中产生的[①]。也就是说，产业效率在产业生产过程中形成的差异，与区域的要素禀赋存在极大的关联。如自然资源禀赋稀缺度的差别，决定了其要素的相对价格和相对成本的差异，以及产业发展的比较优势，从而决定区域的分工位置，也进一步决定产业发展获得的利润分配；人力资源存量是由经验的积累、技能的进步、体能素养等诸多因素构成，涵盖了无穷的创造力，促使其产生巨大的潜力，从而促使产业产生高增长力；资本资源按照米歇尔·波特对资本资源的定义来看，主要指的是资金的投入以及固定资产的投入，影响生产、流通、交换、分配环节顺利实现；技术资源是经济发展的重要引擎，技术创新带来颠覆性的产业变革，能够带动和促进其他产业实现经济持续增长和产业结构高度化发展；制度资源更多的是指政府的规制政策以及激励政策，而由此产生的产业发展导向，如一些行政垄断政策扭曲要素价格，在一定程度上可以降低产品的生产成本而提高效率等。同样地，对农村旅游业而言，自然资

① 干中学模型是把从事生产的人获得知识的过程内生于模型，指在生产和物质资本积累过程中引起的劳动生产率提高和技术外溢。

源、人力资源、资本资源、技术资源、制度资源等众多资源因素亦会在不同程度上影响农村旅游产业效率。

缪尔达尔提出，一个动态的社会过程中循环累积的因果关系在社会经济各资源要素作用中充分体现[①]。如市场力量的作用一般趋向于强化而不是弱化区域之间的不平衡。在经济发展过程中虽然有回流效应与扩散效应，但往往由于极化效应的影响会促使回流效应强于扩散效应，而促使循环累积因果进入下一个循环。也就是说，产业效率的提升通过构成要素的聚集进一步提升产业收益率，而收益率的提高会进一步促进要素的聚集。因此，集中利用资源禀赋，促进农村旅游产业发展效率的提升是农村旅游业高质量发展的关键。

3. 产业效率的提升是促进农村旅游业高质量发展的关键

中观产业效率提升的构成要素共同对农村旅游业高质量发展的作用体现如图 4-2 所示。

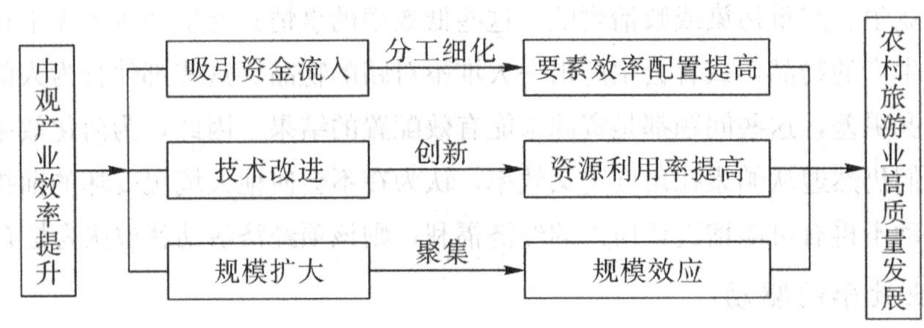

图 4-2　产业效率促进农村旅游业高质量发展机理

一是产业效率提升会不断地吸引社会资本的涌入，促进农村旅游产业价值链延伸，从而促使农村旅游产业分工细化，促进农村旅游资源要素配置效率的提高。特别是随着农村旅游产业效率的提升，利润率也会提升。利润的增加犹如“一块诱人的蛋糕”，会吸引越来越多的人参与蛋糕的制作与分享。而更多的人的聚集，在生产上会更加容易形成要素禀赋优势，对于社会资本的流入更具有吸引力。资本快速涌入农村旅游产业，农村旅游产业规模进入高速发展阶段，成为新的投资亮点后，反之又促进社会分工细化。正如斯密在《国民财富的性质和原因的研究》中指出，分工可以提高劳动生产率，从而促使每个人能够专门专注某项工作。每个人重复地专注某件事情，会不断地提高劳动的熟练程度，从而在单位时间内能够生产更多产品，进一步降低单位产品成本。在单位产品价值不变的情况下，分工细化会降低生产成本，提高单位产品的生产利润，从而吸引更多的社会资本流入。随着资本要素的聚集，一些与农村旅游相关的企业和生产部门就会不断地聚集，形成农村旅游产业高附加值服务业的聚集，更有利于高端技术引入农村旅游产业以及高效管理引入农村旅游服务业。为有限的农村旅游资源创造更高、更有效的利用率，为农村旅游产业结构有序演变和推进农村旅游产业分工，具有明显的效率意义，有利于促进农村旅游产

① 缪尔达尔提出的循环累计因果理论认为，社会经济各因素之间存在着循环累积的因果关系。某一社会经济因素的变化，会引起另一社会经济因素的变化，这后一因素的变化，反过来又加强了前一个因素的那个变化。

业优化转型，进一步促进农村旅游业高质量发展。

二是产业效率通过技术进步来提升农村旅游资源利用率，实现农村旅游业高质量发展。农村旅游产业效率的提升，会进一步细化产业的分工，促进更多的社会资本为了获得更高的资本回报率，通过争夺客源市场而进入农村旅游产品创新领域，为农村旅游产品开发及农村旅游资源的利用提供更多的资源要素支撑。农村旅游产业的技术改进，不仅可以将农村旅游产品通过更多的方式与途径诠释，还可以让旅游者更方便地运用新媒介了解农村旅游产品信息，有利于农村旅游新市场的开辟。同时，技术创新引入农村旅游业中，能够将更多的农村旅游历史文化资源活化与传承，并通过“声、光、影”多种方式呈现，不但有利于农村旅游资源的保护，还有利于更多的人知晓其发展渊源，以及对其进行深度挖掘。与此同时，农村旅游业的技术创新，是以农村旅游产品为基础，将技术创新元素引入农村旅游产品中，拓展农村旅游产品种类，进一步满足消费者的多样化、体验化以及个性化的需求，并会形成持续的需求，有效实现农村旅游资源供给与需求的匹配。但农村旅游产品是比较容易复制的产品，且新的农村旅游企业通常会以新的模式进入，这对原有的农村旅游企业创新提出新的挑战，并使维持市场地位的创新行为的成本增加。

三是产业效率通过不断优化自身产业规模，促使农村旅游产业实现规模经济。社会资本的涌入、技术的提升等都在一定程度上促进生产规模的扩大。对于中国农村旅游业来讲，起步较晚于欧美、日本等国家和地区。从产业生产曲线得知，规模经济一般易发生于产业发展的初始阶段，企业或是产业扩大生产规模而使经济效应增加。中国农村旅游产业正处于成长阶段，也就是说，目前的农村旅游业投资者虽然人数较多，但绝大部分是低水平的重复投资，对于农村旅游资源的挖掘与开发仍停留在初始的“小打小闹”阶段。对此，若扩大农村旅游业的规模，可降低整个行业内各公司、企业的生产成本，使之获得相应超额收益。具体如农村旅游产业规模的扩大，各公司、企业通过水平和垂直联合组成的农村旅游链条可以使各公司、企业的客源增加。在固定投资不变的情况下，接待游客数量的增加会降低单位服务成本与物耗降低，从而促使整体成本的下降、公司与企业的利润上升。同时，产业效率的提高，会进一步提升农村旅游投资企业的信心，扩大农村旅游企业投资规模。农村旅游企业规模的扩大，有利于企业采用先进的技术运用到农村旅游产品；有利于农村旅游服务专业化，更加标准化和通用化；有利于大批量地接待游客，降低单位服务成本。因此，产业效率的提升，通过规模外部经济与规模内部经济共同产生规模经济，促进农村旅游业生产效率的优化与提高。

（三）农村旅游业高质量发展的宏观政府保障

政府调控保障主要通过制度安排和产业政策作用于农村旅游业，使农村旅游业极大地促进农村经济、社会、文化、环境的协调发展。

1. 制度安排的内涵

“制度”一词随着经济发展，在经济理论以及经济生活中使用频率日趋增高。从旧制度经济学家凡勃仑、康芒斯等到舒尔茨、诺思、科斯等，都从不同的角度对制度进行全面探讨。诺斯认为制度涵盖了制度安排与制度结构两种不同的概念。制度安排更多的是在一段时期内处于静态，而制度结构更多的是在一段时期内不需要变化的状态；制度结构更多的是考虑稳定性的状态；制度安排更多的是考虑相对状态，是会随着时间发生改变。通过制度安排与制度结构的侧重点比较分析，在此研究的经济活动是农村旅游业高质量发展的过程动态变化，因此，侧重探讨制度安排对于经济活动的影响以及重要性。从定义上看，诺斯认为制度是为决定人们相互经济与社会关系而设定的一系列约束。约束有由宪法、法律、产权构成的正式约束以及由习惯、行为准则、道德构成的非正式约束。其约束的本质就是降低交易成本促进交易范围的扩大，往往通过制度安排实现。制度安排旨在提供一种使人们之间的合作获得一些在结构之外不可能获得的追加收入，或提供一种影响法律或产权变迁的机制，以改变个人或团体获得合法的竞争方式，约束和指导利益和福利最大化的行为。制度安排之所以会发生，是因为制度安排能够满足人们需要的多项功能。德姆塞茨认为制度安排的功能主要是辅助行为主体产生合理预期，能够将在不确定、不对称的信息下发生风险的概念降至最低，是外部经济内部化的过程。尽管在新经济制度理论体系中，各个学者对制度安排功能的概况与归纳不尽相同，但是不难发现，他们所阐述的与所理解的制度安排功能存在密切的关联，都围绕制度安排的核心功能即制度安排的激励与约束功能而展开。从约束功能来看，能够有效避免道德风险的机会主义行为，为行为人提供较为透明的信息，有利于避免逆向选择的发生；从激励功能来看，通过制度的保护，能够有效减少不确定行为的发生，降低交易成本，达到激励的效果。

2. 制度安排的驱动

新制度经济学家认为，若考虑时间变量因素，就会发现制度安排的效率将会随着时间的推移而出现边际递减。也就是说，制度安排具有一定的时效性。从历史变迁来看，制度的创建、变更、打破都在不断地更迭。从经济学角度来看，当制度安排下降至边界线，导致人们“违规”成本低于“违规”收益时，人们就会突破边界线，迫使制度安排寻找制度变迁。因此，制度安排是一种动态的安排，一旦合作的某些条件因素产生了变化，就会导致合作的成本与收益结构发生改变。而根据制度安排的合作内涵来看，人们遵守制度安排的目的就是希望通过合理的制度安排促使人们获取该阶段的利润最大化。正如从中国农村的变化情况来看，20 世纪 80 年代初推行的家庭联产承包责任制，把低效率的集体公有、统一经营、统一生产、统购统销体制改为以家庭为市场经营主体，上交国家的、留足集体的、剩下都是自己的体制，从根本上解决了农业生产中的激励与监督问题；1985－1995 年改革农产品流通体制和非农产业体制，试图加快农产品市场交换力度；1996－2003 年改革农村税费体制，试图刺激乡镇企业带动农民经济发展；2003 年至今政府不断增加农村基础设施建设与补贴，在 2006 年全面取消农业税，以减轻农民负担。从农村经济制度安排来看，制度安排是渐进式改革策略，但是始终围绕农村经济主体即以农民的物质利益与民主权利为根本。不难发现，纵然中央政府不断优化农村经济制度安排，但农村人口比例仍然处于下降态势。农村人口比例大幅地下降，一是由于城乡二元结构长期的存在，农村的生活环境迫使农民变为城镇居民；二是随着农业现代化推进，农业生产效率的提升，原有单位的土地需要缩短劳作时间，致使大量闲置农村劳动力的出现；三是我国城镇化与工业化进程推进，城市工作高效率带来的高收入，吸引大量农村青壮年人涌入城市务工。农村人口的减少，特别是青壮年人的减少，导致农村“空心村”现象异常严重。“空心村”的存在，大量闲置房的存在，不仅带来了房屋失修的安全隐患，还浪费了国家有限的土地资源、恶化了农民生活环境、激发了宅基地矛盾纠纷，以及制约了农村经济的发展。农村旅游活动的介入，为“空心村”注入了经济活力，让生活在这里的老一辈人以及外出务工的青壮年人看到生活希望。但是如何有效地利用农村的闲置资源，调动乡村居民的积极性，为当地居民获得更高的收入，并让介入的农村旅游企业能够充满信心呢？制度安排就是不断调适的过程，不断地寻求新盈利机会的过程，以及不断地寻求合作者的利益最大化和社会利益最大化的过程。因此，寻求合理化制度安排是农村旅游业高质量发展的保障。

3. 政策与制度安排的合理是促进农村旅游业高质量发展的保障

宏观政府政策的制定与适应的政策安排共同对农村旅游业高质量发展的作用体现如图 4-3 所示。

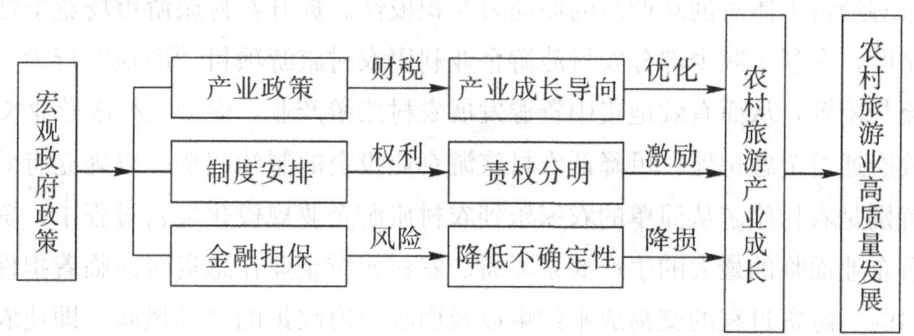

图 4-3　政府政策促进农村旅游业高质量发展机理

一是政府对农村旅游产业发展的适度引导。通过财政政策与货币政策等政策工具，政府可以为农村旅游产业的发展创造有利的成长环境。农村旅游业作为新兴产业，产业的成长具有较大的不确定性，在实现产业规模增长、产品创新过程中，农村旅游企业要承受失败的打击，农村旅游业成长路径与收益都无法预测。当前，由于农村旅游规模化发展或创新发展难度非常大，因此，很多农村旅游企业会选择放弃或缩小规模化发展以及采取模仿旅游产品代替自主创新。特别是对于农村旅游产品创新而言，旅游产品的创新具有公共物品特征，很容易产生知识外溢，即知识的负外部性效应。负外部性的存在，极大地降低了农村旅游企业开展创新活动的主动性与积极性，更多地表现为农村旅游产品的复制与重复建设，即农村旅游企业缺乏动力与热情造成对农村旅游产品的投入不足。而政府通过产业政策支持，可以促进农村旅游企业增加创新的动力与保障。如当前政府实行对农村旅游产业发展的财政补贴、税收优惠政策，甚至在土地政策上鼓励乡村土地“三权分置”以完善农村土地所有权承包权经营权分置，有利于放活经营权使农村旅游企业获得更多的农村旅游资源。这些产业政策能够给农村旅游企业带来直接的与间接的收益，为企业直接成本的降低以及规模化的发展创造了有利的条件。同时，中央政府的产业政策能够释放一种积极的信号，如乡村振兴战略为农村旅游企业的投资与融资奠定了发展信心，从而为农村旅游规模化发展以及创新发展增强了动力，有利于农村旅游产业从增量迈向增质，有利于农村旅游产业规模不断实现规模经济，不断朝着结构优化与完善的方向发展，进一步促进农村旅游业高质量发展。

二是政府对适应性制度的安排，可以通过产权的设定、规则的确立，实现权责对等、投资与收益对等以及社会责任、环境规制，确立有利于农村旅游长期发展的制度环境。当前，我国农村旅游产业发展存在农村旅游产品质量和服务质量整体不高、项目雷同、整体创新缺乏等问题，尽管农村旅游点较多，但其“存活期”普遍较低。因此，在市场经济发展大环境下，提升农村旅游竞争力以及营造公平安全的环境对延长农村旅游产业生命周期至关重要。农村旅游产权制度作为农村旅游产业发展最重要的制度，对农村旅游创新产品进行商标、专利等多方面的保护，有利于农村旅游创新产品经营主体经济活动的实施，如明确产权的划分，则农村旅游经营主体就拥有创新产品的所有权、占有权、使用权、支配权，也就有了转让权、处分权与收益权，从而减少农村旅游产品创新的负外部性，有利于激发农村旅游经营主体对创新产品的原动力与积极性。提升农村旅游市场竞争性与建立准入、退出制度，有利于减少部分农村旅游企业利用农村旅游项目“圈地”行为，减少乡村资源的外流与闲置，从而有效地集中资源发展农村旅游产业，促进农村旅游业长期发展。

三是政府通过金融担保，可降低农村旅游企业投资的制约门槛，以确立有效的市场竞争环境。特别是农村旅游从简单的农家乐到农村旅游企业规模化经营过程中，资金的束缚是农村旅游企业面临的最大的生产要素障碍。农村旅游企业在融资时面临着担保品价值评估的差异风险、融资过程的交易成本约束以及面临政府政策的变动风险。即使农村旅游企业拥有足够的资本，也会面临投资失败的风险。政府通过为农村旅游企业融资问题提供引导，构建多元化的农村旅游金融支撑体系，建立政府财政投入农村旅游信贷担保的长效机制、努力构建农村旅游企业与农业商业信贷银行桥梁，建立完善的农村旅游信贷担保的配套机制，解决农村旅游企业融资问题以及融资风险，增强农村旅游企业投资农村旅游的信心，有效促进农村旅游企业投资规模的增大，进一步降低农村旅游产品成本，提升农村旅游产业发展效率，促进农村旅游业高质量发展。

第二节　农村旅游业发展的现状

2020年中央一号文件《关于抓好“三农”领域重点工作确保如期实现全面小康的意见》，将“三农”问题作为关系国家根本利益和中国共产党核心使命的战略任务，符合中华人民共和国成立以来党和国家领导人对农业、农村问题的一贯关注。其中所提“加大农村公共基础设施建设力度”“提高农村供水保障水平”“扎实搞好农村人居环境整治”“改善农村公共文化服务”的工作内容，和“持续抓好农民增收”“提升农民群众获得感、幸福感、安全感”的重点任务引导，使农村旅游发展和“三农”工作形成强连接。

2021 年 8 月底，文化和旅游部官网陆续发布了文化和旅游部对十三届全国人大四次会议中相关建议的答复，如对 1296 号、3191 号、3304 号、3349 号、3638 号等建议的复函中，回应问题的逻辑均体现出将农村旅游发展问题与有效利用乡村自然和人文资源、促进农村三产融合、“三位一体”等乡村发展的现实需求相结合的根本遵循。

在这样的宏观社会背景下，农村旅游业的发展意义就绝不仅限于旅游业作为第三产业的单一产业价值提升，而成为解决“三农”问题、满足人民群众美好生活愿望的重要抓手。因此，近年来我国农村旅游业发展总体向好，政策和资金配套情况虽各地细节有别，但总体上基本均处于产业发展、升级阶段，可以从政策、效益、趋势三个方面洞察农村旅游业现状。

一、政策逐级推进

对任何产业而言，高质量的发展均有赖于科学合理的政策体系与制度框架，积极的政策、制度引导是产业快速发展的基石。我国农村旅游政策始于 1989 年的“中国农民旅游业协会”更名，“中国乡村旅游协会”随之成立①。30 余年过去，我国农村旅游的相关政策已逐渐形成了制度性资源的支持体系。中央、地方各级政府相继出台诸多具体政策，回顾这类相关政策的发展历程，大致可分为 1989－2000 年的政策依附阶段、2001－2005 年的政策起步阶段以及 2006 年至今的政策细化阶段。在政策依附阶段，农村旅游主要是以一种自发性模式展开。作为消费社会的新生事物，彼时的农村旅游并没有具体的针对性政策，而多以依附于其他行业政策的形式出现。在政策起步阶段，农村旅游围绕“三农”问题展开的思路逐渐明确，原国家旅游局 2001 年出台《农业旅游发展指导规范》，紧随其后于 2002 年又发布《全国农业旅游示范点、工业旅游示范点检查标准（试行）》，这两项政策的推出为农业旅游发展与示范点创建提供了依据，有效促进了专业化、规范化和市场化的农村旅游行业生成。同时，在这一阶段，2004 年国务院一号文件《关于促进农民增加收入若干政策的意见》提出了增加财政对农业、农村发展投入的要求，如加强农业和农村基础设施建设、加快土地征用制度改革等具体要求。通过这类政策引导，在事实上实现了从资金投入、基础设施、土地利用等方面为农村发展第三产业创造条件，农村旅游也迎来前所未有的发展契机②。从 2006 年开始，与农村旅游直接相关的政策开始密集出现，如此开启了农村旅游政策的细化阶段。各种层级分明的政策在这一阶段陆续推出，通常是国家层面出台指导政策，地方政府跟随制定具有针对性的规范文件或标准，大量专项规划和政策也在这一阶段涌现。时至今日，农村旅游发展的相关政策已逐步形成一套日渐完备的

①② 马静，舒伯阳．中国乡村旅游 30 年：政策取向、反思及优化［J］．现代经济探讨，2020（1）：116-122.

制度体系，涉及国家机关多个部门、不同层级，根据自身的施政领域共同建构起一套不断进化的农村旅游制度性资源体系。

可见，农村旅游相关政策的发布与实施正呈现出更加明确的层次性与联合性特征。

所谓层次性，是指政策的发文主体层次分明，不同层次主体的参与也决定了政策的强度有所差别。在农村旅游发展政策体系中，既包括了发展较早的标准、规范类文本，如21世纪初的《农业旅游发展指导规范》《全国农业旅游示范点检查标准》，也包含了指导性的纲要、意见类文件，如对本轮产业升级影响较大的《关于促进乡村旅游可持续发展的指导意见》《促进乡村旅游发展提质升级行动方案》；还产生了一些与国家立法相联系的政策内容，如2021年以来，文化和旅游部积极地支持将农村旅游发展、农村旅游重点村镇建设写入《中华人民共和国乡村振兴促进法》，从立法层面探讨农村旅游的相关问题，体现了国家为保障和推动农村旅游发展所付诸的决心，也证实了相关政策发文主体的层级高度。伴随这种宏观政策发文主体上延，与微观政策不断细化、发文主体不断下沉的双重趋势，农村旅游政策的颁布与实施呈现层次上的丰富性。

所谓联合性，也是指向发文主体方面。随着农村旅游实践行动的不断落实，其与社会生活所交织的广度与深度愈发显现，政策主体的联合性，可理解为是对这一现实的回应。农村旅游业的发展价值绝不等同于一般经济行业、产业部门，而是综合着更多的价值元素；农村旅游在中国语境中被强调，自初就与“三农”问题、环境问题、传统文化等诸多问题相关，与广大乡村人口的日常生活彼此嵌套。因此，当“乡村”本底的多元与“旅游”产业的庞杂交织，我国农村旅游业在发展的这30余年里，经历了太多单一部门难以解决的现实困境。近年来发文主体所呈现的联合性特征就是对农村旅游业这种复杂性系统的因应。如2017年的《促进乡村旅游发展提质升级行动方案（2017年）》就是由国家发展改革委联合13部门出台；紧接其后的2018年，文化和旅游部更是联合了17个部门共同发布《关于促进乡村旅游可持续发展的指导意见》，具体涉及文化和旅游部、国家发展改革委、工业和信息化部、财政部、人力资源和社会保障部、自然资源部、生态环境部、住房和城乡建设部、交通运输部、农业农村部、国家卫生健康委、中国人民银行、国家体育总局、国家金融监督管理总局、国家林业和草原局、国家文物局等，从中可见农村旅游发展所需协调的部门之多，也暗示出农村旅游发展的牵涉之广。

回望2006年以来的农村旅游政策发展，所谓“细化阶段”实际也是对相关政策不断完善的概括。大量基于产业现实的专项政策纷纷出台，建构出逐渐丰富的、务实的中国农村旅游政策体系。

以在旅游业中占比较重的居住专项为例，各种细化政策在这一阶段呈体系性集中出现。中国民宿预订平台头部企业“途家”（途家网）于2020年9月发布《民宿政策简况》，对近年来尤其是2018—2020年“民宿”这一细分领域的相关政策进行了梳理。由于农村旅游“居住”要素的载体形式绝大多数是以民宿体现，因此，对民宿政策的梳理有助于对农村旅游尤其是对占较大比重的“居住”要素政策加以理解。《民宿政策简况》归纳：国

家层面政策导向总体趋好；民宿管理规范主要集中在乡村民宿领域，各地关于乡村民宿的政策逐步趋于成熟，扶持政策充分、发展空间较大。

乡村民宿成为当前国内农村旅游发展的重要载体，这与农村旅游业的短途特征、对消费能力的依赖性、消费者消费倾向以及生活方式偏好等因素均有联系，苏浙沪地区能够发展出中国民宿的行业高地，正是这些因素综合作用的结果。资源类政策也是农村旅游政策细化的重要代表，以土地资源领域为例，文化和旅游项目的行业特性决定了土地供给作为项目落地的必要前提，直接决定了项目开发周期、开发成本、业主投资态度，从而对项目的可持续性产生较大影响。在土地供给政策领域，传统的“块状供地”形式在农村旅游项目中表现出较大的不适应性，严重制约着农村旅游项目落地发展。

综上，农村旅游政策的演进对应着农村旅游发展的产业进程，农村旅游所具有的空间广泛性和功能综合性共同决定了政策供给的层次性与联合性。如今，我国农村旅游政策体系已基本构建，展望“十四五”农村旅游政策供给，在与国家重大战略及经济社会发展紧密衔接的大前提下，农村旅游政策也体现相应的变化。例如，从政策目标来看，传统的单一产业发展方式正转向与生态文明等宏观战略的全面衔接；从政策内容看，对产业要素配置的聚焦被拓展为对更广大意义上社会生态环境建设的关注；在政策工具方面，以环境型为主的策略也转向以环境型与需求型相结合的思路①。

二、效益着眼多元

利好的政策是产业发展的催化剂，当农村旅游与“三农”问题形成强连接，大量政策支持和舆论导向吸引资本入场，尤其在供地方面的政策创新落实之后，农村旅游业迅速获得规模性发展；其红利一方面来自农村旅游业规模扩大与产值增加带来的经济效益，更重要的另一方面在于旅游业发展背后的农村环境治理、人居环境改善、交通路网通达等基础设施建设完善所带来的社会效益。

旅游业所具有的综合性特点以及农村旅游在我国生态文明建设中的重要担当决定了对农村旅游的效益评价也应是多维度的。借鉴旅游学中具有代表性的巴特勒“旅游地生命周期（TALC）模型”，以发展的眼光观察农村旅游项目有助于获得较为全面的评价视野。例如，将农村旅游的发展评价从三个层面着手考量：第一个层面是将农村旅游业作为一种经济增长的过程，评价与衡量的标准便会聚焦于产品和财富增长以及就业的增加；第二个层面将农村旅游业的发展作为一种社会经济的转变过程，关注的是经济增长带动地域间关系的改变以及社会经济团体之间的关系变化，生产和消费模式的转变成为观察的焦点；第三个层面将旅游视为一种任何生产区域的空间重组过程，认为旅游发展可以将原本闲置或

① 姚旻，赵爱梅，宁志中．中国乡村旅游政策：基本特征、热点演变与“十四五”展望［J］．中国农村经济，2021（5）：2-17.

利用率不高的资源加以利用，进而成为社会经济转型的有形结果①。

根据巴特勒TALC模型引导分析当前我国农村旅游业发展的现实情况，也偏于一种综合、正面的倾向。农村旅游业评价中经济效益与社会效益之间的非一致性为行业发展的整体效益观察带来张力。实地调研中不乏一些引发思考的现象，近年来我国农村旅游增量发展的重地常体现出一些共性：大多数具有自然风景优美、乡风民俗淳厚的特点。然而换个角度理解，这些区域之所以能够在工业化与城镇化建设多年后仍能够保持洁净的自然和纯净的民风，很大原因是在工业发展效率优先的逻辑下它们难以取得比较优势，如区位因素所造成的物流成本高昂、对外交流欠发达等现实情况均成为发展限制。作为大多数贫困村的聚集地，山区便成为非常典型、易于理解的案例，但就农村旅游业而言，山区却在一系列政策引领下有了劣势转变为优势的可能。

如果说整村脱贫是农村旅游发展经济效益的验证，那么还应看到旅游业发展背后更多维度的整体效益提升。将旅游作为产业，其意义不仅仅落实在产业层面。在党的十九大提出的二十字方针中，“产业兴旺”为首但又绝不是唯一目标，产业在执行过程中实际是作为一种手段，使乡村人民获得可持续的生活质量提升；二十字方针中的“生态宜居、乡风文明、治理有效、生活富裕”都是乡村工作评价的重要维度。湖州的经验告诉人们，从“靠山吃饭”（采石业）到“靠景吃饭”（旅游业），转变的不仅是支柱产业的更迭，更是生存环境和生活质量的革新。“生态宜居”与“两山理论”两相辉映，自然环境是乡村社会高质量发展的重要基础。费孝通在分析我国农民收入方式时提出“多元性”特征，对农村而言，自然生态的多样性恰好也是产业多元性与收入多元性的一种保证。

由于旅游业的行业属性与特征，以及当下由政府牵头、扶持发展的产业现状等因素，以农村旅游作为主要抓手的认识比较普遍。在这种情况下，农村旅游虽自成体系，又有自己独立的产业逻辑与产业链特征，但在实际操作过程中，其对一二三产业融合的作用往往受到关注，也形成了行业发展的重要指引方向。2016年，国务院办公厅印发《关于推进农村一二三产业融合发展的指导意见》，将农村三产融合上升为国家战略。2018年国家组建文化和旅游部。近年来，农村旅游在此二者叠加的效应下对产业的引导性和文化性尤其重视，农产品一产生产和二产加工的传统形式在新理念的引导下，转变为生产、加工之间的文化过程、社会过程以及经济过程相融合的综合过程。农村旅游业在政府激励的发展过程中，时常承担起“媒介”或“平台”的作用，催化出超出经济价值的社会价值，因此也不难理解当下农村旅游业发展中对社会效益的看重。仍以山区为例，一方面，就旅游业发展的历史与现状来看，山区一直是农村旅游的发展重地；另一方面，山区的综合资源特征决定了其案例的典型性价值，相比平原地区，山区天然不具备发展大农业与工业的优势，旅游业的发展则是遵循其将劣势转化为优势的初心与夙愿。山区发展农村旅游遵循生态效益，森林生态系统与农业生态系统在这一特定领域产生复杂交织，孕育出的生物多样性交

① 斯蒂芬·威廉斯，刘德龄．旅游地理学：地域、空间和体验的批判性解读［M］．北京：商务印书馆，2018：35.

叠着山区富有变化的时空、季节等具体因素，从而产出各种各样的自然产品、生活方式，涵养着多元的文化生态。由此形成的地域特征或文化特质通过策略性转化，努力形成农村旅游发展的特有文化资源。

综上，农村旅游业发展的效益问题，是经济、生态、社会等多维因素复杂作用、互为影响的过程，因此，对其效益的判断自然也不能建立在单因决定论的思考逻辑之上。无论是从政策导向还是从产业规划来看，农村旅游业发展明确处于扩张，而不是收缩的阶段，这可作为对农村旅游业效益认可的积极说明。但对于农村旅游业效益的考察也不能仅从基本面作论断，尤其是当前前景未知的现实情况下，产业的总体趋势与企业的个体存亡之间存在着越发紧张的对比关系。如果说在宏观层面上对农村旅游业的效益与发展作出积极判断是正确的，但也不能据此而忽视微观层面上具体项目、企业在经营中所面临的重重危机。这是因为，宏观层面的判断往往将农村旅游业发展的社会效益、综合效益最大化地考察，而微观层面的产业经营者却现实面临“客流断”“贷款要还、工资要发”的残酷问题。

因此，关于农村旅游业发展现状的效益判断，应具有综合的眼光。宏观上，由于生态文明战略的实施以及乡村资源内部可交易性的国家发展需求，农村旅游业的整体效益积极向上。微观上，行业的微观主体却面临着非常现实的经济压力。但与此同时，许多农村旅游企业在经历了经验积累、效率增加的行业成熟过程之后，又确实表现出可以为之期待的效益潜力。那么，对于农村旅游业发展现状的效益判断是否就一定是无法明确的呢？也不是。从当前来看，农村旅游业项目的启动将会对所在区域产生综合性影响，与之相关的，将不仅仅是经济效益问题，还关乎社会文化、地方认同以及生活方式层面的系统变化。

三、趋势总体向好

行业预期往往建立在现有状况和未来条件的综合基础之上，那么，我们对农村旅游业发展趋势的预判，也就不可避免地在以新经济为内涵的国家生态文明战略转型的确定性之间迂回前行。2020年以来，境外旅游几乎为停滞状态，但境内游尤其是乡村游却呈现逆势而上的趋势，途家执行副总裁兼首席商务官李珍妮女士根据携程、途家平台的系统数据，在2020年世界文化旅游大会（中国·西安）上作出发言，总结旅游业疫后四大消费趋势：出境游转为国内游、跨省游转为周边游、旅游产品安全和品质更受重视、居住类产品（民宿）个性化和私密性需求提高。四大趋势的判断一方面是基于发言前溯数月我国旅游业整体业绩状况的总结，另一方面也是对农村旅游继续逆流而上的预期。该时间节点上，疫情前后的交易数据对比确实传达了正面的回应。

农村旅游业向好发展的趋势主要基于以下原因。首先，人民群众对美好生活的向往，以及由此引发的对旅游消费的需求，是旅游业发展向好的客观基础。其次，疫情管控以及中国经济高恢复水平等因素，是国内农村旅游业逆势而上的现实条件。最后，相关职能部门的针对性政策是农村旅游快速增长的重要引导与政策保障。2020年9月，文化和旅游部2020年第三季度例行新闻发布会上，时任文化和旅游部资源开发司副司长单钢新发言时将“推动农村旅游复苏发展”作为季度工作总结的重要方面。国务院联防联控机制和相关部门印发文件，将农村旅游作为率先开放和重点恢复的领域，文化和旅游部印发了《关于统筹做好乡村旅游常态化疫情防控和加快市场复苏有关工作的通知》，出台对接政策服务、加快基建进度、推出新产品新线路等八条措施，积极引导地方加快农村旅游恢复振兴。同时，文化和旅游部积极探索金融层面的扶持路径，例如与中国农业银行深度合作，加大金融支持农村旅游的力度。

以上引导主要针对农村旅游市场的供给端方面，而推进工作亦要涉及市场的需求端。例如，2020 年 9 月底文化和旅游部官网在主页面中以醒目的浮窗形式推介“全国农村旅游 300 条精品线路”，按地区对各省份农村旅游线路进行有针对性的推荐，如江苏地区推出 10 条农村旅游精品线路，以主题、地区、天数命名（见表 4-1），线路信息的易得性强、指向性明确，推介页面的信息可视化亦处理得风格友好。鉴于线路发布的具体时间（2020 年 9 月 22 日），推动中秋、国庆双节假期农村旅游市场的意图明确，凸显从需求端促进的方案的落地性特征。紧随其后，各地纷纷落实相应活动。仍以江苏省为例，9 月 26 日江苏省启动第十一届农村旅游节活动，江苏省农业农村厅、省广播电视总台（集团）现场联合签署《江苏省乡村农文旅产业融合发展战略合作协议》。区域性乡村文旅业推进方案是地方旅游产业发展重要且具体的保障。

表 4-1　江苏省内乡村旅游精品线路推荐

序号	具体线段
线路一	“醉美山野”常州、李阳休闲 3 日游
线路二	“一江春水两岸景”南通、常熟休闲 4 日游
线路三	“水城慢生活湿地仙鹤”泰州、盐城 3 日游
线路四	“乐游宜兴”宜兴生态 3 日游
线路五	南京市江宁区最美乡村 17 公里 1 日游
线路六	和我在小镇的街头走一走（苏州、张家港永联村专线 2 日游）
线路七	江南水乡休闲之旅 1 日游
线路八	镇江市福地养生 1 日游
线路九	徐州黄河故道乡村田园风情 2 日游
线路十	仙都金坛，品味山水 2 日游

除了基于上述直接作用于农村旅游市场供需两侧的行业原因，国家层面的战略部署及宏观政策也成为农村旅游业正面发展的重要因素。通过民意征集审议后的《中华人民共和国乡村振兴促进法（草案）》明确提出国家支持农村旅游和农村旅游重点村建设，也进一步增强了各地发展农村旅游的信心和动力。

2021 年 3 月，十三届全国人大四次会议通过的《国民经济和社会发展第十四个五年规划和 2035 年远景目标纲要》是引领我国社会主义现代化国家迈向新征程、开启第二个百

年奋斗目标的重要决策；其中涉及旅游的相关表述达30余处，是历次国家五年规划中对“旅游”部署最多的一次。这一方面体现党中央、国务院对旅游工作的高度重视；另一方面也是对旅游产业的发展释放出正面信号。随后，文化和旅游部编制印发了《“十四五”文化和旅游发展规划》，更是为我国今后一段时间的文化旅游发展描绘了更为细致的蓝图。在新的规划中，旅游业发展以高质量发展为主题，以深化旅游供给侧结构性改革为主线，对农村旅游的发展要求便呈现为“农村旅游精品建设”，农村旅游的精进也被纳入乡村行动计划。2021年6月，文化和旅游部单钢新在解读《“十四五”文化和旅游发展规划》时，强调深化供给侧结构性改革的旅游业高质量发展思路，并且明确了旅游业发展在经济社会发展、文化强国建设、群众美好生活等多个方面的重要作用。

由此可见，在农村旅游发展的宏观格局上，鼓励与期待交织成行业向上推动的总体势能；但无奈于“效益”中所述的微观企业所面临的现实问题，农村旅游业的趋势预判也需辩证而为。

第三节 农村旅游业发展的路径

一、选取适宜地点，完善设施建设

（一）选取良好的市场区位

农村旅游业的发展需要依托城市或周边景点，在确保建成后拥有一定规模的客源，以及主要客源具有一定的消费能力，进而满足农村旅游业的发展。有无游客前来，消费水平如何，在一定程度上决定了农村旅游业的高质量发展情况。因此，并不是所有的农村都适合发展旅游。在建设初期，一般需要选取拥有良好市场区位的农村进行开发。

（二）完善设施建设，夯实农村发展基石

加强与客源地之间的基础设施建设，包括客源地与目的地间的主干道、通村道和各类景区步道的网络体系建设。加强交通建设，一方面，要增加多种不同的交通方式，除了日益增加的私家车，还要在航站楼、高铁站、客运站处增加大巴车专线；开通专门的公交路线；在节假日期间联合周边景点增设专车；与旅行社、汽车租赁公司合作，提供散客的接送服务；加强班线车开通和线路的频次、车辆的密度等。另一方面，改善升级两地之间的道路条件，加强连接道路的建设，在保证道路平坦这一基础要求之外，尽可能拓宽道路或每段路增设会车点，方便来往车辆正常会车，减缓高峰期道路拥挤程度。

农村旅游业的高质量发展在很大程度上取决于设施环境的整体性、游客目的地的选择以及游客体验感的好坏，还包括农村旅游产品体验设施的完备度。因此，需要加强基础设施、公共服务设施的建设。第一，在上位规划的指导下，加强农村供电、给水、供暖、道路交通、通信等各方面基础设施的建设，加强农村5G网络的覆盖，提升农村旅游景区

"智慧"设施配套情况；第二，引入先进技术，建立农村旅游业数字化信息管理平台，时时关注并监控农村生态环境、旅游地的环境承载力以及高峰期人流与车流情况，及时制订应急方案并积极响应，形成完善的农村公共服务体系；第三，加建休闲设施，丰富农村的夜晚娱乐活动，提高服务能力，满足更高的需求。

二、合理利用资源，丰富项目类型

（一）丰富产品类型，提升项目质量

农村旅游产品应在丰富产品类型的同时，找寻自身的特色并将特色融入项目中，打造属于自己的品牌。第一，加强生态观光项目的建设，结合花海、农田、建筑和庭院等农村景观，增加科普教育、体验农事、娱乐服务等项目，延长产业链，提高产品的可玩性、教育性和体验性；第二，依托农村生活、生产场景和农村物质、非物质文化，开发农村文化体验产品，深度挖掘当地文化内涵，提升农村旅游项目的质量与体验感；第三，顺应时代并结合游客的基本特征、喜好及反馈意见，更新农村旅游项目，对标高消费人群提升品质，增加收入。

（二）科学利用农村资源，加强环境保护

农村旅游业以当地资源作为发展基础，项目的开发建设会在不同程度上对农村资源环境造成损坏，而农村资源环境的优劣取决于原有的基础、开发的利用以及后续的保护。基于资源环境与环境质量对农村旅游业高质量发展的重要程度，在农村旅游业开发的建设过程中，需从不同方面提高农村资源环境的保护能力。

第一，因地制宜地研究与制订适合当地农村环境的旅游规划，科学合理地利用农村资源，将保护农村环境资源的落地实施始于开发建设之初。第二，加强村民与旅游者的保护意识，通过广播或者景区内隐藏式音响等宣传方式强化保护环境的意识；增加文明劝导的志愿者，在重要场所实行环境保护的劝阻与监督，发挥人群的力量，实现农村环境的高质量发展。第三，加大政府与企业开发者在农村资源环境保护方面的政策保障与经济投入，并对资金明细进行公示。

三、对标国家标准，科学制订规划

（一）科学制订规划，落地实施建设

科学合理地制订规划，是保障资源环境在不被破坏的前提下，发挥最大的利用价值的手段；是在开发建设之前，通过调研、访问，因地制宜开发项目的准备；是实现高质量发展的前提。因此，农村旅游业的建设必须遵循规划先行的原则，再结合项目的出彩策划、运营管理的后续保障，才能推动农村旅游业高质量发展这一目标的实现。

第一，农村旅游规划应对发展区域的土地进行统筹安排，合理分配面积与布局情况，对敏感的土地利用性质进行把控，制订土地利用协调规划。第二，农村旅游规划还应合理

地组织当地特有的自然、人文资源，结合游客偏好，开发类型多样的项目，制订适宜的旅游产品策划，并结合开发的产品与项目进行游线组织规划，将景区各产品组织起来，为游客提供导览路线，为后续设施布局建设提供指引。第三，为保障农村旅游目的地的顺利建成开发，需制订基础设施规划和道路交通组织规划，为村民及游客的生活与游览提供便利。第四，制订农村遗产保护及风貌控制规划，保障农村在发展旅游业的过程中，不破坏当地物质型以及非物质型的相关历史文化，保障农村的整体风貌，维护农村意象。第五，还应针对当地可能会遇到的各种天气或地质灾害制订防灾规划，以及针对游客可能出现的突发情况制订安全规划，方便景区在运营管理的过程中应对各类突发情况的出现。这样通过一系列从规划建设到运营管理的多方面、一体化的农村旅游规划的制订，帮助农村旅游业的发展提升可持续性。

（二）对标农村建设标准，推进农村高质量发展

全国农村旅游业的基础资源、政策支持、经济投入均存在差异，各地农村旅游业的发展模式也不尽相同，但全国各地农村旅游业的发展目标几乎一致，希望当地能够实现高质量高效率且长久持续的发展。因此，农村旅游规划建设应对标国家级农村旅游重点村的申报标准进行制订，打造出一批旅游资源富集、生态和文化保护较好，拥有特色民宿、质量较高的产品、完善的配套设施，以及能带动村民就业致富的农村。这样有法可循、有标准可对照发展，便更能推动农村旅游业的高质量发展，实现当地高质量的发展。

四、拓宽营销渠道，健全管理体制

（一）拓宽营销渠道，创新营销模式

产品建设得好，如若无人知晓，没有游客来此消费，农村旅游业也得不到发展。可见，农村旅游业离不开宣传以及促销力度，特别是前期发展起步的时候。第一，在传统媒体上，交通枢纽、公交站台以及交通工具的座位上刊登宣传图片，放置宣传手册，投放宣传广告。第二，紧跟时代的潮流，在年轻人钟爱的各类社交平台注册账号，并实时更新动态，通过网络对旅游目的地进行宣传，在特定的节日推出免费、半价、多人行一人免单等促销活动。第三，与旅行社、周边景区加强合作，联合开发多条精品线路，建立合作共赢的新发展模式。第四，巧借事件进行营销，除了常规的法定节假日之外，还可以借助一些国内的重大事件或新闻，吸引游客，引发爆点。第五，邀请国内著名书法家、插画师、摄影家来农村开设工作室，吸引高校将旅游地作为实习基地，壮大游客宣传的群体。

（二）提升管理能力，健全管理体制

农村旅游业的高质量发展需要关注管理体制是否科学，是否因地制宜。第一，根据相关法律，综合管理部门的意见，制定规章制度，让景区的管理有法可依、有章可循。第二，严格控制农村旅游的资金投资，设立专门的部门审核企业的资质以及投资费用使用的途径，定期通过文件的形式在公告栏以及官网上进行公示。第三，提高招商经营者的门

槛，对营业资质、卫生许可、食品设施安全等方面进行严格把控与监督。第四，构建利益分配平台，协调好政府、投资企业、经营者、旅游者和村民之间利益的公平分配，让不同的利益相关者发挥各自的作用，并收获相对满意的回报，杜绝利益纠纷的事件发生，从根本上保障农村旅游业的高质量发展。

第五章　农村文化产业发展分析

21世纪以来，中国农村地区丰富的文化资源成为产业化开发的对象，农村文化产业成为带动农村经济结构转型的新兴产业和推动农村现代化建设的重要力量。当前，我国农村文化产业显示出极大的发展空间和潜力，陆续出现了民间手工艺业、农村旅游业、休闲农业、农村演艺业、特色小镇、田园综合体等多种产业形态。由于我国农村文化产业仍处于发展初期，理论和实践都不够成熟。倘若在没有深刻认识农村文化和农村文化产业的特殊性的前提下，完全按照现代化、工业化、城市化的标准盲目开发农村文化资源，势必产生一系列的问题，甚至可能对农村地区的文化资源、社会经济和生态环境造成极大的损害。在此背景下，只有解决当下我国农村文化产业发展的现实困境，才能真正实现农村文化产业快速、良性和可持续的发展。基于此，本章对农村文化产业相关内容进行阐述，对农村文化产业发展的困境进行分析，随后提出了促进农村产业发展的建议，以期探寻出一条适合中国农村文化产业发展的道路。

第一节　农村文化产业发展的概述

推动农村文化产业的发展需要以相关理论来指导实践活动，同时在实践活动中坚守一定的原则。因此，明确农村文化产业发展的理论依据，并确立需要遵循的基本原则，可以指导、规范决策者和开发主体在产业规划、项目开发和产品生产过程中的各种行为，避免陷入思维方式混乱、理论认识不清导致盲目、无序开发的误区。

一、农村文化产业发展概念及理论

（一）农村文化产业相关概念界定

1. 文化产业

在国外，“文化产业”概念起源于霍克海默和阿多诺的著作《启蒙辩证法》，该书将文化产业称为“Culture Industry”，也可翻译为文化工业。法兰克福学派的霍克海默与阿多诺认为文化工业通过工业化生产方式，将修改后的文化通过规模化方式传递给广大社会民众，使社会民众成为文化传播的被动接受者①。随着社会经济的发展，文化产业成为许多国家的经济增长点，并且取得了高额的经济回报与收益。由此可以看出彼时法兰克福学派关于文化产业理论的解释不适应社会实际发展情况。同时，由于不同国家的基本国情和经济发展相差甚远，因此各国对文化产业的理解也存在诸多差异。在英国，文化产业被称为“创意产业”；在日本，文化产业被认为是去创造一种文化符号，再销售这种文化和文化符号；在美国，文化产业则被称为“可商品化的内容信息产业”。

在我国，随着时代发展，文化产业概念不断发生变化。我国于2003年通过《关于支持和促进文化产业发展的若干意见》，认为文化产业是从事文化产品生产和提供文化服务的经营性行业。2004年，国家统计局研究制定了文化产业的统计分类标准，对文化产业有了新的认知，即为社会公众提供文化娱乐产品和服务的活动，以及与这些活动有关联的活动的集合。由于文化产业有了新业态，紧随时代发展，国家统计局在2012年对文化产业统计分类标准和体系进行了修订，将文化及相关产业分为10个大类。随着互联网时代到来，以“互联网＋”为依托的文化产业得到了迅猛发展，成为文化产业发展的新领域。2018年，这些新行业与新业态被纳入新的文化产业统计体系中。

综上所述，文化产业是一种将文化与经济相交融的产业，是在现代工业化生产标准下，按照商品生产流通规律，进行生产、分配、交换文化产品与服务等一系列流程的产业。

2. 农村文化产业

（1）农村文化产业的含义。目前国内学术界有许多专家学者在对农村文化产业进行概念界定时，强调了农村文化产业区域范围，即相对于城市文化产业而言，在农村地区发展的产业。比如，潘鲁生等认为农村文化产业是在农村地域开展的文化产业，区域特指在农村区域，是以农民为创作主体与生产单位的一般采用作坊式生产模式的产业类型②；臧丽娜认为农村文化产业是把农村地区发展的图书报刊业、媒体信息业、出版业、表演艺术节等诸多行业融为一体的区域产业③；周传蛟认为农村文化产业是以市场为导向，以经济效益为中心，以农民为创作生产主体，把地域特色传统文化资源转化为文化商品与文化服务的现代化生产④；刘玉玲等认为农村文化产业是立足于县域经济与县域文化基础上，以广大人民群众为主体，建设农业现代文明的产业⑤。

因此，根据文化产业的内涵和一些专家学者的观点对农村文化产业的概念界定，可以对农村文化产业有个大致认识：农村文化产业是以农村地区为阵地、利用农村地区丰富文

① 马克斯·霍克海默，西奥多·阿多诺．启蒙辩证法［M］．渠敬东，曹卫东，译．上海：上海人民出版社，2006：45.

② 潘鲁生，赵屹．重视发展农村文化产业［N］．经济日报（理论周刊），2008-10-27.

③ 臧丽娜．文化创意产业运作与案例：以山东为例［M］．济南：山东教育出版社，2013：85.

④ 周传蛟．我国农村文化产业发展的条件与路径选择［J］．学术交流，2009（5）：74-77.

⑤ 刘玉玲，张润清．农村文化产业研究综述［J］．合作经济与科技，2014（17）：33-34.

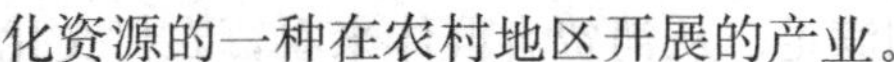

化资源的一种在农村地区开展的产业。

（2）农村文化产业的特征。一是本土资源的依赖性。任何产业的发展都要有一定的资源来保障或支撑，与城市文化产业相比，农村文化产业具有更强的资源依赖性，这是由农村社会经济发展的现实状况所决定的。对于农村文化产业来说，这种资源主要体现在文化、人才、资金三个方面。

其一，农村文化产业的发展依赖于本土特色文化资源。一个地区的文化资源禀赋直接制约着该地区的文化产业布局和重点发展领域的选择。舍弃本土的文化资源优势，而盲目地模仿其他地区的发展模式，最终的结果往往是以失败告终，并且浪费了本土文化资源。近年来，乡村地区采摘园、美食街和特色小镇建设失败的案例比比皆是，其根本原因就是同质化严重，没有深入挖掘本土文化资源、凸显当地文化特色而导致吸引力丧失。因此，发展农村文化产业需要以开发和利用本地区特色文化资源为突破口。

其二，农村文化产业的发展需要本土人才的支撑。农民不仅是农业的从业者，同时也是农村文化的持有者和农村文化产品的生产主体。民间手工艺业和乡村演艺业需要依赖本土手工艺人和文艺表演者的技艺，而乡村旅游和休闲农业也需要雇用当地农民来生产产品或提供服务。外来人才大多只能从事创意设计、产业规划或运营管理相关的工作，作为产业基础的产品生产环节必须依赖本土人才才能完成，这也是农村文化产业的独特性所决定的。

其三，农村文化产业的投融资依赖于当地政府、企业和村民。现阶段，农村地区还没有形成完善的投融资机制，大多数农村地区也不具备城市一样的现代化企业管理和资本运营基础。从产业发展规律来看，产业聚集是文化产业发展的重要特征，只有这样才能产生规模效应。文化产业同样倾向于在经济社会发展程度较高的城市中发展，因为农村地区产业布局较为分散，也难以为产业发展提供持久的资金和人才支撑，所以文化产业的创业者宁愿在土地、人工、运营成本都很高的大城市投资，也不会到提供各种政策优惠、文化资源充足的农村地区投资。因此，目前农村文化产业的发展中绝大部分投融资是依靠当地政府、企业和村民。这种本土投融模式得不到外界的“输血”，则面临较大的风险，很容易出现资金链断裂的问题。

二是产业结构的稳定性。21 世纪以来，我国农村文化产业在行业结构上主要集中于乡村旅游、休闲农业、民间手工艺、民间演艺等行业。在未来几年内，农村文化产业的发展重心和学术研究重点仍将集中于这些行业中，并保持一定的稳定性。这是由农村文化产业发展的资源限制和人们的消费倾向所决定的。从资源条件来看，农村文化产业根植于农业文明积淀的历史遗迹、田园风貌和传统文化，这些资源是一个地区发展农村文化产业的先天优势，只有充分利用好这些资源，才能在市场中取得竞争优势。农村文化产业竞争优势集中体现在民间手工艺（如木雕、石刻、剪纸、刺绣、泥塑）、乡村旅游与休闲农业（如采摘园、农家乐、田园综合体）、民间演艺（如秧歌、舞龙、二人转、柳腔戏、安塞腰鼓）等产业形态。从消费方式来看，目前农村地区基本的文化或精神需求主要通过广播、电视、互联网、手机、图书、文化活动室等方式得到满足。从消费者群体来看，农村文化产业的消费者可分为两大群体：其一是乡村居民，其二是城市居民。乡村居民通过购买的形式获得文化产品或服务的能力很有限，农村文化产品和服务绝大部分是用来满足城市居民的消费需求。对于城市居民来说，在城市里体验不到而乡村特有的东西才是吸引他们前来消费的根本原因。从消费层次来看，农村文化产业的消费既存在因区域经济状态的差异而客观呈现的消费层次的差距，也存在因消费者经济收入的不同而出现的消费层次的分野。因此，发展农村文化产业，激活地方经济的关键就在于这些地区所提供的文化产品和服务能否满足城市消费者的需求，只有让他们满意，才能吸引更多的人来到农村地区进行文化消费，进而推动农村文化与经济的发展。基于以上原因，以当地文化资源为根基的农村文化产业发展必然会保持结构的稳定性。

当然，这种产业结构的稳定性是相对的。从长期发展的角度看，农村文化产业结构也必将会向更高级的层次演进。这种演进主要体现在产业布局、产业链条和整体趋势三个方面。在产业布局上，随着城乡一体化的持续推进和农民生活水平的不断提高，在维持和发挥原有特色文化产业优势的基础上，乡村文创、乡村研学、乡村康养、体育竞技、人才培训等产业也将逐步发展壮大。在产业链条上，农村文化产业的上下游企业将会进一步整合，形成从规划设计到生产、流通再到售后服务的一条完整的产业链，实现产业集聚效应，综合竞争力明显提升。在整体趋势上，农村文化产业的组织结构、经营模式将会更加合理，产品和服务的品质及文化、科技含量更高，也更能适应不同消费群体的需求。

三是生产方式的多样性。城市文化产业通常是按照工业化、标准化、流水线式的生产方式大规模复制文化产品。这种生产方式曾一度被认为是界定某一行业是否归属于文化产业的重要标准，如影视产业、出版产业、工艺品业、音乐产业等均可按照此方式进行生产，故而被纳入文化产业的范畴。联合国教科文组织对文化产业的定义正是基于此，这也是法兰克福学派之所以将其称为“文化工业”的缘由。农村地区正处于现代化、工业化进程中，其文化产品的生产不可能完全实现标准化、规模化，这就出现了规模化生产、个性化生产、半工业化生产多种生产方式并存的现象。

其一，在某些现代化、工业化程度较高的乡村地区，文化产业已经有了数十年的积淀和发展，很早就探索出符合市场需求的工业化复制生产的模式。许多农村地区工艺品生产如风筝、木雕、剪纸、装饰画等已经通过标准化复制的方式实现了规模化生产，并形成了完整的产业链。规模化复制的优势在于成本低、效率高、易操作、收益快；缺点是产品市场竞争更为激烈、种类单一、多粗制滥造、缺乏特色和文化内涵。

其二，在经济发展较为落后，现代化、工业化程度不足的农村地区实行的是个体化生产经营方式。小农经济固有的个体化生产经营方式一方面制约着农村文化产业的发展，另一方面也造就了其不同于城市文化产业的个性化生产方式。还有些地区仍然采用最古老的纯手工制作的方式生产原汁原味的文化产品，如柳编、草编、刺绣、葫芦雕刻等。纯手工、个性化生产的优势在于产品稀缺、风格独特、制作精良且富有较高文化内涵；缺点是成本高、效率低、收益慢。

其三，处于两者之间的是半工业化生产方式。一些农村地区使用机械生产和手工制作相结合的半工业化方式来生产文化产品，以节约人工成本，提高生产效率。如在玉器、石刻、木雕等产品的生产过程中，首先使用电动机械切割、打磨，再用手工进行精细雕琢。这种生产方式在某种程度上能够平衡规模化复制和个性化生产的优缺点，在兼顾成本、效率的同时，还能够体现产品的文化特色，使产品达到较高的质量水平。半工业化生产和纯手工制作的共同点是一般以家庭或村组织为单位进行生产活动，尚未形成企业化的运营模式和组织机制，可以算作一种家庭作坊式的生产方式。

多样化的生产方式是农村文化产业发展的不同路径，不存在高低优劣之分，这也是农村文化产业未来发展的常态。我们要考虑的是如何处理好它们之间的关系，尤其是规模化复制和个性化生产之间的关系。

（二）农村文化产业发展理论依据

农村文化产业发展是一个以理论来指导实践的推进过程，前人提出的很多理论对我国当下的农村文化产业发展具有重要的指导意义。深刻理解并科学运用乡村建设理论、城乡一体化理论、产业集聚理论和新内生发展理论等理论可以极大地提升我国农村文化产业发展的成效。

1. 乡村建设理论

乡村建设理论是一个较为宏观的概念，国内外许多学者对此都有过阐释。在此阐释的乡村建设理论主要指20世纪以来国内学者对于中国乡村建设提出的相关理论，主要包括梁漱溟的乡村建设理论和费孝通的乡土重建思想两个方面的内容。

（1）梁漱溟的乡村建设理论。20世纪初期，面对西方列强的入侵和国内社会经济的整体性衰落，中国乡村陷入崩溃的境地。在这样的历史背景下，梁漱溟、晏阳初等学者和部分实业家对中国乡村乃至国家的未来建设作出了积极的探索，其中梁漱溟的乡村建设理论对以后中国乡村建设产生了重要影响。他认为，前人以西方秩序和文化改造中国乡村的方式问题丛生，非但不能建立起现代化乡村，还造成了极其严重的文化失调，这也是让中国乡村处于崩溃境地的主要原因。中西方社会秩序的差异和文化的冲突导致中国传统社会“伦理本位”的礼俗秩序和“职业分立”组织结构逐步瓦解，与此同时也未能建立起西方社会“个人本位，阶级对立”的秩序结构，从而陷入“东不成，西不就”“旧辙已破，新轨未立”的境地。因此，梁漱溟提出建设现代乡村的唯一出路是要依据中华民族延续数千年的固有精神，从民族自觉出发，以中国传统文化为基石，利用西方科技和组织方式来解决乡村问题，走出一条中西融合发展之路。在这样的认知下，梁漱溟提出一整套乡村建设理论，并在山东邹平开展了为期7年的乡村建设运动。

在梁漱溟看来，政治、文化、经济、社会是一体的，组织结构是解决所有问题的社会基础，精神导向是乡村建设的动力机制，而经济建设则是实现政治改造的前提条件。因此，乡村建设必须以文化为主导，解决乡村经济落后、组织散漫、精神风貌破败三大问题。具体实施路径主要有以下四点。

其一，创造新文化，救活旧农村。梁漱溟认为有形的“乡村”和无形的“伦理”是中国文化的“根”，农村文化遭受破坏的主要原因在于盲目学习西方文化，贬低中国文化，使整个社会“风气改变”。乡村建设不仅是对乡村政治、经济和教育的重塑，更是一种广义上的文化建设，其目的是从中国旧文化中创造出一个新文化来，进而以这种新文化引领乡村其他方面的建设。这是梁漱溟所倡导的乡村建设理论最具特色的地方。

其二，重建社会组织。创造新文化以推动国家经济发展，首先要建立新的社会组织。重建社会组织需要坚持两个原则：一是从乡村入手。乡村居于家庭和国家之间，从文化传统和范围大小来讲，乡村都是适合新社会组织萌芽生长的地方。二是从理性求组织。教化、礼俗、自力都是理性的产物，“士人”是理性的持护者，以理性构建组织既要坚守中国传统社会“伦理情谊”的本原，也要充分吸收西方人的长处，矫正中国人散漫、被动的毛病，在“士人”的引领下主动参与团体组织。在梁漱溟看来，重建的社会组织构造应是对传统“乡约”加以补充、改造，是中西方文化精神沟通调和之后而形成的一种集政、教、养、卫于一体的新礼俗。

其三，促兴农业以引发工业。梁漱溟反对中国效仿欧美国家，直接转向工业化发展模式，而是主张“以农立国”，通过振兴农业来引发工业。对于当时贫弱的中国来说，农业是各行各业活命的根本，工业是发展的进一步要求，振兴农业符合绝大部分国民的利益需求。他的经济建设路线是：“散漫的农民，经知识分子领导，逐渐联合起来为经济上的自卫与自立；同时从农业引发工业，完成大社会的自给自足，建立社会化的新经济构造。”① 虽然梁漱溟主张“以农立国”，但并不反对发展工业，而是清醒地认识到发展工业应该在振兴农业的基础上进行，同时要避免工业剥夺农业、城市掠夺乡村等问题的出现，进而探索出一条符合中国国情的工业化发展道路。

其四，唤醒农民自觉意识和向上精神。梁漱溟认为，乡村建设的终极目标是唤醒农民的自觉意识，激发人们向上的精神。农民自觉是乡村建设十分要紧的一步，培养农民的自觉意识需要对农民进行教育，启发他们的智慧，以解决乡村“精神破产”的问题。让他们看见前途，把传统观念变为自觉观念，转消沉意志为进取精神。乡村建设需要以农民为主体，同时也要依靠有眼光、有知识、有办法的知识分子把他们联合起来。梁漱溟相信，在唤醒农民自觉意识和向上精神的同时，知识分子充分发挥其指引作用，就可以完成乡村建设的各项任务，进而建立起一个农业工业均宜发展、乡村与城市相互调和的理想新社会。

梁漱溟提出的乡村建设理论距今已有 80 多年，中华人民共和国成立以后乡村建设的每一次革新都会从中吸取经验。如今，中国乡村已经发生了根本的变化，梁漱溟的许多观点已经显得不合时宜，但他所倡导的融合中西方文化来创造新文化、以农业为基础发展其

① 梁漱溟．乡村建设理论［M］．上海：上海人民出版社，2011：349．

他产业、培养农民的自觉意识与合作意识等，对我国农村文化产业发展以及乡村现代化建设仍然具有重要的启示作用。

（2）费孝通的乡土重建思想。费孝通是中国社会学和人类学的奠基人之一，同时也是乡村建设学派的代表人物之一。费孝通在深入研究中国乡村特质的基础上，提出了自己的乡土重建思想。他的乡土重建思想主要包括社会有机论、乡村工业论、文化自觉论和构建乡土生活共同体等几个方面。他认为，重建乡村需要在振兴农业的同时发展乡村工业，在文化自觉的基础上探寻一条文化富民的道路，从而才能构建一个能够满足现代人需求的乡土生活共同体。

其一，社会有机论。费孝通主张将乡村的人口、经济、文化和社会结构等各种要素视为一个动态的有机体，来进行整体性研究。在费孝通看来，20 世纪初，中国的乡村危机与经济的衰退、道德的衰微、文化的衰落、人才的流失、行政的腐败、制度的失调等多种要素都密切关联。中国乡村的重建不能从单一向度推动改革，也不能完全照搬西方模式来解决中国乡村问题。由此，中国乡土重建一方面需要遵守总体性原则，把乡村看作一个多种要素组成的综合体，任何要素的脱节都会引发社会有机体的失调乃至崩解。因此，乡村社会改革应综合考量各个因素以及可能引发的结果，直接将机械、科技送到农村往往会产生连锁反应，带来许多不良后果。另一方面，要遵守嵌入性原则，破除“新一旧”对立的思维，把新制度、新模式、新技术嵌入乡村原有的社会制度、组织结构和生产方式之中。在他看来，乡村改革是一个推陈出新的过程，不能一切从头做起，新的应在旧的基础上进行改进①。

其二，乡村工业论。与梁漱溟、晏阳初等人主张的“以农立国”和杨明斋、吴景超等人主张的“以工立国”不同，费孝通的乡村建设方案是介于两者之间、兼顾农业和工业的第三条道路。他认为，乡村建设应立足于中国乡村的固有的经济结构，要“从土地里长出乡土工业，在乡土工业里长出民族工业”②。在费孝通看来，手工业一直是中国乡村除农业之外的另一种主要产业，这些手工业以家庭为单位分散在各个乡村地区。发展乡村工业应该在发展乡村地区传统手工业的基础上逐步实现向现代工业的转化。这类乡村工业与西方国家以城市为中心、资本家为主体、规模化、集中化的机械生产方式不同，其特点主要表现在：（1）场地分散在乡村地区；（2）所有权归农民所有；（3）农民在从事农业劳动的同时参加工业生产；（4）工业原料主要依靠农业资源；（5）工业受益最大限度惠及农民。发展乡村工业是费孝通一直坚守“志在富民”的价值观的直接体现，他希望将现代工业和中国国情相结合，通过工业文明来改造乡村社会，进而实现传统乡村社会的现代化转型。

其三，文化自觉论。“文化自觉”是费孝通乡土重建理论中的一个重要概念。他认为，文化自觉是生活在特定文化中的人应对自身文化有“自知之明”，深入了解它的来源与形

---

① 费孝通．乡土重建［M］．长沙：岳麓书社，2012：125.

② 同①：139.

成过程、长处与劣势，进而认识自己的文化、自己的社会和自己的思想。这种文化自觉体现对社会发展事实和文化历史传统的重视与尊重，预示着本土文化的觉醒。费孝通所倡导的文化自知自觉，在立足本土文化分析其优缺点的同时，也对外来文化进行客观公正的评价，吸收其中的长处，以达到“和而不同，美美与共”的理想状态。因此，在乡土重建的过程中，不能完全复旧，也不能全盘西化或全盘他化，而是在世界多元文化中确立自身所处的位置，并在与外来文化的交流合作中寻求共存共荣路径，找到适合中国乡村的发展模式。

其四，构建乡土生活共同体。费孝通的一生经历了农业社会、工业社会和信息社会，从前期的“乡土重建”到后期的“社区建设”，“乡土”在其思想脉络中一直处于核心地位。他深刻体会到工业文明机械化生产以及城乡二元分割的发展模式对农耕文明主导下人们生产生活方式的巨大冲击。人与人、人与土地分裂开来，使中国从乡土社会转向现代社会，由熟人社会转向陌生人社会，人与人之间的关系也随之走向疏离、冷漠乃至异化。在这样的时代背景下，费孝通倾力思考的是如何在现代乡村和城市中建设一个充满乡土气息的生活共同体。从乡土社会走向现代社会是中国现代化发展的必然历史进程，然而在这一进程中，不能摒弃乡土传统，完全移植西方的社会制度，“乡土”仍然是构筑中国现代社会的基石。当然，重建之后的乡土生活共同体不再是传统乡村“差序格局”和“礼俗秩序”指导下的生活空间，而是一种融合了农耕文明和现代秩序，且充满温情的共享空间。

从整体看，费孝通的乡村重建思想是一种新旧相融的渐进式改良，带有浓郁的理想主义色彩。乡村改革要将中国乡村看作一个社会有机体，发展乡村工业要立足于中国国情，以文化自觉引领农村文化、制度建设和构建乡土生活共同体等思想具有跨时代的超前意识。费孝通的乡村重建思想为我国当下农村文化产业发展提供了理论参考：发展农村文化产业不能“破旧立新”，需要立足于中国国情和乡村实际，综合考虑乡村各种要素之间的关系；不断提升发展主体的文化自觉意识，同时坚守本土的文化特色，将乡村打造成为一个具有乡土特质的生活共同体。

2. 城乡一体化理论

城乡一体化理论来源可以追溯到经济学之父亚当·斯密，他在《国民财富的性质和原因的研究》中指出，乡村向城市供应生活资料和制造业所用的原料，城市向乡村居民送回一部分制成品作为回报，两者的利得是共同的、相互的。城乡关系遵循自然进程并保持一定比例才是良性的、合理的。德国经济学家约翰·杜能在《孤立国同农业和国民经济的关系》中提出，以工农业互换为基础，通过理想化的产业布局可以将城市和乡村融为一体。

在亚当·斯密和杜能之后，空想社会主义者托马斯·摩尔、康柏内拉、罗伯特·欧文等人从社会学角度对城乡一体化进行理论研究和实践探索。他们在对资本主义工业化发展造成的城乡关系失衡予以激烈批判的同时，提出通过社会改良逐步消除城乡差异，并通过体力劳动和脑力劳动相结合、农业生产和工业生产相融合的方式，建立人人平等的社会，

实现城市和乡村的和谐发展。虽然，空想社会主义者的思想普遍带有极强的“乌托邦”色彩，其实践活动也以失败告终，但他们首次将城乡关系研究从经济学领域引入社会历史领域，为此后学者的深入研究奠定了基础。

19世纪中叶，马克思、恩格斯注意到西方资本主义国家的大工业生产模式致使城市和乡村发展日趋不平衡，甚至出现相互对立的问题，城乡之间的差距逐步拉大。他们认为，大工业建立了现代化大工业城市来代替从前自然生长起来的城市。凡是它所渗入的地方，它就破坏了手工业和工业的一切旧阶段。它使商业城市最终战胜了乡村[①]。解决城乡对立问题，缩小城乡差距，需要改变当前城乡分工格局和利益分配方式，进一步发展社会分工，通过城乡融合发展使全体社会成员能够共享福利，获得全面发展。这种“城乡融合”的发展理念可以结合工业生产和农业生产、城市生活和乡村生活的优点，避免二者的偏颇和缺点[②]。马克思指出，城乡融合是一个长期的发展过程，需要在工业化、现代化发展带来的社会生产力极大提升的基础上才能最终实现；恩格斯认为，乡村与城市由分离和对立走向融合是世界发展的必然趋势，也是农业生产和工业生产的实际要求。马克思、恩格斯提出的城乡融合发展理论进一步揭示了城乡关系演化的一般规律，同时也明确了城乡关系研究的基本方向。

1954年，英国经济学家刘易斯基于发展中国家传统农业经济体系和城市工业体系并存的状况，提出了二元经济结构理论。刘易斯认为，发展中国家以劳动生产率较低的传统农业为主的发展模式是导致其社会落后、经济停滞不前的根本原因。大力发展劳动生产率较高的现代工业是带动社会进步和经济增长的主要路径。发展中国家应将农业剩余劳动力转移到工业部门，以此来摆脱贫困落后的现状。二元经济理论在很长一段时间内主导了全世界尤其是发展中国家的经济发展，对于我国社会经济发展同样产生了深远影响。二元经济理论在很大程度上推动了我国工业化进程和经济增长，但同时也造成了城市与乡村、工业和农业发展越来越失衡的状况。

进入20世纪80年代，一些学者认为，以城市为中心带动乡村或以乡村为中心辐射城市的发展模式都只能获得短期、局部的经济增长，并不能实现持久性、整体性的效益提升，割裂城乡关系而偏向一方的研究存在着严重问题。如美国地理学家詹姆斯指出，自然界中并不存在真正的区域界限，不能把人类活动空间简单地划分为城市和乡村两种类型，这样的观点得到许多学者的认同。在这样的背景下，把城市和乡村看作一个有机整体，进而探索城乡一体化发展模式成为学界的热点课题。此时，中国学者也在立足于中国国情，在充分吸收西方理论和前人实践经验的基础上，把城乡一体化理论作为破解我国城乡二元对立结构、推动乡村社会经济发展的理论依据。如今，在现代化与全球化同步推进的背景

① 马克思，恩格斯．马克思恩格斯选集：第1卷［M］．中共中央马克思恩格斯列宁斯大林著作编译局，编译．北京：人民出版社，1966：64．

② 同①：210．

下，打破城乡二元对立结构，推进城乡一体化发展业已成为社会各界的普遍共识。

城乡一体化包含社会、政治、生态、文化、经济等各个层面，不同的学科对其内涵有着不同的理解。从社会学角度来看，城乡一体化就是打破城市与乡村之间二元分立的壁垒，通过推动城乡居民权益均等化、不断优化资源配置、促进生产要素的合理流通等手段逐步缩小城乡差距，使城乡经济和社会生活紧密融合为一体的现代化发展理念。从经济学角度看，城乡一体化是指在农业与工业联系日益紧密的语境下，进一步推动城乡产业合理布局，加强城乡之间的经济协作与交流，优化城乡生产力分工，逐步提高乡村居民收入，最终形成城乡共同繁荣发展的格局。总体而言，城乡一体化是中国现代化发展的必然路径。国家在推动现代化建设的过程中，把城市与乡村、工业与农业、城市居民与乡村居民看作一个整体来进行统筹规划，并通过一系列政策调整和体制改革，实现城乡在战略规划、政策扶持、保障机制、市场规范、产业布局、文化建设、生态保护等多个层面的一体化发展，使城乡各种生产要素互相融合、互为资源，同时互相服务、互为市场，进而达成城乡全面、协调、高质量发展的理想目标。

城乡一体化的内容主要包括城乡经济一体化、城乡文化一体化、城乡社会一体化和城乡生态一体化四个方面。其中，城乡经济一体化发展主要表现在强化一二三产业间的内在联系，通过统筹城乡产业规划，使资源、资金、人才、技术等生产要素在城乡之间实现有序流动。以现代服务业优化农业产业结构，再以现代农业带动二三产业的升级，实现资源共享与合理配置，推动城乡经济融合发展。城乡文化一体化发展主要表现在消除城乡文化“二元结构”上，重点在于平衡城市文明与农耕文明存在的差异，使两者之间相互尊重、相互借鉴，积极吸纳对方的长处，去除自身的缺陷。政府部门可以通过完善乡村公共文化服务、构筑城乡教育体系、提高乡村居民文化水平等方式，实现文化层面的城乡一体化发展。城乡社会一体化发展首先要解决城乡资源配置不均衡的问题。解决这一问题需通过调整城乡经济利益分配机制，为乡村提供一个与城市同等的政策环境与生存空间，让城乡居民平等共享现代文明和发展红利。城乡生态一体化发展强调城乡与自然的有机融合，主要表现在将城乡生产生活纳入整个生态系统之中，以生态文明建设促进城乡经济社会的良性循环以及人与自然的和谐发展。

20 世纪 80 年代以来，我国一些地区对城乡一体化理论进行了实践探索，并形成了若干具有代表性的发展模式，如珠江三角洲的“以城带乡”模式、上海的“城乡统筹规划”模式、苏南的“乡镇企业发展带动”模式、北京的“以城带乡，城乡互动”模式等。进入 21 世纪，城乡一体化理论受到各级政府和国内学者的重视，城市反哺乡村、城乡互动发展已经成为我国解决“三农”问题的主要手段。如今，将城市的资金、技术、人才与乡村的土地、文化资源、劳动力等有机融合也成为推动农村文化产业发展的有效路径。

3. 产业集聚理论

产业集聚也被称为“产业集群”或“集聚经济”，是指在产业的发展过程中，从事某一特定产业活动的相关企业或机构之间由于存在着共同性和互补性，在地理空间上集中在一起而产生相互联系、相互支撑的产业集群式发展的现象。这些企业或机构同处于一条产业链上，呈现出纵向延伸、横向拓展的分工格局，它们之间既是一种相互合作关系，同时也存在着一定的竞争。集聚在特定区域的企业或机构通过“溢出效应”①，使资源、资金、技术、人才、信息、政策等产业要素得到充分共享，进而极大地提高产业群的竞争优势，使各个企业获得经济效益的最大化。

最早提出产业集聚理论的是英国经济学家阿尔弗雷德·马歇尔。马歇尔把规模经济分为内部规模经济和外部规模经济两种类型。内部规模经济存在于企业层面，主要通过提高企业内部的资源使用效率、组织规模和生产能力等方式来实现；外部规模经济存在于产业层面，通过企业地区性集中和专业化分工来实现。其中，追求外部规模经济性是企业集聚在一起的主要动因。马歇尔在其代表作《经济学原理》中指出，产业集聚可以把产业相关的中小企业集合起来，通过对产品开发、生产、销售等各个阶段进行专业化分工，来实现外部规模经济。美国好莱坞影视产业和硅谷半导体产业的巨大成功，都得益于外部规模经济引领下的专业化分工以及相关企业、机构之间的协作。马歇尔对产业集聚理论的探索开启了一个新的研究领域，其内涵和成因在此后学者的研究中得到进一步的完善与发展。

德国经济学家阿尔弗雷德·韦伯提出的“工业区位理论”认为，产业集聚是各个工厂为了节约成本而自发形成的。产业集聚可以自动吸引劳动力，从而降低劳动力的搜索成本；可以促进技术设备发展，从而降低技术的研发成本；可以提高生产材料的购买规模和产品销售规模，从而降低交易成本；可以共享道路、水电、通信等公共设备，从而降低公共支出成本。

美国政治经济学家约瑟夫·熊彼特提出的“创新理论”认为，技术创新及扩散是具有产业关联性的企业形成集聚的主要动力。在熊彼特看来，创新不是一次性事件，而是一个持续进行和成簇发生的过程。创新绩效受到许多因素的影响，与研发投入之间并不成线性函数关系，很多关键创新需要多个企业或机构共同参与。此外，某种技术的关键环节一旦被突破，其他企业就会从中获得启迪，在此基础上继续进行创新。即使技术创新失败，也可以为其他企业带来经验教训，从而降低自身的创新成本。这两方面因素都会吸引相关企业聚集在一起，由最初的技术创新集聚演变为产业集聚。

法国经济学家弗郎索瓦·佩鲁提出的“增长极理论”认为，产业集聚是地方政府带动区域经济发展的重要措施。由于地域之间存在着较大差异性，一个国家或地区在推动经济发展的过程中很难实现均衡，而经济增长往往是由一个或多个“增长中心”向其他地区传

① 溢出效应指企业或机构在进行某项活动时，不仅会产生活动所预期的效果，而且会对组织之外的人或社会产生一定影响。

导的。以产业集聚作为“增长极”① 使资源、资本、技术、人才等生产要素高度集中，快速推动经济增长，并通过技术扩散、规模经济和虹吸效应等来带动区域经济发展。与此同时，区域经济的发展也能够反作用于产业集聚，最终形成区域经济和产业集聚良性的双向互动。

美国经济管理学家迈克尔·波特提出的“竞争优势理论”认为，企业、产业乃至国家之间的竞争是产业集聚现象的成因。企业的高质量发展需要多方面要素的支撑，单一企业很难在激烈的市场竞争中保持长期的竞争优势，产业联系紧密的企业和支撑机构在某一区域集聚，可以大幅提升企业、产业和国家的竞争力。

需要指出的是，产业聚集也和普通生物或产品一样存在着生命周期。其生命周期大致可以分为萌芽期、成长期、成熟期和衰退期四个阶段。

（1）产业集聚的萌芽期。在产业集聚的萌芽阶段，从事某一产业活动的仅有一个或几个规模较大的企业，它们得不到政府的支持也没有相应的配套设施，彼此之间缺乏交流协作，主要依托自身的资源或技术优势进行产品生产，产品研发、生产制作、市场销售都需要自己摸索。此时，企业在地理空间上布局分散，对产业集聚的概念非常模糊，但已经出现了集聚意识，未来是否能够形成集聚还存在着诸多不确定因素。

（2）产业集聚的成长期。萌芽期之后，如果从事产业活动的企业能够获得较高的经济收益，在经济利润的激励下，会有更多企业的进入，集聚现象开始显现，逐步进入成长期。企业数量激增是本阶段最显著的特征，企业之间竞争与协作关系并存。此时，集聚的演进存在两种可能性：假如集聚的企业能够在竞争的基础上建立起良好的协作关系，那么集聚能力将得到进一步增强，同时吸引中介服务机构和产业配套资源进入，其产生的规模经济就会推动集聚向前发展，逐步迈向成熟期；倘若企业之间出现恶性竞争，产业集聚就可能夭折在成长期。

（3）产业集聚的成熟期。产业集聚经过一段时间的成长后，大量企业和机构集聚在一起，在生产和经验的过程中相互沟通、交流，逐步形成稳定的竞争协作关系。此时，进入集聚区的企业数量开始明显下降，配套设施和资源供给逐步完善，产业分工更加精细化、专业化；上中下游企业形成一个完整的产业链和价值链；集聚开始趋于稳定，迈入成熟期；规模经济使集聚区在市场上具备较大的竞争优势，各个企业也随之得到较快发展。

（4）产业集聚的衰退期。产业集聚进入成熟期以后，企业的创新意识开始下降，大量涌入的企业导致竞争加剧，从而引发恶意竞争，许多企业为了追求规模效益、抢占市场份额，产品开始趋于标准化，模仿、低质量的产品大量出现，造成集聚区平均利润下降，规模经济逐渐失效。同时，企业在漫长的成熟期内产生的“路径依赖”现象也使产业集聚逐

① “增长极”是法国经济学家弗郎索瓦·佩鲁提出的概念。他把区域经济空间看作一个力场，位于这个力场中的推进性单元就可以被称为“增长极”。在特定区域内，作为增长极的一组产业不仅能迅速增长，而且能通过乘数效应推动其他产业的增长。

步僵化，失去演进活力，集聚开始进入衰退期。此时，许多企业或机构会选择退出集聚区，另谋出路，余下的企业则开始裁减员工、缩小生产规模，断臂求生。如果地方政府和入驻企业能够在进入衰退期之前或初期意识到这些问题，并及时采取补救措施，进行“破坏性的创新”，产业集聚可能会重新洗牌，进入下一个再生期。

在我国，乡村旅游、休闲农业、民间手工业、特色小镇、田园综合体等诸多农村文化产业发展业态都存在着产业集聚现象。政府或企业在建立产业园区时，应深入研究产业聚集理论，积极吸收和借鉴其中有价值的理论成果和实践经验。此外，还要深入了解产业集聚的生命周期，及时避免可能出现的问题，进而实现农村文化产业良性、高质量发展。

4. 新内生发展理论

1975 年，瑞典哈马斯库德财团在联合国发表的一篇报告中提出：如果发展作为个人解放和人类全面发展来理解，那么事实上这个发展只能从一个社会的内部来推动。“内生发展”的概念由此被首次提出。这一理念主要针对发展落后、日益衰败的农村地区，是对自由资本主义外生式发展的一种反思和批判。外生式发展以工业化、现代化为基本路径，追求经济的持续增长，通过资本、技术等外部力量的介入来刺激落后的农村地区经济的发展。以资本为先锋的城市化、工业化、全球化进程造成了社会生态与自然生态失衡的现象。外部力量的介入为农村地区的发展注入了急需的动力，在一定程度上推动了农村经济的增长。但与此同时，由于外生式发展模式以逐利为根本目的，使其逐渐成为一种掠夺农村地区资源、加剧农村衰落的力量。在此过程中，城市和工业的中心位置日益增强，农村地区则在资本的“虹吸效应”作用下被边缘化、空心化，逐步走向衰竭。此外，外部力量的介入还极大地限制了农村在文化、经济和政治上的独立性和自主性，使农村主体与农村文化在发展过程中深陷迷失和异化的困境。

基于对外生式发展模式的反思，内生发展理论在世界范围内得到广泛重视和深入研究，并将其作为后发或落后的地区应对工业化、城市化带来的诸多问题的策略。简言之，内生式发展是指以本地区资源、文化、技术和产业为基础，以提升当地居民生活水平为宗旨，以激发区域内企业和社区创新力为驱动，不依赖外部力量推动区域经济发展的模式①。内生式发展是一种自下而上的发展方式，其关键原则在于注重区域内在力量，加强本土组织和人才队伍建设，提升地方政府和农村居民参与经济活动的自主性，以开发本土资源来实现区域经济的高质量发展。

完全依赖外部力量改造或发展农村，资本主义“嗜血性开发”的方式会致使农村在单一的经济增长中失去本土特色和创造力，可能导致农村面临比经济落后更加严重的问题。然而，内生发展理论过于强调地方权力，完全排斥外部力量的理念又使农村发展走向了另一个极端。在全球化背景下，不吸纳外部力量，单纯依靠农村内生力量发展经济是一种理

① 王志刚，黄棋．内生式发展模式的演进过程：一个跨学科的研究述评［J］．教学与研究，2009（3）：72-76.

想化、不切实际的做法，在实践中同样遇到了许多瓶颈。于是，部分学者开始呼吁，农村发展应该同时关注地方所处环境、资源禀赋与外部力量之间的动态联系，超越外生模式与内生模式的理论限制，以整体、宏观的视角来应对工业化、现代化和全球化带来的挑战。由此，在内生理论和外生理论与实践活动的碰撞中，英国学者克里斯托弗·雷于 2001 年首先提出新内生发展理论。

新内生发展理论主张仍然立足于农村地区自然、产业和文化等优势资源，以提高当地居民的生活质量为目标，在深入发掘本土内部潜力的同时，合理利用外部资本、技术、人才等提升地区内生发展能力，从而解决农村地区的发展困境。由此可见，新内生发展理论同样坚守内生发展所阐明的以农村本地资源为基础、农村居民为主体的价值立场，同时也认同外来力量在农村发展中的积极作用，使外生发展与内生发展之间原本相互对立、相互排斥的状态在新内生发展理论中得以消解、整合。在功能定位上，新内生发展理论把农村从以往依附于城市、被动输出的角色转变为与城市相互依存，并主动吸纳外部力量的独立场域。此外，新内生发展理论更加强调要扎根本土，重新发掘、评估、运用农村内部潜在的发展力量，积极应对时代的挑战；认为农村发展不能仅限于经济维度，而应将社会、文化、政治、环境等多方面因素整合到农村发展的进程中，努力探索具有本土性和地方性的多元化发展模式，从而形成全新的内生发展动力，实现农村和当地居民的全面发展。

克里斯托弗·雷认为，新内生发展的驱动力来源于国家力量、社会中坚力量和地方行动者三个方面。国家通过政策支持和资金扶持等手段推动农村与城市、资源与资本、技术与人才等新内生力量的聚合；包括地方和外来企业、金融机构、中介服务机构等在内的各种社会中坚力量以机制创新、模式创新、技术创新和产品创新的方式提高地区核心竞争力；地方行动者数量庞大，作为农村资源的持有者和农村建设的主体，可以为农村发展提供源源不断的智慧和力量。在克里斯托弗·雷看来，新内生发展是立足于地方资源、居民参与的发展，并在此后的研究中指出领土文化认同是合理开发地方资源、吸引广大农村居民参与的内在动力，因而他把地方资源、居民参与和文化认同作为农村新内生发展的三个基本要素。

首先，地方资源是农村新内生发展的基础。农村新内生发展首先需要整合、利用内部和外部资源。一般而言，内部资源由农村地区来提供，包括自然资源、产业资源、人力资源，以及以人为中心的文化、人文素质、社会关联度等人文资源；外部资源主要来源于国家、地方政府和社会组织，包括政策、信息、资本、技术、机制等。在农村新内生发展的过程中，地方人文资源扮演着极为重要的角色，其他内部资源和外部资源都要在它的引领下进行整合开发。倘若仅从资本或单一生产部门的视角去开发地方资源，可能会出现产业结构性问题，导致整个地区呈现发展不平衡、不充分的现象。这就要求开发主体要从地方视角出发，综合审视本区域资源的独特性和竞争优势，将内部资源和外部资源有效衔接，增强地方产品和服务在市场中的吸引力和竞争力，同时避免地方内部重复竞争，找出适合自身发展的路径。

需要指出的是，农村地区在新内生发展的初期，尤其要注重外部因素的催化剂作用。这一时期，农村内部资源的开发需要得到国家、地方政府和其他社会力量的激发和扶持，更需要投入大量的信息、资金、技术等要素来推动。这些要素对于处于信息化和工业化边缘位置、经济实力落后的农村而言是十分必要的，如农村资源前期基础设施建设的资金主要来源于政府、企业、银行和其他社会组织。可以说，外部因素为农村新内生发展提供了结构性框架保障。

其次，居民参与是农村新内生发展的纽带。地方资源是农村地区实现新内生发展的前提，如何使不同参与主体之间形成有效沟通和协调机制则是农村新内生发展的关键。此时，了解并持有内部资源的农村居民的广泛参与就成为解决这一问题的钥匙。居民参与农村发展主要体现在两个方面：一是农村居民作为直接利益相关者参与发展决策过程。在制订发展规划时，地方主体与外来主体之间可能会在发展视角、利益诉求、价值观念等方面产生分歧，农村居民的参与为协商、解决分歧提供了条件。在此过程中，农村居民的参与可以弥补外来主体对农村社会、资源禀性和当地居民利益诉求认识的不足。二是农村居民参与项目的具体实施过程。在项目实施阶段，农村居民作为项目建设和提供产品与服务的中坚力量，是将理论和决策付诸实践不可或缺的一环。

农村发展本身就是以农村居民为主体，同时整合各方力量共同参与的过程，他们在付出劳动的同时，理应享受发展带来的成果。促进农村居民有效参与，一方面，需要营造一个稳定的制度环境，这就需要建立起长期有效的参与主体协商机制，平衡参与主体之间的关系和利益分歧；另一方面，农村居民并不是作为一支整体力量参与农村内生发展的，需要采取有效手段充分激发他们参与决策和实施的积极性，将分散的力量整合起来，使其在农村发展中发挥更大的作用。

最后，文化认同是农村新内生发展的精神动力。整合农村居民力量，解决内生发展中各方力量错综复杂的关系，需要农村居民认同自身文化，并在此基础上建立文化自信，进而主动参与农村发展。由此，克里斯托弗·雷基于人们对农村景观风貌、历史传承、社会制度和地域文化的认知，提出“领土—文化认同”这一概念。在“领土—文化认同”的理念中，文化是确立领土边界的依据，领土是承载文化的根基。“领土—文化认同”一方面反映出农村居民对自我文化身份的认可，另一方面也体现出他们自身的地方性特征以及对家乡故土的主人意识与归属感。从这个意义上讲，农村居民的文化认同既是一种地方性认同，也是一种自我认同。

文化认同在农村新内生发展中具有重要的支撑作用，具体表现在以下几个方面。其一，能够唤起农村居民的主人意识。农村居民作为农村内生发展的主体力量，可以通过文化认同激发其主体意识，使农村居民积极、有效地参与发展决策，并对发展过程进行监督，同时也为他们建设农村提供了参与动力。其二，为整合农村居民力量提供情感纽带。对本土景观、社会、历史和文化的认同使农村居民有了共同的情感纽带，从而进一步强化农村关系网络，聚集多方力量来实现共同的发展目标。其三，为农村内生发展赋予文化意义。前文提及，农村内生发展不仅是一种经济行为，而且涉及政治、社会、文化等方面的整体性发展。文化认同赋予了农村仅凭经济增长不能带来的文化意义，这也是农村高质量发展的重要基础。

总体而言，农村新内生发展的三个要素之间存在着密切联系。文化认同可以有效整合农村居民，积极参与农村发展的整个过程，并成为沟通、协调内部力量和外部力量的媒介。与此同时，在参与农村资源整合利用的过程中，农村居民对本土资源、历史文化和自身使命的认知逐渐加强，其文化认同也随之不断强化。可见，地方资源、居民参与和文化认同是一个相互关联的整体，共同构成农村新内生发展的根基。

二、农村文化产业发展的基本原则

在深入理解农村文化产业发展的相关理论的基础上，政府部门还应把以农为本、因地制宜和辩证统一等作为基本原则，并以此规范决策者和农村文化资源开发主体的行为，进而实现农村文化产业的良性发展。

（一）以农为本的原则

农村文化产业发展中以农为本中的“农”包含“农民”“农业”“农耕文化”三个部分。因此，以农为本的原则也应包含三个层面的内容：一是农村文化产业发展要以农民为资源开发、产品生产和产业经营的主体；二是农村文化产业项目建设和产品生产要以农业为基础，并以此不断拓展产业业态；三是农村文化产业发展要以农耕文化为主导，凸显农村文化产品和服务特色。

1. 以农民为主体

如今，按照户籍划分的“农民”群体和以往大不相同，大致可以分为四类：一是从事传统农业的劳动者，务农即他们的职业；二是现代农业的从业者，他们拥有一定的技术和资本优势，除了参与农业生产外，还可以进行管理、运营等活动；三是在农村生活，但基本不从事农业劳动的个体经营者或在周围工厂上班的人；四是完全脱离农业生产，但仍然保留农村户籍、进入城市工作的农民工或其他从业者。生产生活方式和认知水平的差异使“农民”群体内部出现分化，农村结构也随之呈现出更加复杂、多元的演变趋势。而在具体的理论研究或实践分析时，也应把“农民”看作一个动态、发展的整体主体或集体主体。

农村文化产业发展首先要厘清谁来发展、为谁发展的问题。其实，这个答案是显而易见的。农民作为农村的主人和农村文化的持有者，对农村的过往与现状更为了解，对发展农村经济、建设美丽家园的愿望也更加强烈。我国历年来关于农村建设的改革措施，都是围绕农民的切身利益展开的。党的十九大以来，国家出台的各种相关政策都明确指出要把“坚持农民主体地位”作为基本原则；充分尊重农民意愿，把维护农民的根本利益、促进农民共同富裕作为产业发展的出发点和落脚点；发挥农民的主体作用，同时调动农民的积

极性、主动性和创造性[①]。在农村文化产业发展中，农民既是实践主体，也是目标主体，还是评价主体。因此，无论从哪个角度看，都应把农民当作农村文化产业发展的核心主体，把提高农民收入和幸福指数作为发展的最终目标。这既是农村文化产业发展的本质要求，也是农村文化产业发展的出发点和落脚点。

目前，我国农村文化产业项目开发和运营的主体通常由地方政府和相关企业承担，很少顾及农民的意愿和建议。在此过程中，农民的主体性地位被忽视，成为项目开发的旁观者，这极大地影响了他们的主动性和积极性。坚持以农民为主体的原则，首先，要从农民的视角入手，按照农民的意愿开发农村文化资源，让农民参与农村文化项目的规划、建设之中。其次，要尊重农民的生产经营自主权，通过一定的引导让他们从事自己擅长的工作，这是保障农村文化产业快速发展的前提条件。再次，要注重充分发挥农民的聪明才智，让农村的新型农民、能工巧匠、民间艺人都能有用武之地，并鼓励他们进行农村文化产品和服务创新。最后，要尊重农民的利益需求，解决农民在生产生活中遇到的实际问题，让农民在发展中得到切实的利益，这也是调动农民积极性和主动性的核心驱动力。只有将政府、企业和农民的力量汇集在一起，形成互动共生的发展模式，才能实现农村文化产业的良性发展。

需要指出的是，让农民积极、主动地参与农村文化产业发展的前提是培育农民对自身文化的自信心，即农村文化自信。农村文化自信是指农村社会主体对本土文化的一种信念与信心，是对农村文化的形式、内容、功能和价值等总体性的认同与肯定。农村文化自信不是外部强加灌输的意识形态，而是一种群体心理和潜意识的表现，也是一种主体发自内心地对于农村文化和氛围的整体性认同。具体而言，农村文化自信就是对农村的自然景观、历史传统、人文风貌、文化遗产等发自内心的喜爱和赞美；对农村的生活生产方式、治理模式和价值理念的认同和肯定；对农村文化的走向、前途和生命力充满坚定乐观的信念。这种信念不是对自我文化的自大、自负和盲目崇拜，而是在理性思考和深刻认知的基础上作出的正确定位与积极判断。农民是文化产业发展的核心主体，如果他们对自身文化缺乏自信，就无法尊重和认同本群体的历史与文化的价值，也就不愿主动地承担起农村建设和文化振兴的重任。

2. 以农业为基础

中国自古以来都是以农业立国。在我国的发展历史进程中，农业一直是国民经济的基础产业和支柱产业，农村数量庞大，农民占据了全国绝大部分人口。改革开放以来，随着我国经济结构的调整，农业生产效率显著提高，大量农村剩余劳动力走向城市和工厂，开始从事非农业劳动，农村人口数量、农业产值结构、农民收入构成等都发生了巨大改变。虽然我国农村人口、农业产值、农业从业人员所占的比重逐年减少，传统农业面临着转型

① 中共中央，国务院．乡村振兴战略规划（2018—2022年）[N]. 人民日报，2018-09-27.

升级的问题，但农业对整个国家发展的基础性和决定性作用并没有改变。一方面，农业稳定了农村人口的就业，为国民提供了最基本的生活必需品，保障了国家粮食安全和社会稳定；另一方面，农业为我国许多其他产业提供了必不可少的生产原料，同时也支撑了我国的现代化、城市化进程。

现代化、工业化、城市化的推进导致农村和农业衰落是世界范围内普遍存在的现象。在社会经济发展到一定程度后，以现代农业为基础重构农村经济是许多发达国家振兴本国农村的重要路径，如英国政府提出的“中心村建设”、法国政府提出的“农村振兴计划”、韩国政府提出的“新农村运动”等。此外，国际经验也表明，那些只注重二三产业发展，忽视或摒弃农业而导致农村凋敝、农民离农的国家，最终损害的是整个国家的实体经济。由此，我国推出了一系列保障农村耕地面积、推动农业与非农产业协调发展的相关政策。可以预见，在未来，农业仍然是我国立国的根本，也是实现农村产业兴旺、留住乡愁的支柱产业。

广义上的农业包括种植业、林业、畜牧业、渔业、副业（农民附带从事的加工业）五种形式。农业资源包括以农作物种植、牲畜养殖、生产农具、农耕活动等。其中农作物可分为粮食作物、经济作物两大类，粮食作物包括小麦、大豆、玉米、花生等；经济作物包括茶叶、果蔬、花卉、药材等。生产农具包括生产工具、运输工具、储存工具等，如锄头、镰、板车、簸箕、粮仓等。农耕活动包括农作物的耕种、采摘、修剪、收割、放牧、捕捞。牲畜养殖即农户自家养殖的马、牛、羊、鸡、鸭等。这些传统农业资源既是农民获取经济收益的主要依托，也是发展农村文化产业的核心资源。

目前，我国农村文化产业发展的主要业态是在与农业融合发展的基础上衍生出来的，与农业生产有着密不可分的关系。如民间手工业中的柳编、草编、竹编、陶瓷制作，休闲农业与农村旅游中的休闲农庄、农事体验，特色小镇中的玫瑰小镇、葡萄小镇、渔业小镇等，农业既是这些业态的发展基础，也是凸显其特色、吸引消费者的主要元素。然而，由于农业收益周期较长、经济附加值低等原因，许多地区的农村文化产业发展把农业放在了边缘地位，而大量建设游乐园、风景区、文化馆等项目，其风格与城市旅游景区相差无几，从而失去了农村的特色，对消费者不能产生持久的吸引力，不能实现高质量发展。正如梁漱溟、费孝通所言，农村的发展不能脱离农业。因此，农村文化产业项目建设也不能彻底改造或推翻传统农业，而应在传统农业和文化资源的基础上进行延伸开发，同时运用现代科技和创意手段赋予农业新的能量和价值。

3. 以农耕文化为主导

中国农耕文化是在农业基础上孕育出的文化，深刻体现出中华民族对于劳动生产、自然万物和社会关系的理解。农耕文化不同于城市文化或精英文化，它的文化内容都源自农民自身的生产生活实践，因而其总体特征就是简单、朴实、生活化，没有太多复杂、烦琐、多余的形式。农耕文化中“应时、取宜、守则、和谐”的哲学内涵与农村文化产业建

设有着诸多契合之处。一方面，农村文化产业发展首先要在观念上坚持并发扬农耕文化的生态理念，提高人们的文化与生态自觉。农耕文化中对自然的真诚崇拜和感恩、坚守人与自然和谐共生的价值追求同样是农村文化产业发展的基本立场。另一方面，农村文化产业发展在实践中需要做到平衡有度，以减少或避免过度开发造成对农村和农村文化的损害。农耕文化中以“适度守则”作为农耕生产的伦理法则，在农村文化产业发展中仍然具有积极的价值。

目前，农耕文化既是产业化开发的对象，也是凝聚各方力量、规范产业发展方向的核心要素。农村文化产业发展与现代化建设应该从中汲取营养，重塑农耕文化在农村社会经济发展中的主导性地位。国家重视农耕文化是一种文化自觉的体现，重新审视农耕文化的多重价值和意义，不仅是对农耕文化价值的合法性重塑，也关乎未来农村发展的方向和路径。

在传统农业社会的演进中，人们围绕农村的生产生活逻辑建立起农耕文化，目的是满足自身的物质和文化需要，自给自足的生产生活形态是农耕文化生活逻辑的显著表达①。进入现代社会，在农耕文化指引下生产出的农产品、文化产品不再是单纯为农民所用，而更多地通过产业化、市场化的方式被农村社会以外的群体享用。由此，农耕文化原本的生活逻辑逐渐被市场逻辑取代。具体到农村文化产业发展实践中，许多农村文化产品和服务不具备竞争优势的重要原因就在于缺乏文化内涵和创意加持，无法满足消费者的文化体验需求，普遍存在忽视农耕文化的生活逻辑、对农耕文化内在价值认识不深刻、文化产品特色不突出、过度产业化开发导致农耕文化价值弱化与异化等问题。

在农村文化资源的开发过程中，深入理解农耕文化所蕴含的发展理念，挖掘其独特文化符号，并使之有机地融合在产品与服务之中，做到古韵今生，可以激活农耕文化资源的潜在价值，极大地提升农村文化产业发展水平。现代化、城市化、市场化改变了农村自然演化的进程。以农耕文化为主导来推动农村文化产业发展，实现农村的现代化，并非要把农村建设成为一种“梭罗式”的乡间隐居形式，而是更加强调生产生活与自然“交往”的默契，以原生态的方式呈现农村文化的本来面貌，找寻农村文化产业发展的现实与伦理的双重支撑，从而建设人与自然、经济与文化、传统与现代“和谐共生”的美丽家园。

（二）因地制宜的原则

因地制宜是社会经济发展普遍使用的原则之一，指一切从客观实际出发，根据各地区的具体情况，制定适合当地的发展策略和措施。学者胡慧林提出，文化禀赋和资源条件是制约地区文化产业布局和文化产业发展领域选择的核心要素，开发主体不能抛开地区现有的文化禀赋、资源条件等现实条件来选择、规划文化产业的发展对象②。对于农村文化产业发展来说，遵循因地制宜的原则就是从当地经济社会发展的实际出发，根据农村的地理

① 解胜利，赵晓芳．从传统到现代：农耕文化的嬗变与复兴［J］．学习与实践，2019（2）：126-132.

② 胡慧林．关于区域文化产业战略与空间布局［J］．山东社会科学，2006（2）：5-14.

区位、自然环境、文化资源等优势，发展具有市场竞争力的农村区域特色产业。

中国农村地域广阔，不同地区村庄的现实状况千差万别。目前我国村庄大致可以分为四种类型：一是融入城镇格局的强村。这些村庄主要是乡镇所在地、城边村和传统大村，具有产业强、位置优、人口密集的特点，是当下农村文化产业发展的核心组成部分。二是寻求突破的特色资源村。这些村庄是指历史悠久、生态资源丰富、文化底蕴深厚、风貌独特的传统村落，具有发展农村文化产业的潜质，也是目前地方政府和开发主体重点关注的对象。三是需要提升改造的一般村。这些村庄产业基础较为薄弱、公共服务设施落后、特色资源匮乏，不具备发展农村文化产业的先天条件。此类村庄在我国占比较高，在相当长的时间内会继续存在，改造提升的时间跨度较长，因而也是重点和难点。四是需要搬迁撤并的“空心村”。这些村庄是指地理位置偏远、生存环境恶劣、人口稀少的村庄，包括偏远山区、库（湖）区、滩区、盐碱涝洼区、采煤塌陷区等。此类村庄一般不具有保留价值和产业开发的潜质，逐步消亡或搬迁撤并是其难以避免的命运走向。此外，同一类型的村庄也会因为资源禀赋和现实条件的不同，需要采取不同的开发方式来发展农村文化产业。这就需要决策者和开发主体遵循因地制宜的原则，尊重客观事实，不能超越历史阶段，根据各地区的现实状况和所处的不同阶段分门别类、匠心规划，探索出各具特色的农村产业发展方式。

坚持因地制宜的原则应从以下几个方面入手。

首先，开发主体要发掘当地特色优势资源，并以此来确立自身的产业定位和发展方向，进而实现不同地区产业的差异化发展。如在农业资源丰富的农村，可以利用其农业优势发展特色农产品加工、休闲农业等产业；在生态资源丰富的农村，可以利用其生态优势发展农村康养、农村休闲旅游、田园综合体等产业；在文化资源丰富的农村，可以利用其文化优势发展民间演艺、民间手工艺、特色小镇等产业；在交通便利的农村，可以利用其区位优势，发展农村电商、民宿、物流等产业。农村文化产业的特色就源于不同农村地区在自然景观、农业资源、历史文化、社会风俗等方面的差异。依靠区域特色资源发展起来的农村文化产业通常具有鲜明的区域特色，在市场上具有较大的竞争力，甚至可以打造成为区域文化名片。

其次，开发主体要在立足于当地资源禀赋和独特优势的基础上，根据地方现实条件制定发展目标，同时对项目建设、产业布局、产品生产、配套设施等进行系统性规划。与城市产业规划相比，农村产业规划更加注重凸显地域特色。“特色”是农村文化产业的核心竞争力，推动农村文化产业高质量发展，就是要找准特色、体现特色、放大特色。复制、照搬别人、不能体现地域特色的项目建设，最后的结果都是被市场淘汰。因此，开发主体在项目规划、民居规划、建筑规划、景观规划、产品规划的过程中要有意识地与城市产业规划区别开来，让每一座建筑都能展现出地域或民族特色，每一处景观都能呈现出原生态美感，每一项服务都表现出当地的风土人情，每一个产品都能体现出当地的历史文化元素。

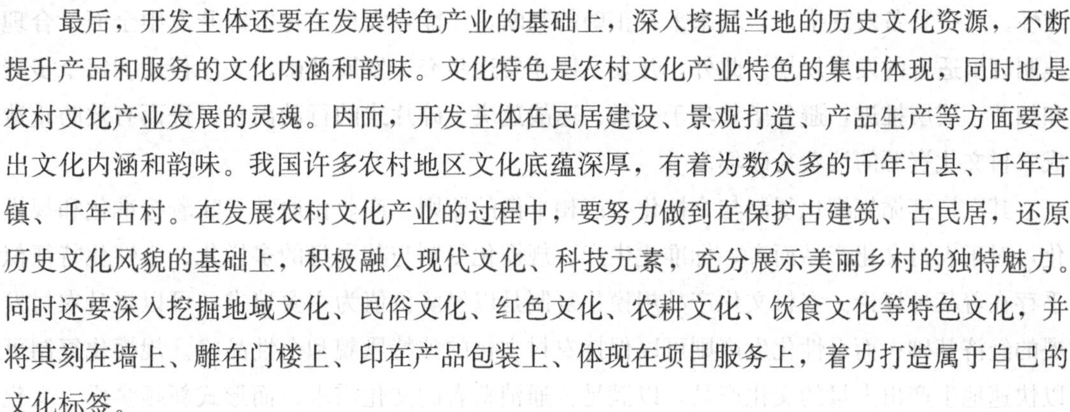

最后，开发主体还要在发展特色产业的基础上，深入挖掘当地的历史文化资源，不断提升产品和服务的文化内涵和韵味。文化特色是农村文化产业特色的集中体现，同时也是农村文化产业发展的灵魂。因而，开发主体在民居建设、景观打造、产品生产等方面要突出文化内涵和韵味。我国许多农村地区文化底蕴深厚，有着为数众多的千年古县、千年古镇、千年古村。在发展农村文化产业的过程中，要努力做到在保护古建筑、古民居，还原历史文化风貌的基础上，积极融入现代文化、科技元素，充分展示美丽乡村的独特魅力。同时还要深入挖掘地域文化、民俗文化、红色文化、农耕文化、饮食文化等特色文化，并将其刻在墙上、雕在门楼上、印在产品包装上、体现在项目服务上，着力打造属于自己的文化标签。

（三）辩证统一的原则

辩证统一是马克思主义唯物辩证法的基本观点，指主体要从全面发展的角度认识事物，既要看到事物之间相互矛盾的一面，也要看到它们相互联系的一面，进而把两者有机统一起来，以实现整体把握事物的发展态势，促进事物和谐发展的目的。马克思主义唯物辩证法认为，矛盾普遍存在于事物内部及事物之间，矛盾双方既是相互对立的，也是辩证统一的。对立是指矛盾双方相互斗争、相互排斥的关系；统一是指矛盾双方互为前提、相互依存的关系。总体而言，世界上任何两个事物之间相互对立是绝对的，而相互统一则是相对的，两者在一定的条件下可以实现达成辩证统一的状态。

中华人民共和国成立以来，我国社会主义发展始终坚持理论逻辑和历史逻辑、问题导向与目标导向、人民需求与历史担当的辩证统一。当下要实现的“产业振兴、人才振兴、文化振兴、生态振兴、组织振兴”乡村振兴五大目标，相互之间同样是在辩证统一原则的指引下，共同推进着农村现代化建设。在农村文化资源发展中，同样面临许多矛盾关联对象，其中处理好宏观格局与微观行动、规模化复制和个性化生产、社会效益与经济效益以及文化传承与时代创新之间的矛盾关系，使它们在现实逻辑中实现有机统一，是解决目前农村文化产业发展中存在的诸多问题，推动其良性发展的关键。

首先，遵循宏观格局与微观行动相结合的原则。宏观格局是个人广袤视野、博大胸襟和高超智慧的综合体现，也是能够站在整体、全局和未来的视角，把各种错综复杂散点汇集为一个有机体系的一种能力。一个人是否具备宏观格局直接影响着其对事物的发展状态及未来变化的认知程度。

农村文化资源开发是一项系统性工程，需要开发主体在深入分析理解世界经济环境、国家宏观政策、农村文化价值以及各种影响因素的前提下，进行全局性、长远性的谋划，然后再通过一系列的项目建设和产品生产付诸行动。这就要求决策者要具备世界的、超前的发展眼光，肩负起农村、文化和民族复兴的责任，同时拥有深厚、系统的理论知识储备，将农村地区的局部规划与国家的顶层设计相结合、产业开发与家国情怀相结合、市场需求和农民诉求相结合、短期效益和长远利益相结合，进而实现宏观格局与微观行动的一致性。只有具备宏观格局，对未来有正确的判断，才能在农村文化资源开发中全面、合理地制订出适宜的发展规划。此外，开发主体还要逐步夯实发展基础，关注行动的每个步骤和细节，层层推进，避免毕其功于一役、速战速决、碎片式的行动出现，进而有效防止造成农村文化资源的浪费与破坏。

其次，遵循规模化复制与个性化生产相平衡的原则。产业化通常意味着标准化和规模化，对于农村文化产品而言，标准化生产、规模化复制与其本身的多样化、个性化特征似乎存在着某种悖论。农村文化产品规模化复制是以经济价值为主要追求，可以提升农村发展的经济基础；而个性化生产则可以保持农村文化的独特风貌和个性品格。规模化复制可以快速地生产出大量的文化产品，以满足普通消费者的文化需求；而形式新颖多样、文化内涵丰富的文化精品则需要以个性化的方式进行创造，此类文化产品主要来满足高端、小众市场的需求。

农村文化产品是一种符号性消费，并非刚性需求，地域特色、文化特色和民族特色是其生命力所在，过度标准化、规模化的生产会使其丧失个性和生命力，继而失去对消费者的吸引力。因此，农村文化资源开发需要平衡规模化复制与个性化生产之间的关系，产品的规模化复制应维持在一个合理的区间，为农村精品文化的传承与发展留下足够的空间。

再次，遵循社会效益与经济效益相统一的原则。文化产品既是意识和文化的载体，也是具有经济价值的商品，这就使农村文化资源开发行为兼具社会效益和经济效益的双重属性。农村文化资源开发的社会效益包括传达深层次文化内涵、满足人们多样化需求、提升民众精神境界等。从马克思主义哲学角度看，文化资源开发带来的经济效益和社会效益集中反映了经济基础与上层建筑之间关系。农村文化产品作为一种精神产品，既能以一种潜移默化的方式将无形的文化力量注入人的思想中，实现对其精神世界的熏陶与涤荡，又能通过合理、适度的产业化开发催生出巨大的经济效益，带动农村经济结构的转型升级。

不可否认，农村经济的繁荣发展是实现农村现代化的基础，但经济不是最终目的，而是传承中国优秀传统文化、实现中华民族伟大复兴的手段。因此，在农村文化资源开发中，开发主体应把社会效益和经济效益相统一作为重要原则。当两者发生冲突时，应将社会效益放在首要位置。优先考虑社会效益并不等于漠视或放弃经济效益，相反，一些具有较高文化价值和精神内涵的农村文化产品反而更容易得到社会大众的认可和喜爱。

最后，遵循文化传承与时代创新相协调的原则。改革开放以来，创新精神已经深刻融入我国政治、经济、文化和生态建设的各个领域，始终是鞭策我们紧跟时代步伐、推动中国特色社会主义建设的强大精神力量。由此可见，文化传承和时代创新都对我们整个国家和民族的发展有深远的意义，因而，在弘扬创新精神的同时兼顾文化传承，是农村文化资源开发应该遵循的又一重要原则。

从历史维度看，传统和现代、传承与创新之间从来不是一种割裂的关系，而是一对相互关联的矛盾统一体。现代来源于传统，没有传统就没有现代，现代在延续传统的过程中完成自我塑形；创新应在传承的基础上进行，同时创新也是传承的一种重要方式。对于农村文化而言，要想立足于现代社会，获得大众的理解与喜爱，必然要进行一定的新创造与新调整。在农村文化资源开发过程中，“单纯的、模仿式的传统继承，不仅不能实现继承传统的初衷，也无法实现当代文化的创新发展”[①]。反之，如果一味求新，完全按照现代化标准和模式去改造、颠覆，甚至是摒弃传统文化，那么所生产出来的文化产品对于许多消费者来说缺乏情感认同。因此，农村文化项目建设和产品生产，一方面要积极汲取传统文化中优秀的文化和审美元素，凸显其乡土性和民族性；另一方面，还要积极融入现代文化科技元素，使农村文化在不断创新中得以延续。

综上所述，明确农村文化产业发展的理论依据和基本原则是解决当前我国农村文化产业发展困境的基础，同时对于制订相应的发展规划和策略具有重要的指导作用。梁漱溟的乡村建设理论和费孝通的乡土重建思想中许多有益的思想主张可以为今天乡村建设和农村文化产业发展提供理论支撑；城乡一体化理论可以让决策者和开发主体深入理解城市和乡村之间和谐共生、相互依存的关系，在产品生产和项目建设过程有意识地凸显乡村特色，并注重将城市资金、技术、人才的优势资源带到乡村地区；产业聚集理论可以指导不同的经营主体之间加强协作，创造规模效应，从而提升地域的市场竞争力；新内生发展理论倡导整合、利用乡村内部和外部资源，探索多元化的发展模式，以实现农村和村民的全面发展。在深入理解并运用相关理论的前提下，决策者和开发主体还要遵循以农为本、因地制宜、辩证统一等基本原则。以农为本原则要求决策者和开发主体在发展农村文化产业时应以农民为主体、以农业为基础、以农耕文化为主导；因地制宜原则要求决策者和开发主体应根据乡村地区的资源禀赋和现实条件来发展农村文化产业；辩证统一原则要求决策者和开发主体在制订发展规划和开展项目建设的过程中应处理好各种矛盾关系，使各种矛盾在现实逻辑中实现有机统一。需要指出的是，以上理论依据和基本原则并不新颖，在国内外许多地区已经将其应用到当地的农村文化产业发展实践之中。

三、农村文化产业发展的价值与意义

农村文化产业发展是推动我国农村经济结构转型升级、促进农村文化繁荣发展、实现农村现代化的核心动力，也是全面实现中国现代化和中华民族伟大复兴的必由之路。只有充分认识农村文化产业发展的现实价值和战略意义，才能坚定地方政府和开发主体发展农村文化产业的决心与信心。

（一）农村文化产业发展的现实价值

立足当下，农村文化产业发展有着多方面的现实价值。正是由于能够解决农村地区的许多现实问题，推动农村文化产业发展也就有了充足的依据，进而成为政府、企业和村民自发、自觉的奋进目标。我国农村文化产业发展的现实价值主要体现经济、文化、社会、

① 管宁．创意思维与文化产业原动力［J］．福建论坛（人文社会科学版），2018（12）：57-65.

生态四个方面。

1. 经济价值：优化农村产业结构，带动农村经济发展

首先，推动农村文化产业发展，可以进一步优化农村产业结构。目前，我国大部分农村地区的产业结构中，一二产业占据较高的比重，而包括农村文化产业在内的第三产业占比都很少，这种产业结构极大地制约着农村经济的发展。如果农村地区延续以提供原材料或初级产品为主的经济发展模式，将会进一步拉大与城市地区的差距。同时由于资金不足、技术落后，只能发展高消耗、高污染的低端产业，极可能重走先行工业区的老路，给农村带来新的难题和巨大风险。近年来，推动农村产业供给侧结构性改革是我国农村经济发展的主线，其中一项主要内容就是加快推动第三产业的发展，农村文化产业在其中可以发挥重要的作用。

在现代化语境下，发展农村经济不能仅仅依靠农业，农村经济的产业和产品架构里也不应该只有农业和农产品。文化产业本身的高融合、高渗透性可以将文化旅游、休闲娱乐、康养医疗、“互联网＋”、文化展演、研学体验、民间手工艺等多样化的产业形态融入农村产业架构中。在农村空间里，充分挖掘农村历史文化资源，从中提炼出优秀文化元素，并运用创新、创意的手段，将农村地区丰富的文化产业资源开发成文化产品及相关服务，使之与其他产业相结合，实现一二三产业跨界、融合发展，可以进一步优化农村产业架构，提高第三产业在农村经济中的比重，形成新的发展模式，推动农村经济转型升级。

其次，推动农村文化产业发展，可以留住和吸引人才。农民没有坚守在农村的义务和责任，无论从机会成本的选择，还是从迁徙权、居住权保障上来讲，他们去城市里追求更好的物质和精神生活都是无可厚非的。如果农村能够提供一个与城市相当或者更好的收入和居住环境，相信绝大部分农民也不会选择背井离乡，到一个陌生的城市里工作、生活。只有大力发展农村经济，逐步缩小城乡发展差距，不断提高农民的经济收入和生活水平，才能吸引流失的农民回归故乡。在农村文化产业过程中，最常用、最直接的方式就是将农村文化资源与农村旅游相结合，这种农村旅游方式可以让城里人在观赏农村景色、体验农村生活的同时，还能体会到农村文化的独特魅力。

最后，推动农村文化产业发展，可以促进农村经济的繁荣发展。经济效益是所有产业发展追求的基本目标和原动力，农村文化产业同样具有一般产业的经济属性。农村文化产业发展可以为农村提供大量的就业岗位，产生巨大的经济效益，带动农村经济的繁荣发展。农村独特的文化资源具有不可替代、难以复制的特征，充分利用当地优势资源，推出市场稀缺的文化产品或服务来进行差异化竞争，可以使农村地区实现跨越式发展。从产业要素角度看，农村地区资本相对匮乏，倘若完全按照工业化生产方式进行产业运作，这种劣势会更加凸显，并且由于一般商品遵循边际效用递减效应，则需要源源不断的资本注入。大量文化资源不具有物质资源存量既定的特点，不存在消耗殆尽的可能，可以多次被开发利用。发展农村文化产业在一定程度上规避了资本短缺的发展劣势，扎根农村却不依

赖农业来构筑自身产业的发展模式，是未来农村经济的发展方向。

2. 文化价值：传承优秀传统文化，提升农村文化自信

首先，推动农村文化产业发展，有利于我国传统文化的传承与发展。农村文化以一种潜移默化的方式影响着人们的思维和行为方式，因而农村文化的复兴所带来的影响更为深远，意义也更为深刻。随着现代化进程的推进，我国农村文化正在被解构和重构，产业化发展是对其解构和重构的方式之一。解构不意味着否定，而是按照传统的内在逻辑去阅读和拆解它，然后融入现代文化和科技元素，并以一种现代化的方式再次完成整合，重新唤醒其生命活力。从某种意义上来讲，农村文化产业发展是传统文化与现代文化的一次链接和融通，也是对我国优秀传统文化的一种继承与创新。

我国农村文化资源内容丰富、形式多样，其中蕴含着巨大的历史价值、文化价值和经济价值。对农村文化资源的挖掘、开发和利用，一方面对发展农村经济、丰富农村精神文化生活起到了积极作用；另一方面，对我国优秀传统文化的传承与发展同样具有重要意义。历史证明，几乎所有没有市场和经济价值的传统文化都会逐步衰落，最终走向灭亡；而市场潜力大、能产生经济效益的传统文化都在新的时代焕发出了新的活力，获得了较好的传承与发展。农村文化产业发展使广大村民作为生产经营主体向文化市场提供文化产品和服务，并以此获取经济收益。同时，村民们还可以亲身感受到民间艺术、传统礼仪、生产技艺中所包含的历史文化内涵，使其既能在农村环境中体面地生活，又能以此唤醒他们的文化记忆和文化认同，心甘情愿地成为传统文化的继承者和传播者。

其次，推动农村文化产业发展，可以提升农村文化自信。农村文化自信是指农村社会主体对本土文化的一种信念与信心，是对农村文化的形式、内容、功能和价值等总体性的认同与肯定。具体而言，农村文化自信就是对农村的自然景观、历史传统、人文风貌、文化遗产等发自内心的喜爱和赞美；对农村的生活生产方式、治理模式和价值理念的认同和肯定；对农村文化的走向、前途和生命力充满坚定、乐观的信念。这种信念不是对自身文化的自大、自负和盲目崇拜，而是在理性思考和认知的基础上作出的正确定位与积极判断。

农村社会生产力低下、文化日益衰落是导致农村文化自信缺失的根本原因。农村经济相较于城市经济一直处于落后的位置，使其在文化领域也处于弱势地位。农村文化自信缺失具体表现在对农村文化和农民身份的否定上。农民对于自身文化的否定，一方面来源于外来文化的冲击；另一方面则是他们没有真正认识到农村文化在他们日常生活中所发挥的较大作用，也没有体会到它所带来的经济和审美价值。在新的时代背景和价值观念下，农村文化对于许多外出打工的青年人来说已经成为陌生的存在，无法从中获得归属感，也就渐渐丧失了认同感。

农村文化产业发展的文化价值更多地体现在提升村民乃至整个社会和民族对于农村文化的价值认同上。农村文化只有通过商品输出的方式走出农村甚至走向世界，得到更多人

的接受和欣赏，才能最大限度地发挥应有的经济价值和文化价值。村民只有深刻认识到农村文化在经济、文化、社会发展中的重要价值，才能重拾信心，积极地参与农村文化和经济建设中，在传承农村优秀文化的基础上，进一步推动农村经济和文化的繁荣发展。

3. 社会价值：培育新型村民，促进农村社会和谐稳定

首先，“新型村民”是农村经济和文化建设的主体，也是农村文化产业发展的主力军。马克思提出，人自由而全面的发展是人类社会发展的终极目标。农村社会发展的终极目标同样是让村民得到自由而全面的发展。村民素质的高低决定了农村社会发展的速度和质量，村民知识化进程的快慢，在很大程度上决定了农村产业经济和社会文明发展的步伐。如何培养出一批高素质的新型村民，既是农村文化产业发展的重要内容，也是我国社会主义新农村建设的主要任务。

村民素质包括身体素质、科技素质、文化素养、经营管理素养和现代意识等。新型村民的主要特征为有文化、懂技术、会管理、善经营，这也是我国当前和今后新型村民的培育目标。“有文化”要求村民必须具备一定的文化储备和审美能力，让产品充满文化内涵和审美趣味；“懂技术”要求村民在生产劳动中懂得并运用一定的科学知识和生产技能，以提高工作质量和效率；“会管理”要求村民学习一定的现代管理方法，能够合理配置人、财、物、土地等资源；“善经营”要求村民具备一定的适应市场经济发展的经营运作能力，能够运用有限资本获得更高的经济效益。

培养新型村民，提高村民素质不能仅依靠政府大规模开展技能培训，而应让村民自己意识到提高自身素养的重要性，并主动学习科学技术、文化知识和经营管理方法。村民是农村文化产业的生产者，发展农村文化产业可以从根本上改变村民传统的生产生活方式和价值观念，使他们实现角色定位的转变。农村文化产业包含农村、文化和产业三个层面，在其生产和经营过程中，需要熟知农村社会、农村经济、农村文化，同时需要吸纳有文化、懂技术、会管理、善经营的复合型人才参与，这也反向地培育出了大批高素质的新型村民。推动农村文化产业发展，可以满足村民多样化的文化需求，同时激发村民不断提高自身素养，成为新型村民，实现全面发展。新型村民受到市场经济的磨炼和多元文化的洗礼，已经摆脱了小农经济思想的禁锢，能够熟练运用自己的知识、技术和资本带动其他村民共同建设农村，为农村文化产业发展源源不断地提供人力支撑。

其次，农村文化产业所生产的文化产品具有物质和精神双重属性，除了获得经济效益和传承农村文化外，还担负着促进农村社会和谐稳定与引导社会价值观的职责。在我国工业化快速发展的背景下，无数农村青壮年人离开了祖辈们生活的村落，来到城市、工厂工作，年末时像候鸟一样，返回老家过年。年后，他们又陆续返回城市和工厂，开始下一次的循环。此时，农村的马路上、巷口旁，只剩下稀稀拉拉的“老幼病残”。片面的城市化以及大量“空心村”的出现已经深刻影响了农村地区的和谐发展。因此，发展农村文化产业在优化农村产业结构的同时，可以为农民提供大量的就业机会，分流农村剩余劳动力，

缓解社会就业压力，使更多的农民愿意留在家乡工作，这对农村社会的协调发展有很大的助益。

21世纪以来，随着农民经济收入的提高、互联网和电子产品的普及，西方文化和城市文化通过现代传播媒介进入农村社会，广大农民的生活方式、思想观念、价值追求等逐渐呈现出西方化、城市化的倾向。目前，对许多农民而言，玩手机、看电视已经成为他们的主要休闲娱乐方式。新媒体中呈现的景观，营造了一种舒适、时尚、充满物质欲求的生活方式，对封闭、朴实、安静的农村社会生活产生了潜移默化的影响。农村社会由温暖、和谐的熟人社会变为冷漠、疏远的半熟人社会。礼俗秩序的影响力、约束力逐步下降，物质至上、利益为先的生活理念和理性化的人际关系都深深地影响和改变着他们原有的价值判断。个人主义、消费主义、拜金主义和享乐主义等现代都市病在农村社会滋生蔓延，农村社会传统伦理道德观念面临着严峻挑战。农村文化产业通过向人们提供优秀文化产品和服务，在传承和发扬传统文化的同时，能够引导农村社会精神风尚，在传统农村社会的基础上以多元产业来构建农村的生活秩序，也以文明法则维系村民的精神秩序，进而在农村地区建构一套新的价值规范体系。在新的价值体系规范下，村民可以自觉抵制现代都市病与农村传统陋习，从而形成良好的社会精神风貌，促进农村社会和谐稳定发展。

4. 生态价值：保护农村文化生态，改善农村生态环境

首先，发展农村文化产业是激活农村文化、保护农村文化生态的一种有效方式。文化生态是指构成文化系统的所有内在和外在要素及其相互作用所形成的生态关系①。农村文化生态是农村文化的内部结构系统及其与外部社会环境、自然环境和农村居民相互依存、相辅相成交织的系统。在我国绝大部分农村地区，农业仍然是主导产业，农村文化生态与农业生产密切相连。从文化与经济的关系来看，工业化、现代化是一个不可逆的过程，农村地区经济的发展繁荣是保护农村文化生态的前提。农村文化依附于农村和农民，大量劳动力的流失一方面削弱了农业生产的中坚力量；另一方面则严重动摇了农村文化的根基，破坏了农村的文化生态，尤其是民俗仪式和地方戏曲、民间手工艺制作等出现断层，许多农村文化受到了毁灭性的打击。

20世纪90年代以来，农村经济结构开始发生演变，政府以城乡统筹发展、新农村建设等方式优化农村土地资源利用，推行农业规模化经营，建立新型社区，引导村民集中居住。这些举措在某种程度上推动了农村的经济发展，同时也改变了自然演化形成的农村聚落方式。

大力发展农村文化产业，以农村和农业为根基，以生产性保护地为手段，将农村文化系统中的各种元素整合在一起，能够充分呈现农村文化在现代化语境下的多重功能，这在休闲农业与农村旅游中体现得尤为明显。在农村文化产业发展中，农村文化固有的生态系

① 李翔海．中国哲学文化生态模式的理论特质及后现代意义［J］．中国哲学史，2004（2）：2-10.

统架构中不断融入经济、科技、时尚等元素，并在农村空间里与农业生产方式和价值模式相契合，从而达成一个新的文化生态平衡。在这个过程中，一方面农村文化原生态中的核心元素，如生产生活方式、风俗习惯、社会秩序、价值观念等就得到了有效的保存；另一方面原本业已走向衰败的文化资源也有机会重新焕发活力。

其次，发展农村文化产业可以改善农村生态环境。在工业化的过程中，工厂的废气废水被排放到农村，加之对农村资源的无序和过度开发，造成生态环境的严重破坏。打造现代农村需要发展高效、优质、绿色、安全的产业。文化产业是知识密集型、边际效应递增的绿色产业，能够促进农村经济向一二三产业协调发展转变，有效解决传统农业、工业发展中高能耗、高污染、低效益的问题。另外，农村文化产业在向社会提供大量文化产品和服务的过程中，能够提高村民对农村文化资源和自然环境价值的再认识，增强人们对传统村落、山水、田园、人文景观的保护意识，并将其内化为生存意识和行为准则。此时，人们就不会为了追求短暂的经济利益而大肆破坏农村自然和人文环境，这也是农村文化产业发展的一个重要价值追求。由此可见，推动农村文化产业发展不仅对保护农村文化生态有着重要的作用，同时也有利于农村景观与生态环境的维护或提升，使农村成为农村居民乃至都市人生产、生活的理想之地。

农村的民间风俗、民间故事、传统服饰、传统饮食等文化符号，经过产业化生产，同样具备了新的审美价值和意蕴。农村旅游吸引游客的主要原因并非农村的本质和现实特色，隐藏在背后的是游客在心灵深处主观建构出的、充满诗情意画的理想图式。田园牧歌式的生活方式，可以使身处都市之中的现代人那疲惫、麻木的心灵获得短暂的安宁。

（二）农村文化产业发展的战略意义

理解农村文化产业发展的战略意义需要我们站在更高、更宏观的角度，在立足当下的同时着眼于未来，深刻认识到推动农村文化产业发展对于我国城乡融合发展、国家现代化建设乃至全面实现中华民族伟大复兴的深远价值和影响。

1. 推动农村文化产业发展是城乡融合发展的助推器

中华人民共和国成立初期，迫于经济压力和国际形势，确立优先发展城市和工业的思想理念，造成了城市与农村呈现出分割、封闭的二元格局，这是一个国家从农业经济向工业经济过渡的必然选择。国家实行计划经济体制，通过行政手段干预农产品定价，用较低的价格将农业的剩余价值转移到城市和工业之中，为我国工业的快速发展提供了必要的资源保障。改革开放后，我国开始由计划经济体制逐渐向市场经济体制转变，城乡分割封闭的局面得到一定的缓解，但城乡二元经济结构仍未改变，城乡居民之间的收入差距仍然较大。进入 21 世纪，党的十六大以来，我国先后提出了城乡统筹发展、城乡一体化发展和城乡融合发展三大战略方针来破除城乡二元结构，并确立了以城带乡、城市反哺农村的发展思路，城市和农村开始进入统筹融合发展的新阶段。

然而直至今日，城乡二元经济结构并未被彻底根除。随着城镇化进程的加快，农村人

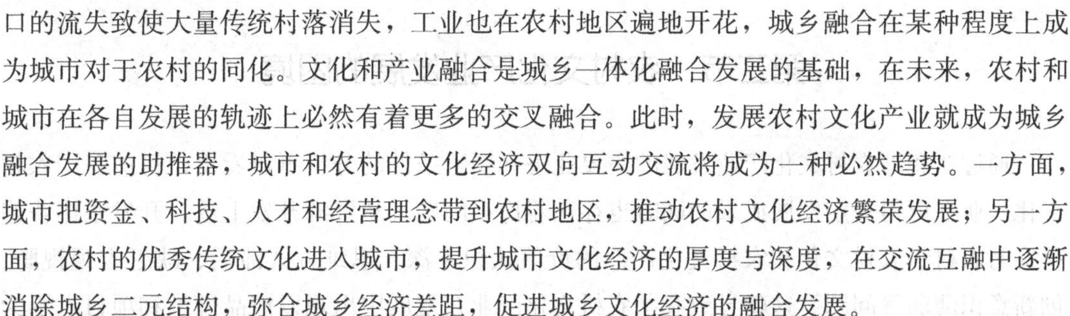

口的流失致使大量传统村落消失，工业也在农村地区遍地开花，城乡融合在某种程度上成为城市对于农村的同化。文化和产业融合是城乡一体化融合发展的基础，在未来，农村和城市在各自发展的轨迹上必然有着更多的交叉融合。此时，发展农村文化产业就成为城乡融合发展的助推器，城市和农村的文化经济双向互动交流将成为一种必然趋势。一方面，城市把资金、科技、人才和经营理念带到农村地区，推动农村文化经济繁荣发展；另一方面，农村的优秀传统文化进入城市，提升城市文化经济的厚度与深度，在交流互融中逐渐消除城乡二元结构，弥合城乡经济差距，促进城乡文化经济的融合发展。

2. 推动农村文化产业发展是农村现代化建设的核心动力

现代化是自工业革命以来所经历的一次全球性变革，这一变革源于工业化引起的经济结构变动。自此，人类开始由农业经济转向工业经济、农业社会转向工业社会、农业文明转向工业文明。同时，工业主义也逐步渗透政治、文化、经济、思想等领域，并在各领域产生了深远的影响。以工业化、城市化为标志的现代化进程同样也给农村社会、环境、经济、文化等带来巨大的冲击。农村现代化的最终目标是在全面解决“三农”问题的基础上，实现农民富、农村美、产业强、文明、和谐的社会主义新农村。农村现代化除了经济现代化以外，更为重要的是实现农村社会、环境、文化和精神文明的现代化，以满足农民高质量生产、生活以及精神成长的需要。

现代化作为一种世界潮流，是人类社会发展的必然趋势。我国经历了一百多年的现代化发展，已经基本实现了工业现代化和城市现代化的目标。然而，现代化并不意味着工业化、城市化和产业化，农业和农村的现代化更不是变农田为工厂、变农村为城市，而是借助现代化的多元方式及手段发展农业和农村，实现具有整体与综合特性的农村现代化。因此，现代化强国建设必然是全面、综合的，是工业与农业、经济与社会、城市与农村共同现代化的结果。农村文化是附着在农村生产生活方式之上的，多数时候需要把文化元素从中剥离开来，然后通过现代化产业运作方式来实现农村文化资源向文化产品和服务的转化。农村文化产业是在农村场域和农村文化中衍生出的新兴产业，它为推动农村全面振兴和农村现代化建设提供了源源不断的动力。

总体而言，与“文化产业”或“城市文化产业”相比，“农村文化产业”是一个代表着地域性和产业特色的概念，具有区域文化的差异性、产业结构的稳定性、本土资源的依赖性和生产方式的多样性等特征。充分利用农村特色文化资源，大力发展优势产业对农村经济发展、文化传承、社会稳定、生态保护等都具有重要价值，同时对我国农村现代化建设以及全面实现中华民族伟大复兴都具有重要的战略意义。此外，由于不同农村地域在地理位置、资源禀赋和产业基础等方面具有较大的不同，我国不同的农村在发展农村文化产业时通常会根据自己的优势资源选择其适合的产业类型，这就使我国农村文化产业在发展过程中呈现出多样化的产业类型或业态。

第二节 农村文化产业发展的困境

通过对我国农村文化产业发展的主要业态和要素条件的分析可以看出，目前我国农村文化产业在取得一定发展成果的同时也存在着许多问题。从资源开发上看，开发主体普遍存在对农村、农村文化和农村文化产业的价值认识不深、思维方式滞后、缺乏宏观视野、创新意识薄弱等问题。这就导致我国农村文化产业在发展中出现以产品思维和项目思维为主导，忽视产业网络建设；注重追求短期经济效益，忽视文化遗产的社会效益；盲目复制其他地区的成功案例，忽视自身的实际情况和发展优势等现象。从理论认知上看，决策者和开发主体通常把农村现代化简单理解为农村经济的现代化，把产业化开发展理解为以产业“化”一切文化资源，把“城市中心主义”应用于农村文化产业发展之中，导致对农村和农村文化资源的破坏。从产业发展方面看，我国农村文化产业发展缺乏内生动力，具体表现在产业基础脆弱、文化人才匮乏、品牌意识薄弱、管理体制落后、缺乏整体规划等方面。只有充分认识到这些问题以及产生这些问题的原因所在，才能有针对性地提出解决方案。

一、开发主体思维方式滞后

在农村文化资源开发的过程中，决策者和开发主体的思维方式直接影响着资源开发的进程和效果。近年来，我国投入了大量的资金对农村文化资源进行产业化开发，但在许多区域收效甚微，甚至对文化资源造成一定损害，其根本原因在于决策者和开发主体思维混乱、落后或不合时宜。

（一）*农村文化资源开发主体的思维方式*

思维是人类特有的精神活动，是人脑对客观世界能动且具有创造性的反映。思维方式是人类看待事物的角度、方法和形式，它决定着未来的行动方向。恩格斯认为：每一时代的理论思维，都是一种历史的产物，都具有非常不同的形式和内容。一定的思维方式，总是根植于该历史时代的实践和科学发展的土壤之中，并随着历史的推移而发生变革①。在不同的时代背景下，只有运用合理、恰当的思维方式才能找到正确的行动方向，进而达成预定的目标。

长期以来，农村文化资源开发主体的思维方式大多以项目思维和产品思维为主。项目思维注重利用需求分析和价值分析等手段选择出适宜的项目，然后采用一定的方式完成项目建设；产品思维同样要求开发主体在关注市场需求的前提下，采用适宜的生产方式向市场提供产品或服务，或通过产品与服务质量的提升满足大众的消费需求。发现并实施好的

---

① 马克思，恩格斯．马克思恩格斯选集：第4卷［M］．中共中央马克思恩格斯列宁斯大林著作编译局，编译．北京：人民出版社，1995：216.

项目，致力于生产优质、稀缺的产品与服务，对于农村文化资源开发来说是十分必要的，这两种思维方式在农村文化资源开发的初期阶段，易于为人们接受，较显著地推动了农村文化经济的发展；但在新的历史时期，项目思维和产品思维自身的局限性愈加凸显，严重制约了农村文化产业的进一步发展。

（二）开发主体思维方式局限性的具体呈现

农村文化资源开发的局限性主要表现在以下三个方面。

1. 注重短期效益，缺乏宏观视野

项目思维和产品思维在很大程度上限制了开发主体的宏观视野和格局。由于缺乏宏观视野和格局，开发主体往往把国家层面的战略实施等同于项目建设，将整体性的产业布局和产业生态网络建设简化为产品生产，只注重眼前的经济效益，而忽视产业的长远发展。在以往的农村经济建设中，一些地方政府习惯于对各乡镇进行统一部署，采取项目化实施、运动式推进的方式发展地方经济，甚至无视农村的客观情况搞“一刀切”“一体化”。虽然取得一定成绩，但同时也产生不少问题。

诚然，战略规划需要以具体项目和产品作为突破口，推动项目建设和产品生产也是战略实施必不可少的一环，但如果把战略实施等同于项目建设，则违背了战略设计的初衷，导致战略实施的盲目化、简单化和肤浅化。由此，农村文化资源的产业化开发成了一个又一个产品或项目的堆砌，相互之间几乎不存在关联性。在多元化的文化消费需求下，农村文化产品供给端的增量被不断激发，如果没有宏观、长远的发展规划，不注重提升文化价值与精神内涵，仅仅依靠扩大项目的建设数量和产品的生产规模，很难对消费者产生持久的吸引力。

2. 创新意识薄弱，复制痕迹严重

在项目思维和产品思维主导下的许多项目建设和产品生产，尽管可于一时见到成效，但由于创新意识较弱，模仿、复制的痕迹严重，普遍出现项目雷同、产品单一、发展特色和重点不突出等问题。21 世纪以来，我国农村文化资源的开发一直延续着政府主导、资源驱动为主、需求驱动为辅的发展模式，创新驱动力欠缺。开发主体普遍缺乏创新意识，在没有认清农村文化资源的禀赋和独特性的情况下，通过生搬硬套、简单模仿、盲目复制等急功近利的方式进行产业化开发，导致目前我国农村文化产品、项目和产业模式的严重同质化。

在项目方面，不少看似前景很好的项目策划，兴建不久便显得后劲不足，缺乏可持续性。2014 年“特色小镇”的概念提出以来，在遍布全国的“特色小镇”建设中，有些地方政府为了迎合上级政策，有些企业为了追求经济利益，一哄而上，盲目开发，各种名目的“小镇”纷纷上马。各地区为了拼速度、立形象、争功绩，试图在短时间内打造多个各式小镇。然而，由于缺乏对市场环境的充分考察和自身资源的深入分析，结果是农村丰富多样、独具特色的文化资源并未得到合理、有效的开发和利用。为数众多、投资巨大、千

篇一律的“特色小镇”项目被建设成“果蔬生产基地”或“小吃一条街”。在短暂的繁荣、喧嚣之后，扎堆开建的“特色小镇”批量倒闭，有些甚至最终沦为“鬼镇”“空心镇”。

在产品方面，民间手工艺品的设计、生产主要由农民完成。受生活环境的限制，他们学历水平普遍不高，且没有接受过专门的培训，对新信息的接受和理解存在较大困难。仅凭自身经验和传统模式不仅难以创造新产品，还造成许多民间手工艺品与市场需求严重脱节，这成为很多非物质文化遗产难以依靠自身能力得到传承和活化的主要症结。

3. 二元对立盛行，矛盾愈加凸显

在农村文化项目和产品开发的实践中，如何协调传统与现代、规模化与个性化、文化与经济等之间的矛盾是开发主体首先需要思考的问题。一直以来对我国经济文化发展造成极大破坏、片面狭隘、非此即彼的二元对立思维仍然左右着很多开发主体的行为方向，成为阻碍当今农村文化资源良性开发的重要因素。

在项目规划和产品设计上，执着于“传统”与“现代”两端，或是坚持“传统”不可改变，或是以“现代”取代“传统”。农村被视为能够较好地继承和保存传统的地方，在许多开发主体看来，传统农村建筑和文化产品的“乡土性”不符合当代人的审美和消费需求，于是就完全参照西方的或城市的审美倾向来规划项目、设计产品。由此，我们经常可以看到：在田园综合体中矗立着一些颜色亮丽的欧式风格建筑和民宿；特色小镇里建了大量现代商业街区；民俗村落的乡间小路变成了宽敞的柏油路；名人故居破败的茅草屋被翻修成全新的砖瓦房；不同地域的民俗街上摆放着和城市商场一样的文化产品。而在某些地区，也有固守传统、拒斥变革的状况出现，导致其项目开发了无新意、乏善可陈，创建伊始便注定没有市场。

在产品生产上，游弋于“规模化”与“个性化”之间。有的崇尚“规模化”忽视“个性化”，有的则坚守“个性化”特性，拒斥“规模化”。对于农村文化产品而言，标准化生产、规模化复制与其本身的多样化、个性化特征本身存在着某种悖论。规模化复制具有成本低、收益快、易操作的优势，可以在短时间内生产出大量的文化产品，投入市场，获取收益；个性化生产的优势在于制作精良、形式新颖多样、富有较高文化内涵，可以保持农村文化的独特风貌与精神品格，满足人们高层次、多样化的消费需求。企业在生产文化产品时，往往采取规模化生产的方式，以求快速回笼资金进行再生产，而成本高、收益慢、效率低的个性化生产被忽视。由此，文化市场上充斥着大量种类单一、品质低下、缺乏文化内涵的农村文化产品，而独具特色、制作精良的文化精品十分匮乏。与之同时，也有人不加区分，一味坚守个性化，拒绝规模化制作与生产，也会陷于低水平、低效益运行的泥潭。

在效益追求上，偏重于“经济”或“文化”一方。农村文化资源的产业化成为推动农村经济发展的另一种途径，各级政府、企业和村民都对此抱有极大的热情。但总体而言，在我国农村文化产业的发展过程中，开发主体都只看到了农村文化的经济价值，而未充分重视其更为重要的文化价值。于是，在很多农村地区，大规模且无节制的开发使农村文化仅仅残留一个外壳，其话语权和本真性也几乎丧失殆尽。当经济利润成为文化资源开发的最高律令，就打破了文化自身的内在发生逻辑，其品质、深度和韵味等都会被严重消解。与偏重“经济”相对的是：在当下，也有少数人执着于对某种资源文化特色的钟爱而拒绝经营性开发，致使经济效益难以提升，甚至影响到对该文化资源的保护，这也是偏于极端的做法。

在当下，许多决策者和开发者已经开始认识到项目思维和产品思维的局限性，尝试在项目规划中融入战略思维，制定项目发展目标和实施路径；在产品布局中融入产业思维，努力打造完整的产业链条；在产品设计中融入创新思维，为市场提供具有多样化的文化产品或服务；在产品生产中融入跨界思维，将文化产业与旅游业、农业、餐饮业相结合，实现整体利益的最大化。然而，在具体的运用中，又产生了许多新问题。如在运用战略思维制订战略规划时，地方政府与国家层面的规划方案不一致，甚至出现脱节的现象；在运用产业思维对农村文化资源进行产业化开发时，农村地区一些不宜产业化、不该产业化或不能产业化的文化资源都成为开发的对象，造成保护与开发关系的失衡以及对文化生态的破坏；在运用跨界思维推动产业融合发展的过程中，有时出现产业任意搭配、基因不匹配的问题，或者把跨界融合理解为产业的叠加；在运用创新思维开发农村文化产品时，忽视传统，一味求新，使农村文化产品丧失了其本真性和独特性。这些现象的呈现，均反映了人们在思维领域层次偏低和混乱，以致成为农村文化资源开发的直接障碍。

（三）开发主体思维方式局限性的成因分析

从历史脉络来看，人们在长期的生产生活中养成了一定的思维惯性。一方面，从中华人民共和国成立到改革开放，我国急于改变国家贫穷、落后的现状，急于找到能够在短时间内迅速改变现状的路径。正是在这样的历史进程中，人们逐渐养成了“快”优于“慢”的思维惯性。另一方面，改革开放以后，经济建设成为我国发展的第一要旨，这是我国摆脱贫困的必要选择。经过 40 多年的发展，我国社会经济实现了巨大的飞跃。由此，开发主体在开发农村文化资源时，仍然习惯于把经济效益作为首要目标，而忽视了其更为重要的社会效益。热衷于规模化生产、大量模仿复制，不注重项目和产品的个性化与原创性，都是这种思维惯性使然。

从社会环境来看，现代人对农村和农村文化存有较大的思维偏见。在许多人的观念里，农村社会的衰落和经济发展的滞后，致使农村文化成为“落后”“愚昧”“陈旧”的代名词，与现代文化形成对立的关系。在现代化语境下，坚持传统通常代表着迂腐、守旧，追求现代则意味着创新、进步。因此，一些人为了凸显自己的先进性，有意识地对传统表现出一种反叛态度。正如希尔斯所言：“现代社会是以科学性、合理性、经验性、世俗性和进步性为特征的，这似乎注定了它们在与陈规旧俗的战斗中必然会取胜，从而摆脱了任何传统的痕迹，进步主义运动支持者对自己的认识使他们不愿意承认或容忍自己的队伍中存在着任何传统性。”[1] 在这种对传统文化加以否定、对现代文化无限推崇的社会氛围的影响下，开发主体以现代文化来改造或替代农村文化似乎就有了正当理由，带来的结果则是大量农村文化资源在开发过程中被肆意改变和破坏。

从个人因素来看，开发主体对科学的思维方式缺乏理论学习和深入理解。农村文化资源开发主体没有认识到科学的思维方式对于个人行为方式的决定性作用，对于各种新的思维方式的进入不能适应，导致一些开发主体思维落后、混乱，缺乏运用新的思维方式指导行动的意识，仅凭个人经验或直接复制其他地区的成功案例来进行项目建设和产品生产，只关注项目或产品本身所带来的短期效益，没有站在高处，着眼于全局和未来。在农村文化资源开发中屡屡出现项目式、运动式行为的原因主要有两个方面：一是决策者在没有科学的思维方式指引下盲目决策，以致对项目前景作出不符合客观实际的预判；二是决策者没有深入理解农村文化的价值，不懂农村、农业和农民的真正需求，也没有认识到项目与三者之间的逻辑关系，只注重冲政绩、见实效，习惯于替村民做主，热衷于自绘蓝图，导致“只见树木、不见森林”。

二、农村文化产业发展的理论偏差

农村文化产业的发展需要相关理论的支撑和引导，缺乏理论的实践活动往往会陷入盲目、混乱的误区。许多决策者和开发主体在农村文化产业项目建设中受到了现代化、产业化、城市化等相关理论的影响，但普遍存在误读的现象。主要表现为：把农村现代化建设理解为农村经济的现代化；把文化资源的产业化开发理解以产业“化”一切资源；把城乡一体化发展为以城市为模板建设农村；等等。

（一）对农村现代化内涵存在误读

现代化是一个难以界定的概念，国内外学者试图从经济、社会、政治等不同角度来定义“现代化”。从政治学角度上，学者们侧重于把“现代化”描述为一个政治结构更加理性、分化，大众参与政治更加民主的过程。美国社会学家斯梅尔瑟认为，在前现代社会，政治受到贵族阶级的控制，而在现代社会中，政治活动则由一批普通民众组成的政党、议会等新型组织来承担，这正是政治结构现代化的结果。从社会学角度上，学者们倾向于从人类社会结构变迁的角度来描述“现代化”过程。在德国社会学家滕尼斯来看，“现代化”是一个从传统的“礼俗社会”向现代的“法理社会”转变的过程。从经济学角度来讲，“现代化”主要是指由工业化引起的经济结构变动，工业在国民经济中所占的比重超过农业，农业经济转向工业经济，同时伴随着农业社会转向工业社会、农业文明转向工业文明的过程。

我国历史学家罗荣渠认为，现代化是自工业革命以来所经历的一次全球性的变革，这

① 爱德华·希尔斯．论传统［M］．傅铿，吕乐，译．上海：上海人民出版社，2014：21.

一变革以工业化为核心动力，以工业文明为标志，使人类由传统农业社会向现代工业社会演进，同时工业主义渗透政治、文化、经济、思想等各个领域，并在各领域引起深刻的变化。金耀基在其著作《从传统到现代》中提出了现代化的六大标准，即工业化、都市化、世俗化、普遍参与、高度的结构分殊性和普遍的成就取向。同时，他还指出，工业化发展是实现现代化的前提，都市化是现代社会生活的主要形态，人们的思想、行为和价值追求都建立在理性基础之上。

可以看出，现代化是一个十分复杂的概念，涉及政治、文化、社会、经济等各个方面。农村现代化建设不仅是为了实现农村经济、生产和生活方式的现代化，更为重要的是实现农村社会、文化和精神文明的现代化。目前，我国农村文化产业发展的主体对现代化存在严重的误读，仅把它理解为农村经济的现代化，因而市场化、产业化、规模化就成为实现农村经济现代化的必要手段。农村文化产品在市场化、标准化、规模化的工业模式中，商品属性日益凸显，文化内核则逐步被消减或异化。

以工业化、城市化为标志的现代化进程使工业主义逐步渗透政治、文化、经济、思想等领域，并在各领域产生了深远的影响。同样也给农村社会、环境、经济、文化等带来巨大的冲击。从这个角度讲，农村文化产业正是现代化的产物。早在20世纪40年代，法兰克福学派学者阿多诺和霍克海默等提出的“文化工业理论”就对文化的工业化生产方式进行了深入的批判。他们认为“文化工业”具有商品化、机械化、标准化和意识形态性等特征，使文化生产不再是个体的精神性创造，而成为一项分工明确的集体性活动，其重心不是“文化”而是“工业”，获取最大的经济效益才是文化生产的最终目标。

21世纪以来，农村文化作为可被开发的资源，成为推动农村经济发展的另一种途径，各级政府、企业和村民都对此抱有极大的热情。对于各级政府来说，农村文化产业更多地是被当作发展当地经济的一种手段，农村文化的文化价值并未得到真正发掘和传承。对于相关企业来讲，他们把农村文化视为经济的附庸和赚钱的工具，甚至有些企业以保护和发掘农村文化遗产为口号大肆圈占土地，导致对农村文化遗产造成了更为严重的破坏。对于村民而言，面对潜藏其中的经济机遇，他们通常会难以抑制地产生牟利的冲动。本身对他们似乎没有任何用处的文化，一时间可以带来丰厚的经济收益，在开发的过程中即使损毁一部分，也被当作应该付出的代价。于是，在很多农村地区，大规模且无节制的开发使农村文化仅残留一个外壳，其话语权和本真性也几乎丧失殆尽。

文化是一个国家或民族身份获得认同的根本，我国一直以来引以为傲的就是几千年传承下来的文化，未来我国的发展仍然需要依靠这些文化。不可否认，经济的繁荣发展是实现中国现代化的必由之路，但经济不是最终目的，而是传承中国优秀的传统文化和实现中华民族复兴的手段。因此，我们应该清醒地认识到，文化价值才是农村文化产业发展的内在灵魂，理应受到足够的重视。

此外，农村文化产业发展的优势在于独特性与多样性。在我国农村文化资源开发的实践中，急功近利、盲目开发、同质化开发的现象比比皆是。在农村文化旅游中，农村自然资源和文化资源都应该是其开发的核心。然而，我国当下的农村文化旅游开发仍然多集中在观光农业和休闲农业上，开发项目多为田园观光、采摘园、休闲渔场等。这些开发项目普遍存在产品和服务单一、活动形式大同小异、品位不高、缺乏文化内涵和地域特色等问题。同样，在特色文旅小镇和民俗文化旅游项目的开发过程中，有些政府为了迎合上级政策，有些企业为了追求自身利益，在没有对市场充分考察和自身资源深入分析的情况下，一哄而上，盲目开发，结果造成丰富的旅游资源未得到合理、有效的开发和利用，形成了“千镇一面”“千村一品”的尴尬局面。未来，农村文化旅游市场必然会重新洗牌，可以预见，只有具备深厚文化底蕴的特色农村才能在激烈的市场竞争中存活下来，那些哗众取宠、粗制滥造的项目将逐步被市场淘汰。

（二）以产业“化”一切文化资源

“现代化”“城市化”“市场化”“产业化”“商品化”等词语，都是以前面的限定词来“化”现实世界中的某些事物。农村文化的产业化发展即将农村文化资源“变”为商品，进而“化”为产业的过程。目前，我国农村文化产业发展出现以产业“化”一切文化的趋势。由于对现代化内涵的误读，农村一些不宜产业化、不该产业化或不能产业化的文化资源都成为“化”的对象，统统被改造、转化为产品或产业，造成保护与开发关系的失衡以及对农村文化生态的破坏。

其一，有些农村文化资源不宜被产业化。农村文化中的一些资源与大工业规模化、标准化的生产方式是格格不入的。农村文化产品具有本真性和多样性，难以用统一的标准复制生产，有些文化是和农村生产生活方式融为一体的，如果将它们从生产生活中完全剥离出来，就会失去其本来的文化意义，造成对农村文化的损坏。许多农村民俗活动如礼仪习俗、祭祀仪式、节日庆典等，倘若作为表演项目出现在农村旅游之中，就成为布尔迪厄眼中的“仪式体操”，丧失了民俗活动的本真性和庄重性。此外，对于许多民间手工艺品而言，其独特的价值就体现在个性化、非标准化和手工制作上，并不适宜大规模复制生产。目前，许多文化企业以彩印、3D 打印等现代复制技术大规模生产剪纸、版画、泥塑、陶器等完全工业化的产品，形成“劣币驱逐良币”的效应，严重降低了民间手工艺品的文化内涵和市场价值。

其二，有些农村文化资源不该被产业化。不可否认的是，农村文化中存在着部分迂腐、糟粕的东西，我们传承数千年的传统文化也并不都是优秀的。一些农村地区低俗文化盛行，丑陋庸俗、价值观扭曲、宣扬封建迷信的文化产品仍有存留。这些文化产品本应是严令禁止的，不能任其产业化发展。而在现实中，以产业化的方式开发这些文化资源的例子不在少数。

河北曲阳县是远近闻名的“雕刻之乡”，雕刻历史时间长达 2000 年，全县 57 万人口，有 10 万人左右从事与雕刻相关的工作，农村雕刻艺人极多。但近几年，这里却出现了多个“造神村”。玉皇大帝、观音菩萨、维纳斯、大卫、老子、孔子、财神、雷神、自由女神、月亮女神等，几乎所有的“神”都可以在这里雕刻。在他们看来，信仰就是经济，不管造什么神，如果只是摆在那里没人买，就没有了存在的价值。无独有偶，距离曲阳县120千米的河北易县马头村，后山上有座“奶奶庙”，这里供奉着各种宗教的神灵。承包该庙的马头村村民为了吸引游客，供奉了一些前所未有、造型复古但粗俗的各类神仙，如官神、学神以及手握方向盘的车神等。如今，破烂不堪但独具特色的“奶奶庙”，已经成为一个集宗教文化体验、观光、购物于一体的著名旅游景点，大批游客慕名而来。在现代化氛围越来越浓的情况下，对这类民间信仰、封建迷信等资源进行产业化开发，既有损于大众对我国农村文化的价值判断，也不利于中国特色社会主义核心价值观的构建。

其三，有些农村文化资源不能被产业化。不能被产业化的农村文化资源大致可以分为两种类型：一是没有产业价值，注定走向消亡的农村文化资源；二是产业化会严重扭曲或改变其原有状态的农村文化资源。在历史进程中，每个时代都有大量的文化艺术形式由于不符合人们的审美趣味，逐步走向消亡，这是文化历史更替的客观规律使然。这类农村文化资源即使以产业化的方式加以改造，也没有市场价值，难以使其焕发出新的生命活力，反而会加速它的灭亡。此外，许多文化资源具有易破碎、易变异、难以再生的特性，如果把这些文化资源作为产业化对象任意开发，将会对其造成不可修复的破坏。重开发，轻保护；拆真古迹，建假古董，最终对我国优秀传统文化造成不可挽回损失的惨痛教训，在实践中已经出现过太多次了。对于现代化内涵的误读，致使我国农村现代化建设走了很多的弯路。

（三）产业发展的“城市化”偏好

怎样处理城市与农村的发展关系是每一个推动现代化建设的国家和地区都需要面对的重要问题。不同国家和地区根据自身情况制定的相关政策和发展规划决定了其现代化发展的道路方向和方式选择。从历史上看，以城市文明为主导的西方国家作为现代化发展的“先行者”，在实践中产生的现代化发展理论都是以工业化、城市化为中心的。中国作为现代化发展的“后来者”，需要吸收和借鉴西方国家现代化发展的经验。而正是在这一过程中，我国也将工业化、城市化作为推动现代化建设的核心内容，形成了以城市为中心的现代化发展格局。在现代化理论构建中，农村与城市在象征意义上的对立结构，同时赋予了农业社会向城市社会转型的正义性，即由落后、贫穷、愚昧的传统农耕文明向进步、富裕、智慧的现代城市文明转化本身就代表了一种合理的、向“善”的意识形态①。由此，这种城市中心主义也成为阻碍农村文化产业发展的重要因素。

城市中心主义是在城市化过程中产生的以城市为本位的一整套思想观念的集合，突出表现为国家以城市为中心的制度安排与资源分配，社会以城市为主体的日常运转，个体形

① 赵旭东，朱天谱．反思发展主义：基于中国城乡结构转型的分析［J］．北方民族大学学报（哲学社会科学版），2015（1）：5-11

塑了一种以城市化为导向的思维方式和行为模式[①]。城市中心主义不仅是伴随中国城市化而诞生的，也是中国对全球城市化浪潮作出的一种本土回应是对传统乡土中国的一次思想启蒙。它从文化层面斩断了以农村为代表的农业文明思维方式，宣告了一个新的社会样态的诞生。在当下中国，城市中心主义表现在方方面面，国家通过城市建设推动社会发展，社会以城市为主体进行日常运转，个体以城市为导向形塑了一套与之相应的生产、生活和思维方式。城市中心主义在中国社会迅速蔓延，并且形成了一种城市中心主义的价值共识和行为认同。

这种城市中心主义的行为认同和价值共识导致人们在很长一段时间内普遍认为中国现代化的出路在城市不在农村，而农村则成为城市发展的附属和需要被解决问题的对象，城市化似乎成了农村发展的唯一出路。

农村建设中的城市中心主义主要表现在农村建筑风格的城市化和文化产品一味地迎合城市群体上。传统村落是我国宝贵的物质文化遗产，也是中国历史文明的见证和中华民族的精神家园。然而，在城市文化和审美倾向的影响下，加上长期以来农民对城市生活的向往，使农村地区出现了许多模仿大中城市建筑的式样，这种行为打破了农村传统建筑的原有风貌，导致农村地区逐渐失去了区域特色和文化优势。这种现象在发展农村旅游和特色小镇的农村地区十分普遍。在农村文化资源开发的过程中，许多现代建筑紧挨着农村景观或文物古迹，现代建筑的体量、色调、材料、风格与古建筑极不协调，极大地损害了农村景观的整体风貌，致使传统和民族文化特色面临着走向凋亡的危险。许多地区的农村建筑和景观不再是三合院、砖瓦房、篱笆墙、老树、池塘、果园、泥路或石板路等，取而代之的是贴满瓷砖的楼房、不锈钢防盗门窗、五彩斑斓的琉璃瓦、笔直宽阔的柏油路，使我国农村变得“似城非城、似村非村”，不仅造成巨大的资源浪费，也破坏了村庄应有的清新面貌。在逐步“被城市化”的农村空间里，农民和农村文化同时丧失了自身的话语权，文化自信很难建立起来。

三、产业发展缺乏内生动力

目前，我国许多农村地区的文化产业发展仍然处于初级阶段，存在着产业基础脆弱、文化人才匮乏，品牌意识薄弱、管理体制落后，市场体系不完善、缺乏整体性规划等问题，使农村文化产业发展的内生动力尚未被充分激发出来，进而导致我国农村文化产业发展中出现产品缺乏竞争力、投融资渠道单一、创新能力不足、市场化程度低、运营管理不善等诸多问题。

（一）产业基础脆弱、文化人才匮乏

通常来讲，产业发展的微观基础是企业。而对于农村文化产业来说，个体户、村集

① 文军，沈东．当代中国城乡关系的演变逻辑与城市中心主义的兴起：基于国家、社会与个体的三维透视［J］．探索与争鸣，2015（7）：71-77.

体、私营企业和公有企业等经营主体是其微观基础。整体而言，农村地区的文化产业规模普遍较小、结构松散，尚未形成规模效益。以家庭为单位的个体经营者还带有小农经济的典型特征，在原料采购、生产制作、市场营销、运营管理等方面经验不足，还没有建立起完整的价值链。农村文化企业整体实力不强，尤其是私营企业普遍存在融资能力差、抵御风险能力弱、销售渠道单一等问题。在投融资方面，许多农村文化企业缺乏吸引社会资金能力，只能依靠自筹资金或商业贷款；在抵御风险方面，这些企业单一的融资方式容易导致资金链断裂，同时由于对市场信息了解不足，所生产的产品容易被市场淘汰；在销售渠道方面，许多经营者对于如何利用互联网、新媒体进行营销知之甚少，而按照传统的销售方式很难进一步拓展市场，取得较大的市场份额。由此可见，农村文化产业的微观基础十分脆弱，还需要在市场竞争中不断培育、加强。

在文化人才方面，农村能人的组织能力和带动作用必不可少，然而农村文化产业的发展不能仅仅依靠农村能人，推动其健康、高质量发展还需要大量文化产业及相关专业人才的支撑。创新能力和运营管理能力是村民和农村能人普遍欠缺的东西，这需要专业人才来弥补。美国学者佛罗里达认为："人类的创造力是最根本的经济资源……眼下的社会经济转型从根本上讲是建立在人类智力、知识和创造力的基础上的。"[①] 由此可见，无论是哪种形式的产业，高层次人才必定是其核心竞争力的重要组成部分。

文化产业是一个知识和人才集中的产业，推动农村文化产业的高质量发展需要三个方面的人才支撑：一是民间传统文化尤其是非物质文化遗产的传承人才；二是文化产品创意设计人才；三是文化产业的经营管理人才。前文提及，在以民间技艺为代表的非物质文化遗产中，由于农村人口的流失和文化生态的失衡，掌握这些传统技艺的人普遍年龄较大，面临着后继无人、难以存续的危险，这也是非物质文化遗产保护和民间演艺业、手工艺业发展面临的一个重要难题。农村文化资源产业化开发的基础是向市场提供符合大众需求的文化产品，这就要求生产者必须了解顾客的需求，并根据这些需求来设计文化产品，这类人才的缺乏导致难以设计、生产出满足市场需求的文化产品。此外，农村文化企业的良性运转还离不开专业的经营管理人才。这类人才一方面需要具备现代企业管理和市场经济的相关知识，了解文化企业的经营管理和文化市场的运行规律；另一方面，还要熟悉农村、农村文化和农村文化产业的特点，能够更好地为农村文化产业发展提供生产管理、产品资本运营等服务。文化产品创意设计人员和文化产业经营管理人才对个人素质要求较高，农村本土人才在产品创新、市场营销、企业管理方面普遍缺乏专业知识和经验，不能做到自给自足，只能通过引进外来人才。但是农村地区落后的经济基础、发展平台的限制、生活的不便利以及人才政策与激励机制的不完善，往往难以吸引足够的文化产业及相关专业人才来到农村地区，导致农村文化产业发展普遍存在专业人才缺乏的问题。

---

① 理查德·佛罗里达．创意阶层的崛起［M］．司徒爱勤，译．北京：中信出版社，2010：21.

（二）品牌意识薄弱、管理体制落后

品牌是区分产品、服务和企业的可感的符号系统或抽象的价值观念。品牌所传达的信息不仅包括产品的功能、质量、效用、包装、工艺等功能信息和技术信息，还包括其鲜明的个性和蕴含的文化内涵。品牌理念带给消费者的情感或价值体验，包括满足情感、值得信赖、体现身份、符合文化与审美习惯等，产品本身的使用价值和品牌所带来的附加价值共同构成消费者心中的品牌形象。在我国农村文化产业的生产和经营中，相当多的农村文化企业受传统思维方式的影响，市场观念和品牌意识较为薄弱，关注的重点不是品牌塑造而是具体的文化产品生产和销售。同时，很大一部分基层干部对品牌文化缺乏必要的认识，思想观念滞后，从而对农村文化产业品牌缺乏正确的引导和扶持。此外，品牌意识薄弱还体现在政府部门和农村文化产业经营主体缺乏品牌的保护意识上。许多农村文化产品的生产制作主要依靠传统经验，本身技术含量不高。其产品一旦在市场上产生显著效益，就很容易被资本雄厚的企业掌握生产技术，并利用自己的技术和资本优势进行规模化生产，致使行业内部陷入恶性循环。在这种市场环境下，原创性、个性化的文化精品往往得不到应有的收益，许多从业者和企业也就丧失了创新的动力。

农村文化产业的良性发展需要建立符合市场经济运行规律的文化管理体制与运营机制。2002 年，党的十六大将文化生产分为“文化产业”和“文化事业”两大方向，并对公益性文化事业和经营性文化产业采用不同的管理方式。公益性文化事业以政府为主导，文化事业单位作为政府的附属单位负责为社会提供公共文化产品或服务。政府部门对于文化事业单位通常采取直接调控的方式进行管理，通过行政命令、财政拨款的方式规范、维持其生产与服务活动，进而满足人们基本的文化需求，实现社会效益最大化。经营性文化产业以市场为主导，更加注重发挥市场在文化资源配置中的作用，追求经济效益的最大化。政府对其管理一般以间接调控为主，通过法律或税收政策等手段来约束或引导文化企业的生产经营活动。

在新时代背景下，我国文化事业和文化产业呈现出融合发展的态势，两者之间的界限愈加模糊，农村文化发展的体制环境也随之发生了显著变化，导致农村文化建设面临着诸多新形势、新问题。多年来实行的这种二元对立的文化管理体制已经显现出滞后性。此外，相比于城市文化产业，我国农村文化产业发展较为缓慢，针对农村文化产业管理的体制和机制还没有完全建立起来。在政府层面，目前我国还没有建立完备的农村文化市场的准入机制，相关管理部门对农村文化产业发展中的产业结构性矛盾缺乏足够的纠偏能力，这也导致许多文化企业不愿或不敢在农村地区投入太多资金和成本。在企业层面，农村文化企业的内部也未建立起现代化的企业管理制度，导致农村文化企业管理效率低下、市场竞争力弱。在产业层面，农村地区普遍缺乏文化市场监管的长效机制，甚至一些地区的农村文化市场仍处在放任自流的状态，使农村文化产业发展乱象纷呈，非理性问题突出。

（三）市场体系不完善、缺乏整体性规划

市场是商品交换的场所，也是联系生产者、中介组织和消费者的纽带。市场体系由市

场主体（生产经营主体、中介组织、消费者）和客体要素市场（资源市场、投融资市场、劳动力市场、技术市场等）共同构成。完善的市场体系是产业高质量发展的有力保障。农村文化产业市场体系的建构同样应遵循市场的一般规律与特征，涉及文化产品的生产、流通、消费等各个环节。目前，我国的农村文化市场体系建设不完善问题主要体现在以下几个方面：其一，许多生产经营主体缺乏现代经营理念，视野较为狭窄，彼此协作能力不足，难以适应市场的变化；其二，许多地区对农村文化资源的开发还处于表层阶段，对优势资源的挖掘和整合力度不够，市场化程度较低，整体效益不高，没有真正发挥出本地区的资源优势；其三，各类中介组织作为连接生产者、经营者和消费者的桥梁，在农村文化市场中并未发挥出为多方主体提供策划、咨询、组织、宣传、推广等专业化服务的作用，导致生产者、经营者和消费者之间信息不对称、产品流通不通畅等问题；其四，在农村文化市场规模日益增大的同时，生产经营主体通常忽视对消费者的后期维护，导致农村文化产品消费群体庞大，但普遍缺乏稳定性和忠诚度。

农村文化产业的良性发展离不开政府部门的产业规划。近年来，许多地区的农村文化产业发展由于缺乏整体性、科学性、有针对性的规划，导致开发主体存在发展目标不明确、开发思路不清晰、市场定位不明确等问题。缺乏整体规划的原因，一方面在于地方政府没有厘清文化事业和文化产业之间的区别，对农村文化产业的认识和定位不够清楚，习惯于把自己当作农村文化建设和农村文化产业发展的主体，没有充分发挥文化企业、民间艺人、演艺团体、村集体和农户应有的作用；另一方面，许多地方政府没有深入挖掘当地的特色或优势资源，并没有制定合理的发展目标和必要的发展规划，只能照搬其他地区的成功发展模式，造成在具体的项目实施过程中出现“水土不服”的问题。缺乏整体性、科学性的发展规划很容易陷入无序、盲目发展误区，导致出现重形式轻内涵、重数量轻质量等现象，极大地影响了我国农村文化产业的高质量发展。综上所述，中国农村文化产业的发展困境是多方面原因造成的。其中，决策者和开发主体在农村文化资源开发过程中对本地区优势资源和现实情况认识不清，思维方式滞后、混乱或不合时宜等，是使当地农村文化发展陷入困境的根本原因。思维方式的滞后导致出现重开发、轻保护，重产品生产、轻产业规划，重经济效益、轻社会效益等诸多问题。决策者和开发主体的思维方式滞后，一方面是由于中国独特的历史发展进程让人们养成了一定的思维惯性，另一方面是由于社会群体对农村地区的刻板印象造成人们对农村或农村文化的思维偏见。但更为重要的原因是决策者和开发主体缺乏对相关理论的深刻认知和深入学习。由此出现把农村现代化理解为农村经济的现代化，用产业化的手段开发一切文化资源，以城市为模板建设农村文化产业项目等问题。思维方式滞后、理论认知偏差、产业基础脆弱、高层次文化人才匮乏等因素导致我国农村文化产业发展缺乏足够的内生动力。解决当下我国农村文化产业的发展困境，需要明确农村文化发展的理论依据，确立需要遵循的基本原则，并在此基础上制订科学的发展规划，探索合理的发展路径。

第三节 农村文化产业发展的建议

在综合相关理论成果和农村文化产业发展现状的基础上，提出促进农村文化产业发展的举措，具体而言有提升文化产业发展意识、优化文化产业管理机制、培育引进文化产业人才、丰富文化产业发展方式等五个方面的建议，为农村文化产业发展建言献策，促进农村文化产业发展。

一、提升文化产业发展意识

（一）改变基层干部服务理念

农村基层服务人员和干部首先要改变文化产业对农村社会发展无关紧要的错误想法，在进行政府工作时，合力推进农村文化产业，坚持正确发展思路，在农村地区既要发展经济又要发展文化，同时把经济与文化结合起来，推动文化产业健康发展。

要坚持和落实服务于基层的工作方针。了解文化工作重点在基层和农村，难点也在基层和农村。农村文化产业所开发的文化产品与文化服务来源于农村广大人民群众的智慧创造，也必将服务于农民群众。如果农民文化需求得不到充分保障，文化饥渴问题就得不到有效缓解，农村文化繁荣和产业持续发展就无从谈起，也就可能无法真正实现基层文化服务体系有效建设。文化建设单位要密切关注农村经济发展情况、农民实际生活，聚焦于农村社会变化，进一步增进同基层农民群众的联系和感情。地方政府要以服务农民为群众核心，把服务农村和基层服务农民作为工作根本目标①。农村文化产业发展，本质上是要为农民服务的，要使农民群众看得懂、买得起，并且激励广大农民群众参与农村文化产业建设；为农民群众输送文化产品及服务，让广大农民干部群众了解和共享农村文化发展的成果。

（二）社会与经济效益两手抓

行政机关和文化产业公司应时刻将经济社会效益放在首位，因为文化商品早在出产时候就具有商品属性，文化公司也希望以更高等价值卖出产品，但文化商品同时又担负着特殊的历史使命，传播商品本身所带有的思想，并且这样的思想意识要是积极向上的。在社会主义国家，社会效益与经济效益要更好地结合，企业才能科学地、合理地发展与壮大。在发达的社会主义市场经济条件下，进一步发展社会主义文化，就需要牢牢树立社会主义科学的高质量发展观，认识并掌握文化社会效益与经济效益之间的相互关系，保持文化社会效益与文化经济效益之间的和谐统一。

在农村文化产业发展遇到经济效益和社会效益的两难之际，农村文化产业公司首先既

① 李春华．完整准确全面贯彻新发展理念［J］．人民论坛，2021（7）：28-32.

应承担全部责任，也应承担全部义务传承和发扬中国先进文化、传播社会主义正确思想，并将公司社会发展效益摆在第一位。其次，着眼于经济利益，并以此来维持农村经济与社会的和谐发展。农村文化产业公司负责人是推进文化的中坚力量，要坚持把广大人民群众的真实需求当作公司发展的主要方面，认真贯彻落实各种规章制度①。对公司在年终经营考评时，须将公司社会效益摆在考核突出位置。

（三）本土文化和外来文化交融发展

在全球化发展日益深入的当下，发展农业文化产业免不了与其他地区的文化产业碰撞，对于外来文化以及产业发展中的优秀部分，应积极汲取和学习。不管在任何时候都不要忘记，在长期发展中所孕育的地域文化才是农村文化产业发展的核心。不管在什么发展环境下，保持自身文化特点，都是发扬农村文化产业的第一要义②。发展社会主义农村文化必须立足于现代经济社会发展的现实情况，在保持本土先进文化内核根基和提高自身文化自信的基础上，根据农村社会历史特点，不断扩大农村文化区域开放水平，弘扬传统地域文化精髓，积极吸纳国外先进文化，推动农村内在文化和外来优秀文化的交融③。

二、优化文化产业管理机制

（一）加强产业分类管理指导

加强文化产业分类和管理指导，需要改进关于推进农村文化产业持续发展的意识，提升文化产业管理人员工作能力。由于文化产业发展涉及多个领域和部门，应及时采取措施，加强各个部门间的沟通协调，共同促进农村文化产业持续健康发展。

针对文化产业的经营特性划分，可分为公益性的文化产业与营利性的文化产业两大类，对二者要合理管控。对于公益性的文化产业，政府财政扶持、监督等力量都要落实到位；对于营利性的文化产业，要发挥社会资本市场在合理配置文化行业资源利用流程中的积极作用。

落实农村文化总体规划的重点内容，对各行业发展计划内容加以细化，分解出台有关鼓励发展地方文化产业发展的各种政策性文件和法规，以便从实际中确保政策法规的准确执行。

（二）完善产业投资融资体系

农村文化产业的健康发展离不开规范完善的产业投资融资体系。当前，须紧随时代发展脚步，结合地方农村发展实际情况，汲取其他地方农村文化产业发展的先进经验。

积极发挥行政机关在社会主义市场经济中的主导地位。在认真考虑群众文化安全问题

---

① 刘燕荣，黄义华．乡村文化建设实现路径及启示［J］．合作经济与科技，2021（5）：22-25.

② 詹绍文，李恺．乡村文化产业发展：价值追求、现实困境与推进路径［J］．中州学刊，2019（3）：66-70.

③ 金晓彤，张国信，赵雨柔．乡村振兴背景下我国农村文化资源的产业化设计逻辑与路径选择［J］．税务与经济，2020（6）：63-68.

和必要的意识形态管理措施的基础上，强化市场监督，切实引导农村各种资金、要素向文化产业流转，更好地发挥社会主义市场经济体制的优势①。在政府宏观调控引导下，充分发挥市场主体自我竞争的优势，积极采取规范化和合理化的市场竞争，有效推动农村文化健康发展，积极引导民间团体和社会团体参与农村文化产业发展。

重点扶持本土文化产业发展，不断更新农村文化产业投资政策，放宽小微文化企业贷款门槛，加大农村文化企业资金补贴力度，重点扶持地方特色文化企业发展，帮助农村文化产业解决发展难题，并且提供平台渠道，帮助民营文化企业销售文化产品与推广文化服务，引导民营文化企业持续健康发展。孕育乡镇特色文化产业，建立乡镇级文化生产基地，把乡镇下和各个行政村自然村的文化资源联络起来，打造“文化资源带”，提高本土文化企业竞争力，诸如建立文化旅游投资公司、统筹县域文化资源、打造文化旅游路线，发展文化产业。

优化农村文化产业投资环境，引进外来资本，拓宽融资渠道，制定落实农村文化产业相关优惠政策，通过农村文化产业税收减免政策、设立产业基金项目等多个手段，扶持推动新农村文化产业发展。通过金融税收等多种经济杠杆，吸引外来投资，健全政府、企业、个人等多方面主体的多元投入机制，不断摸索农村文化产业市场运作方式。由单一的政府投资组织向多主体化的投资过渡，通过有序的竞争合作，实现农村文化产业繁荣与创新发展②。推动文化企业改善内部治理结构，通过规范化的管理方式，增强内在持续发展能力。积极鼓励文化企业加强创新能力建设，通过专业化的方式增强核心竞争力，提高业务品牌效应。

（三）建立健全长效管理机制

长治有效的产业管理机制能够保证农村文化产业健康高质量发展。具体需要做到建立健全监察考评机制。文化产业的特殊产业形式决定了并不单以经济效益决定其产业贡献性，应由县文化主管局和文化负责相关单位，健全监察考评机制，建立严格的问责机制，定期对农村文化产业所输送的文化产品和服务进行分析，对违反国家法律法规或者有不正确价值观念导向，诸如低俗、媚俗、庸俗、拜金主义等不符合当下社会主流价值观的错误思想严厉打击。

建立长期有效激励体制，通过激励机制，激发农村政府、农民群众、农村文化产业工作者主动参与农村文化建设，通过物质激励手段设立奖励标准，为在编在职的文化工作者提供奖金和名誉职称，对农民进行物质奖励，对农村文化产业与企业单位进行税收减免。

此外，还需要建立农村文化产业市场消费监测机制。从文化消费动机行为和决策行为两个角度来分析，农村文化产品和服务消费者在购买商品之前，会去了解农村文化产品和服务信息，咨询、选择、体验、享用文化产品和服务。并且通过分析比较，作出决策行

① 雷搏，侯玉兰．实施乡村振兴战略背景下的农村文化发展短板与补齐策略［J］．现代化农业，2020（2）：59-64.

② 李新市．中国农村文化产业发展研究［J］．四川行政学院学报，2006（2）：73-76.

为，其中决策行为也会产生多个环节且受到多个因素影响，包括购买文化产品和服务的需求程度、文化产品服务性价比、可替代产品、文化产品和服务质量等诸多因素。因此，在进行农村文化产品和服务生产和销售时，既要提供充足的产品和服务信息展示，使消费者能够全面了解农村文化产品和服务信息内容，也要做好充分的市场调查，了解消费者个人特征、消费能力和文化需求等，发挥农村文化产业消费结构的引导作用，做好市场定位，以人民群众的具体文化需求为基准，将农村文化产业与城市文化消费市场紧密结合，推进文化产品和服务优化升级①。

三、培育引进文化产业人才

文化产业作为知识经济时期的重要产物，对产业工作人员素质的要求远超过一般行业，而在乡村地区，却缺少懂文化、了解行业发展情况的专门文化人员，所以为农村文化产业发展培育一支硬性的专门文化人员是关键因素。要从发展文化内生力量、重点培育农业文化本土人才与注入新鲜血液、吸引外国文化优秀人才等角度入手，采取规范完善的农业文化建设人才培养管理方法，为农业文化发展建立高层次的人才队伍，同时注重农村基层政府在农业文化建设人才中的积极作用，充分发挥他们在吸纳外来文化人力资源和培育农业本土文化建设人才中的关键作用，力求解决一部分人懂文化不懂农业，另一部分人懂农业不懂文化的问题。

（一）大力培养农村本土人才

农村文化产业是在广大农村地区建设开展的，是以农民群众为主要参与者与产业受众的产业。人是生产力中最具有决定性的因素，在农村地区发展文化产业的生产力是那些熟悉本地文化资源和文化特征的农民。那么，在发展农村文化产业过程中，应鼓励农民参与农村文化建设，这样既能继承农村传统手工艺技术，又能切实解决农村剩余劳动力问题。农村文化产业的文化来源既取之于民，又受之于民，因此必须加强对农村当地农民的教育培训，提高农民的综合素养，包括文化艺术素养、科学教育素养、思想道德素养等。

农村文化产业发展离不开农民参与，所以要加强对农村现有文化人才的教育培训与帮扶，并且不断提高农村文化人才的思想道德素质和科学文化素质，培养一批能够带领当地农村文化传承、发展、创新的文化带头人。在农村文化技艺传承方面，注重农村文化艺术人才的挖掘，以农村为教育基地，传承农村传统文化艺术与技艺，积极培养农村优秀传统工艺技艺的接班人。在教育方面，要改进文化产业领域的专业设置和教学水平，加强专项业务培训，持续提升人才素质。改革完善社保等领域的政策，促进国有与非国有文化企业人才双向流动，通过合理流动，优化文化人才资源配置，加强文化交流②。在任用农村干

① 方坤，杨美勤．农村文化资源传承创新的专业市场体系构建研究［J］．云南民族大学学报（哲学社会科学版），2019（5）：37-43.

② 张学昌．城乡融合视域下的乡村文化振兴［J］．西北农林科技大学学报（社会科学版），2020（4）：56-64.

部方面，把加强农村文化产业发展纳入农村市场经济和国民社会发展五年规划，纳入农村财政支出年度预算，纳入扶贫精准攻坚行动计划，纳入对农村干部的晋升和考核的重要指标，确保整个农村的文化建设各项战略目标和任务的实现。同时，还可以从工作环境、福利待遇、子女教育等多方面激励农村干部投身于农村文化产业建设发展。

（二）加大外来人才引进力度

相较于人才资源缺乏的农村地区，城市地区人才资源丰富，具有许多专业文化管理人才与文化经营人才。专业文化产业管理人才在农村文化产业发展中的地位举足轻重。拥有大批农村文化产业管理人才就是最大的文化产业资本，他们可以推动农业农村现代化发展，传播先进的农村文化产业管理观念，在农村组织开展各种文化产业活动，吸引文化企业投资，实施文化产业项目，最大化地活跃了地区农村文化产业资源与市场①。支持优秀人才群体到农村工作，重视青年人才在农村建设过程中的作用，把一定权力下放给“大学生村官”，使“大学生村官”为农村文化产业发展提供推动力。

政府要加大农村文化产业人才引进，发展农村文化产业时，应从城市地区引入文化人才。积极引导城市文化人才来农村地区就业工作，可以通过以下方式进行：以政府为主导，通过举行招聘考试、人才引进等方式，公平有效地引入文化人才，推进农村文化产业发展建设；开展农村文化教育与文化创意和文化艺术等多个方面的项目与产业园建设，吸引学生、学者前来探讨研究；通过专业培训，学校与企业科研合作，或举办文化产业管理专修班等方式选拔一些高精尖文化管理人才，为农村文化产业的建设与发展，提供强有力的基础和人才保障②；不断优化农村文化用人环境，通过财政政策上的补助减轻文化人才生活成本，在建立科学的绩效管理机制和严格考评的激励机制基础上，对文化企业员工进行物质上或者职位上的奖励，提高文化人才工作积极性；此外，鼓励农村文化产业人才边学习、边工作，鼓励其继续学习，提供外出交流学习机会与资金支持，通过举办培训班与行业专家座谈会等方式，提升农村文化产业从业人员的综合文化素养与经营管理能力。

（三）完善文化人才管理模式

不同类型的文化人才在农村文化产业发展过程中具有不同的作用。新闻传媒人才能够借助多种媒介方式，宣传地方文化产业；文化艺术人才能够生产优质文化作品，丰富地方文化产业内容与表达形式；文化经营管理人才能够革新文化服务，更好地运营地方文化产业。完善企业内部组织、职能、职责与运营管理人员岗位编制体系是地方文化产业发展的重要前提，要积极建立和加快引进一套健全、科学的基于文化产业内部人力资源的研究开发与管理运营绩效管理机制。

对各类文化管理人才，分类进行指导，通过多种手段，让员工在学习中成长，转变为

---

① 田琳琳，李坤．加强新时代乡村文化建设的思考［J］．社会治理，2020（1）：35-40.

② 李家叶．肥东县公共文化服务体系建设研究［D］．安徽大学，2017.

文化产业经营管理领域的专业人才。进行轮岗工作制度，通过不同岗位，对文化产业管理人才进行培训和实地训练后，给予其合适工作岗位。改善队伍结构，使农村文化人才队伍人尽其才。在队伍中，人员各司其职，根据文化人才的才能特性进行定岗在编，同时保证上下级职位划分明显，职责明晰。

四、丰富文化产业发展方式

（一）打造特色文化品牌

结合实际，科学开发当地文化资源。坚持高质量开发原则，遵循文化资源开发的客观规律，生产创造贴近人民群众的文化产品，活用文化资源，打造特色品牌，能够实现农村文化产业蓬勃发展。将地方文化融于本民族特色文化之中，既吸收了地方优秀文化，也保持着自身民族本身良好的民族风俗与传统文化。近年来，很多地方通过特色美食服务与民族风情景区的开展，推进发展农村旅游业，推动了地方经济与文化发展。

地区特色文化资源是农村文化产业发展的内生动力和根本源泉①。特色文化建设是地方文化产业发展的重点，也是难点。在推动农村特色文化产业发展过程中，需要做到传承、保护、发展并驾齐驱，深度挖掘特色文化资源，加大对地方特色文化遗产保护，在突出表现特色文化与切合特色文化内核基础上，实行“一村一品牌”的个性化产业发展模式，使每一个农村都能拥有自己的特色文化品牌产业。在特色文化基础上孕育文化主导产业，培育文化龙头企业，对农村地区文化资源进行充分研究，找出使农村文化资源转化为文化产业发展优势突破口，走一条符合特色传统文化和环保发展理念的县域文化产业发展之路。目前正处在发展转型阶段的农村文化产业的发展趋势之一就是做特与做精，侧重于整合文化资源（通过地方政府的扶持和牵线搭桥推动资源和文化资本有效整合和对接），打造特色文化产业品牌。

（二）促进文化科技融合创新

随着科学技术日益进步，现代生产方式和生活技术不断进入农村地区，传统民风民俗和社会生活方式发生改变，使广大农民群众享受到了科学技术的先进之处，但是农村地区的一些特色文化也因此失去了传承。合理利用科技手段，保护传承与创新文化资源，是农村文化产业发展的新途径②。农村文化产业作为内容为王的创造性产业更应该紧随时代发展，不断更新农村文化产业产品类别与文化服务的内容形式。

政府必须紧跟时代发展的潮流，积极牵头推动农业文化和现代科学技术融合，让农村传统优势文化历久弥新，不断发展。借助科研创业服务平台，利用网络信息技术，构建地方特色文化产业信息库，对地方特色文化产业加以分条归纳，以便进行科学化管理。诸如

① 谭元亨，吴良生．激发农村文化产业发展的内生动力［J］．人民论坛，2018（36）：138-139.

② 宋晓玲，贾旭东．农村文化资源的活用及其模式［J］．江苏行政学院学报，2019（5）：31-37.

在广大乡村区域，政府以乡镇为单元，建设特色文化数据库，将乡镇所属的所有乡镇和自然村的传统文化资源归类，并借助乡镇政府门户网站，开设乡村文化长廊栏目，向全社会发布乡村文化信息，并且定期推送反映当地特色文化内容的图片文稿、视频、电视节目等。利用广播电视、互联网、报纸等途径开展广泛宣传，加强对古老民俗文化的发掘、保护与科普工作。促进农村地区传统文化产业的科学发展，并借助互联网门户网站，积极建设农村区域的特色传统文化产业网络，设有地方民俗文化产品宣传专栏、传统文化遗产资源保护专栏、地方民俗文化产品宣传专栏、地方民俗文化资源保护研究与建言献策专栏等几个部分，利用科学技术的便捷性，达到宣传、推广地区文化的目的①。

（三）鼓励农民参与产业活动

广大农民群体是农村文化产业发展的主要受益者、重要建设者与参与者。引导农民自办文化产业，推动民营性文化产业的发展也是农村文化产业全方位茁壮成长的重要方式②。农村基层政府要扮演好服务者的角色，主动拉近与农民之间的距离，为农民群众提供经营指导与文化服务。鼓励有条件的农民群体发展民营性文化产业，通过税收上的优惠、经营上的指导去扶持农村民营文化产业茁壮成长③。

支持农民群体开展文艺演出团队、个人才艺展示、民间社团和文化大院等行为。发挥农村民间艺术协会、演艺委员会等农业文化骨干机构和组织的推动和引领功能，培育一大批农业文化积极分子和一大批在乡村开展农业文化工作的能人，并充分调动农村农户积极参与乡村文化建设和农业文化事业发展的积极性。组织农民开展多种形式的城乡文化共建、区域性文化共建等活动④。政府要组建一批有能力的农村文化和技术教学团队，定期地对广大农村群众开展农村文化生产科技、农村生产科技、农业文化等各类学习培训活动。在农闲时期，学校为村民开展科学技术教育及文化技术培训，并实施科教文化兴农计划，支持农村农业文明建设。

（四）开展特色文化活动

在农村文化产业建设方面，形式多样的文化活动能够丰富农村文化产业的服务内容，提高外地游客观赏体验，促进农村文化产品和服务的销售⑤。其做法如下：由政府牵头，通过开展独具特色的农村文化休闲旅游与农村文化产业发展项目，售卖特色手工艺产品，推动农村文化旅游产品的加工销售，积极组织开展乡村民俗歌舞文艺竞技、民俗风情、农村耕织、野生动物喂养等文艺表演和农村文化竞赛活动，提供当地特色风情的文化产品和

---

① 杨吉华．数字乡村：如何开启乡村文化振兴新篇章［J］．安徽农业大学学报（社会科学版），2019（6）：14-19，87.

② 郭秋玲．乡村振兴与农村文化产业协调发展研究［J］．农业经济，2021（11）：77-78.

③ 甘代军，周茂春，胡守勇．乡村振兴战略背景下乡村文化供给的问题与对策分析［J］．成都大学学报（社会科学版），2020（3）：11-20.

④ 马冬莉．基于农村文化产业视角下的经济发展研究［J］．农村经济与科技，2017（12）：128-129.

⑤ 胡晓立，张明明，白春明，等．乡村文化资源挖掘及产业化开发［J］．安徽农业科学，2021（5）：254-256，267.

文化服务，根据受众的文化需求和消费市场变化，呵护和弘扬农村优秀传统文化，精心发展和丰富农村文化。

充分利用农村地区农耕文化和渔业文化特色与农村发展历史，组织反映农村优秀传统民俗和历史文化的专题展览会，开展农村文化教育的新基地。以政府为主体，通过招商引资和举办农村文化展览活动，吸引外地企业入驻农村，吸引学者、学生、农村文化相关研究者前来研究。利用重大节日、纪念日和社会热点等积极展现传统文化，提升当地居民对传统文化的进一步了解。通过学校教育，使农村传统优秀文化在青少年心中留下永恒烙印，以广大学校为文化交流场所，开设传统文化课程，举办传统文化研究与学习活动，搭建传统文化竞赛平台，深化学生群体对传统文化的认知，使之形成强烈的认同感和责任感，播撒下将来能够肩负传播优秀传统文化重任的种子。

五、推动文化产业的现代性重构

现代性是历史进步的产物，现代性与现代化有着密不可分的关系。从起源上来看，现代性理念形成于启蒙运动，现代化是人类为了获取现代性而兴起的运动；从因果关系上来看，现代性是规约现代化的价值支撑和发展前提，没有现代性指引就不会实现真正的现代化。推动农村文化产业的现代性重构首先要深入理解现代性的内涵与价值观念，并以此为基础完成农村空间、农村审美意象、社会环境与时代精神的现代性重构。

（一）农村文化现代性的内涵

一直以来，学界对于“现代性”内涵的界定和阐释十分纷杂、模糊。法国社会思想家福柯认为，现代性是精神主体对认知和实践理性化设想的一种“态度”，并将理性作为现代性的核心要素。英国社会学家吉登斯将现代性视为一种“后传统的秩序”，它在不同程度上影响着人类的社会生活或组织模式。在此意义上，现代性大致等同于“工业化的世界”。法兰克福学派代表人物、德国社会学家哈贝马斯认为，现代性是一项未完成的事业，它还要向前继续发展，但必须用政治意志和政治意识进一步引导。在他看来，“现代性首先是一种挑战。从实证的观点看，这一时代深深地打上了个人自由的烙印，这表现在三个方面：作为科学的自由，作为自我决定的自由，还有作为自我实现的自由”①。随着中国现代化的发展，国内学者也对现代性的内涵进行了探讨。如俞吾金认为，现代性关涉现代社会生活中的价值观念层面，作为现代社会的价值体系，现代性主导的价值观念包括自由、民主、平等、正义、独立、主体意识、认同感、崇尚理性、追求真理等②。整体而言，现代性倡导的“自由、解放、公平、正义”等核心价值要素是推动现代化建设的基石，现代化进程则是展示和追求现代性的过程。现代化进程中出现的种种问题是对现代性认识不清的结果，而解决这些问题，推动现代化的可持续发展，需要准确把握现代性的内涵，并以

① 哈贝马斯．现代性的概念［M］．曹卫东，译．上海：上海人民出版社，2002：200.

② 俞吾金．现代性现象学［J］．江海学刊，2003（1）：5-11.

现代性的价值观来反思、规约现代化。

在现代化的语境下，如何实现农村文化的现代性发展，既是理论研究的难题，也是实践领域的难题。在理论研究上，农村文化在融入现代性框架的过程中会难以避免地迎合当代人的价值取向和消费需求，这必然与原生态文化遗产的保护理念产生冲突。从本质上而言，文化遗产的原生态式保护是一种消极的和被动的发展，其主要目的是满足后人对历史文化知识的诉求，并不能带来农耕文明和传统文化的复兴。因此，在农村文化的现代转型中，我们应认识到，农村文化的现代化建设的目的并不仅是保护、复兴原有的农村文化，而是要以现代性的价值观念，指引农村文化在新的历史时期与人们的生产生活和审美追求相契合，完成农村文化的现代性重构。在实践领域上，农村文化资源的产业化开发业已成为实现农村文化现代性发展的主要方式，人们普遍认为这种发展方式可以为农村文化在消费社会中的存续提供经济基础。然而在许多地区，对于农村文化资源的产业化开发并没有起到保护和传承农村文化遗产的作用，反而加速了它们的消亡。此时，则应反思如何以现代性的价值观念来规约农村文化产业的发展。

当下，我国农村文化乃至整个农村的现代性价值追求在实践中具体表现在“五位一体”的农村现代化建设之中。农村文化产业发展作为推动农村现代化建设的重要路径，仍然面临着现代性主体、现代性精神、现代性空间、现代性生态等基础缺失的问题。因此，农村文化产业的现代性重构，一方面要在重塑农村主体及其文化认同的基础上，对农村文化空间和农村意象进行重构；另一方面，还要在重塑社会环境与时代精神的同时完成农村文化生态网络的重构。

（二）农村空间的现代性重构

农村空间是自然空间、政治空间、社会空间、文化空间、资本空间等多种空间的聚合体，这些空间彼此之间相互支撑、相互依存，共同组成村民生产、生活、体验和审美的物质和精神载体。因而，农村不仅是人们生存、生产的空间依托，同时也承载着人们的情感体验、文化体验和审美体验。

首先，农村空间具有生存性。农村空间以村民的生命存在为基础和前提，村民的生命存在和生活存在是农村空间存在的本源性和优先性①。农村空间的生存性，一方面表现在村民作为农村空间的主要存在者，在对自然、土地、食物等世间万物的认知、体悟和改造的基础上努力延续并拓展生存空间，凝聚着极强的生命意识；另一方面，村民作为农村空间的生产者，他们的思想情感和行为方式也在既定的空间内完成塑形，使农村空间弥漫着人文气息和社会秩序，成为一个充满感性经验、情感体验和意义追求的空间②。

其次，农村空间具有体验性。空间体验除了一般意义上的认识体验、生活体验外，还包含着主体的情感体验和生命体验。尽管不同地区的村民对自身所处空间体验存在一定的

① 谢纳．空间生产与文化表征空间转向视阈中的文学研究［M］．北京：中国人民大学出版社，2010：71.

② 刘璐．现代视阈中乡村文化空间的危机与再生产［J］．民族艺术研究，2020，33（2）：102-110.

差异性，但共同或相似的制度、文化空间会给身处其中的人带来相同或类似的情感记忆和文化体验。可以说，农村空间体验具有主体性特质，是村民生产、生活实践，抑或生存体验的产物，同时农村空间也在很大程度上直接影响着村民各种体验的形成。

最后，农村空间具有审美性。审美体验建立在主体对空间的一种更深层次的感知基础之上，蕴含于更广袤的生存体验和意义追求之中。农村空间的自然景观之美、生存状态之美、人文风情之美等都能给人们带来审美体验。这种美的感受正如本雅明在《机械复制时代的艺术作品》中指出的光晕显现——“在一定距离之外但感觉上如此贴近之物的独一无二的显现。在一个夏日的午后，一边休憩着一边凝视地平线上的一座连绵不断的山脉或一根在休憩者身上投下绿荫的树枝，那就是这条山脉或这根树枝的光晕在散发”①。审美主体“凝神专注”于农村空间的意象所散发的神秘、静穆、优雅的气息，心灵与审美对象渐渐融为一体，达到情感和精神境界的升华。正如学者杨守森所言：“从审美角度来看，城市固然有着优越于农村的美，而农村所独具的美，也是城市所缺乏的。”②

进入后工业时代，消费文化、复制技术、新兴产业、传播媒介等各种现代力量强势介入并改写着农村的空间构成和文化表征，使农村空间呈现出复杂多样的形态和景观，农村空间的生产方式、交流逻辑与审美特性也随之发生改变。由此，农村空间在时代更替中逐步走向陌生或迷途之境，其独特的审美意蕴也在现代化、工业化、城市化建设中被遮蔽。改革开放以来，我国以经济建设为中心的农村现代化建设模式改变了农村原有的自然生态环境、生产、生活方式、文化意蕴和价值取向，同样造成了农村空间的异化和审美意象的消失。在农村文化产业发展中，从空间生产的角度将传统与现代有机结合打造农村景观，是实现农村空间现代性重构的重要方式。

农村景观是农村空间内物象的整体呈现。陈威在著作《景观新农村》中将农村景观的构成要素分为自然要素、人工要素和非物质要素③。在此基础上，我们可以将农村景观大致分为自然景观、生产景观、人文景观三种类型。其中，自然景观主要包括山水、气候、地形、地貌、动植物等，具有代表性的自然景观有高山、草原、温泉、海洋、湖泊等。生产景观主要包括农田、农作物、农具、果园、鱼塘、畜牧场等，具有代表性的生产景观有麦田、梯田、葡萄园、麦垛等。人文景观主要包括农村聚落格局、历史遗址、祠堂、寺庙、道路、美食、民宿、节庆活动等，这类景观更能够体现农村的地域或民族特色以及农村历史文化脉络的传承。例如，不同农村地区的房屋形式受到当地社会文化习俗和生存环境的影响，呈现出不同的建筑风格，这些古建筑和原生态的村落景观是发展农村旅游业的核心资源。如云南双廊、江苏周庄、安徽西递、新疆禾木、浙江乌镇等，都是因为保存了大量各式古建筑和农村民居而受到游客的喜爱。

---

① 瓦尔特·本雅明．机械复制时代的艺术作品［M］．王才勇，译．北京：中国城市出版社，2002：13.

② 杨守森．中国乡村美学研究导论［J］．文史哲，2022（1）：131-144，168.

③ 陈威．景观新农村乡村景观规划理论与方法［M］．北京：中国电力出版社，2007：50-55.

农村休闲旅游的重点就是打造独特的农村景观来吸引游客。打造独特农村景观通常从特色景物、色彩元素、空间层次和文化脉络四个方面着手。

第一，提炼具有地域特征的特色景物。特色景物指各地区特有的山水、地形、地貌、民居建筑、特色农作物、生产工具等，带给游客视觉的新奇感。

第二，运用色彩元素烘托情绪。农村景观的色彩元素包括自然色彩和人工色彩两类，不同的色彩搭配和冷暖色调的对比具有强烈的情绪引导作用。如安徽西递、宏村以古徽州村落民宅的白墙青瓦作为主色，同时环绕村落种植大片的树木、小麦和油菜花，将一年四季田野色彩的转换与村落不变的白色、青色融合在一起，带给游客不一样的视觉与情绪体验。

第三，注重空间层次的变化。空间布局是农村景观构建的基本框架，从物质构成来说，农村空间可以分为自然环境空间、农业生产空间和农村聚落空间三个部分。农村空间的层次变化体现在空间设计中的多变性和差异性上，使游客在不同的空间穿梭中以获得多重娱乐和审美体验。

第四，凸显地域文化内涵。体验地域特色文化是农村休闲旅游的魅力所在，因此农村景观的设计应将物质或非物质文化历史元素用物质的形式传达出来，以增强农村旅游的文化内涵。如无锡市青祁村的蠡园景区就以历史场景还原、文字介绍、绘画作品、多媒体放映等多种表现方式，再现了勾践卧薪尝胆的历史故事、范蠡西施的爱情传说等，让游客体验到当地的历史文化。

需要指出的是，农村空间现代性重构需要校正资本参与农村空间构建的权力。农村文化产业发展乃至整个农村现代化建设都离不开资本的支撑，然而，外部资本注入农村地区在改善当地的产业布局和生活条件、为农村文化的继承与发展提供重要动力的同时，也带来了许多问题。这些问题的症结主要在于：资本持有者在农村规划、发展中由原本的助推者、辅助者越轨成为主导者，占据了强势地位。资本的逐利本质使资本持有者置农村本真价值于不顾，肆意掠夺农村空间资源，极大地削弱了农村发展的可持续性。

校正与约束资本的权力，要求政府和资本在参与农村建设和空间生产时，应当充分尊重村民的主体性地位，关照农村的历史与现实，主动担起维护农村生态平衡和服务村民的责任，同时确立空间生产的准则与规范，进而推进农村本真价值的回归和现代性转型。因而，资本持有者、政府和村民作为利益共同体，在农村文化产业发展的过程中，都要明确自身的角色定位，积极协调彼此间的不同诉求和矛盾冲突。让农村文化空间生产呈现出多样化、差异化追求，使农村空间既能满足人们获得经济效益的需求，又能满足人们的情感归属和审美体验的需求。

（三）农村审美意象的现代性重构

农村既是中国文化的故乡，也是中国传统美学的故乡。农村的魅力不仅来自其独特景观带来的视觉感受，更来自农村环境所营造出的审美意境，而农村诸多具有韵味的意象则是营造意境的媒介。审美是主体内心对事物“凝神关照”中产生的一种美的感受。审美需求是消费者购买农村文化产品或体验农村文化服务的动力之一。在审美过程中，“象”的最终目标是引发“意”。美国城市规划专家凯文·林奇认为：“意象是个体大脑对外部环境归纳出的图像，是直接感觉与过去经验记忆的共同产物，具有可印象性和可识别性的特征。”[①] 由此可见，农村空间里的审美体验不仅存在于人们对农村自然环境、农业生产方式以及传统村落组合而成的物象感知上，更存在于这些物象所唤醒的主体的对过往生活经验和情感记忆以及农村整体氛围所营造出的令人向往的生活状态之中。在这一过程中，审美主体感受到朴实、自然的氛围，心灵得到净化，精神境界得到提升。因此，在农村文化资源开发中，无论是以景观营造为主的休闲旅游、特色小镇、田园综合体建设，还是文化创意产品和服务的生产，都应更加注重通过农村物象的重构，带给消费者更深层次的审美体验。

应明确的是，中国农村文化的发展向来是内源力量和外部力量的结合。重建农村审美意象，仍然要坚持传统与现代相融合的原则，既不能摒弃现代文化、技术和材料，完全按照古人的方式建造与当下社会环境、文化模式相迥异的过去存在物，也不能一味地追求时尚风貌，把农村空间建设成为陌生的异质景观。农村空间审美意象的重构正是在“‘向内’维度的心灵体验和‘向外’维度的文化实践”[②] 两个层面来完成现代性文化空间的承续和重塑。

一方面，具有审美性的农村空间应给人以“归属感”和“家园感”。农村不仅是供人居住的场所、被人体验的空间，还是保留着人们情感记忆的精神家园。对于当地居民来说，归属感是农村空间的精神要义，村落本来就是各种物象组合而成的、属于他们的生存家园。村落里的田野、街道、池塘、古树、老屋、农具等是当地居民每天都能触摸到的东西，身在其中，能够感受到最朴素的踏实、自由。对于城市居民来说，农村是凝结了情感记忆的精神家园，承载着他们浓浓的乡愁。城市生活并未改变人们对农村的文化认同与审美追求，这是维系农村空间价值、推动农村振兴的传统“基因”。农村的独特魅力就在于农村生活所带来的自在、闲适以及人类与生俱来的对土地、自然的眷恋。在持续的变革中，农村面貌发生了巨大变化，如今农村的每一处特征、每一段记忆对于城乡居民都显得弥足珍贵。因而，农村文化产业发展应该继续发挥传统“基因”的召唤机制，让农村成为带给人们“归属感”和“家园感”的理想空间。

另一方面，具有审美性的农村空间应凸显地方风韵和认知符号。在现代性语境中，农村美学通过农村独具特色的物理空间和文化景观来呈现其精神气质与审美意蕴。美感体验离不开承载着归属感和家园感的文化精神内核，而这种文化精神又离不开其所依存的物理空间和文化载体。因此，在农村文化资源开发中，无论是农村景观、建筑、美食，还是民

① 凯文·林奇．城市意象［M］．方益萍，何晓军，译．北京：华夏出版社，2001：2-9．

② 裴萱．空间美学的建构及其后现代文化表征实践［J］．中州学刊，2014（3）：87-92．

间技艺、民俗仪式、节庆活动，都应体现出当地文化的韵味，以情感体验和审美体验反观主体的生存问题和价值追求。同时，在符号消费的时代背景下，开发主体应对丰富多样的农村文化资源进行适当的扬弃和提炼，找寻出最能代表地方特色的地域景观或产品作为认知符号，并使其成为农村文化产品和服务的共同价值指向与消费者的价值认同。如云南元阳的梯田、江西婺源的油菜花田、广东观澜版画村的客家建筑、陕西袁家村的关中民俗等。

（四）社会环境与时代精神的现代性重构

农村文化产业发展需要有符合农村现代化建设和现代性价值观念要求的社会环境和时代精神。推动农村文化产业健康、有序的发展，需要为此营造一个自由、和谐的社会环境，同时塑造符合现代性要求的、积极进取的时代精神。

一切文化都是社会和时代的产物，文化的产生和文化的品质受到其所处的社会环境和时代精神的双重影响。社会环境是与自然环境相对的概念，是人类在长期有意识的社会生产劳动中，通过改造大自然，不断积累物质财富和文化经验所形成的环境体系，大致包括文化环境、政治环境、经济环境和科技环境等；时代精神是历史发展的产物，它集中体现了生活在某一个历史时代中的人普遍性的精神风貌和价值追求。

法国文艺理论家丹纳在其著作《艺术哲学》中提出：“作品的产生取决于时代精神和周围的风俗”[①]“有一种‘精神的’气候，就是风俗习惯，和自然界的气候起着同样的作用……必须有某种精神气候，某种才干才能发展；否则就流产”[②]。在丹纳看来，只有适宜艺术生产的风俗环境和时代精神才能生产出优秀的艺术作品。从概念上讲，此处所提及的风俗习惯大致与文化环境相对应，包含社会环境。在新的时代背景下，影响艺术和文化生产的不仅是风俗习惯，而是政治、经济、文化和科技共同组成的整个社会环境。只有在良好的社会环境和积极进取的时代精神的支撑下，人们才能生产出品质优良的文化产品。

营造良好社会环境的根本目的是提升农村文化的吸引力，让更多的社会资本、企业和人才流入农村。营造良好社会环境的首要任务是引导人们充分认识农村文化的价值和发展潜力，把农村和农村文化放置在与城市和城市文化相等的位置，不断提高其在公众认识中的地位，逐步培养农村文化自信。假如农村文化产业开发的主体缺乏对农村文化的自信，就无法认同并尊重农村文化的历史与文化价值，也就无法主动承担起农村文化振兴的重任。农村文化自信的培养，应加强人们对农村文化的文化品质、文化价值和文化魅力的认知，增强对本土文化的亲近感、认同感和自豪感，并引导他们自觉地、主动地参与农村文化建设中，为我国农村文化产业发展赢得更多的资源和更大的空间。

塑造积极进取的时代精神的核心在于继续弘扬“改革创新精神”，以及重塑精益求精的“工匠精神”。回眸改革开放多年的实践，以“改革创新”为核心的时代精神已经深深

① 丹纳．艺术哲学［M］．傅雷，译．杭州：浙江人民美术出版社，2017：24.

② 同①：26.

地融入我国政治、经济、文化和生态建设的各个领域，始终是鞭策我们紧跟时代步伐、推动中国特色社会主义建设的强大精神动力。同样地，改革机制、创新模式也是引领和推动农村文化产业发展的核心动力。“大众创业、万众创新”在农村地区会有更加宽广的舞台。推动农村文化产业发展，我们仍然要继续坚持和弘扬改革创新精神，不断推进理论创新、制度创新、文化创新、科技创新、产品和服务创新以及其他各个方面的创新。

“工匠精神”本质上是指一种一丝不苟的工作态度和精雕细琢、精益求精、追求极致的精神。近年来，我国农村文化生产过程中出现的创意匮乏、生搬硬套、粗制滥造、单一化、同质化开发等诸多问题，都是缺乏这种精神造成的。可以看到，世界一流的产品，不管是手工艺品还是工业产品，无一例外都是充分体现了工匠精神的产物。在新的社会背景下，工匠精神被赋予了新的时代价值和历史使命：既要传承我国优秀文化的精髓，还要使其融入新时代的内容，推动传统文化资源完成向符合现代人需求的文化产品的转化。当下，农村文化资源的开发和文化产品的生产更需要工匠精神的支撑，工匠精神的价值也理应得到生产主体的重视。唯有如此，才能生产出创意十足、品质优良，且能充分体现独特的文化内涵和审美价值的文化产品。

第六章　农村产业融合发展对策

本章结合总体趋势、当前的热点和实际情况，从农业多功能性、利益联结机制、政府支持、高新技术和新型经营主体出发，志在为农村的产业融合提出一些可行性的对策。

第一节　关注农业多功能性发展

一、贴近生活，拓宽农业的社会功能

随着社会的不断进步，农业不只局限在生产粮食和产生经济效益，其对社会也有着一定的影响和促进作用。在产业融合发展的大背景下，农业的社会功能主要体现在结合当前的社会热点，从社会的实际需求出发实现经济的发展，就目前的社会情况而言主要体现在以下两个方面。

一方面，我国已经逐渐步入老龄社会，养老的保障问题和其对应行业的发展已经成为国家需要重视的基本任务，养老行业的发展和完善有利于社会的稳定和发展，科技的不断发展和人们日益提升的生活条件也提高了人们对于养老的质量要求。相对于城市而言，农村地区有着更为原生的生态环境，其无论是气候还是环境条件都有着更强的竞争力，在农村通过发展养老行业促进产业融合有着很大的可行性。在目前，很多养老院和高档的养老中心多位于距离城市较近的农村地区，既提高了服务质量也促进了经济的增收，又可以为农民提供适量的就业岗位。另一方面，我国已全面建成小康社会，绝对贫困问题已得到历史性的解决，但相对贫困在未来依然会存在。一般而言，相对贫困地区所处地理位置都相对偏僻，这虽然阻碍了其当地的发展，但是也往往意味着相对原生的生态环境，这里没有污染，风景秀丽，很迎合当下社会和消费者对于绿色食品的定位和需求，有利于形成自身的地方特色从而提高竞争力。当地政府可以设立专项资金，根据自身的资源禀赋引进先进的生产技术生产具有特色的农产品。除此之外，由于这些地区较为偏僻，可以定期开展有关电子商务的培训讲解，拓宽农户的销售途径，形成品牌效应。也可以适度地发展农产品加工业，既实现了产业融合提高了效益也解决了就业问题。相对贫困地区也可以从自身的旅游资源开发入手，如部分相对贫困地区位于高山大川或者一些具有独特风景的高海拔地区，其薄弱的生产资源却对应着独具特色的生态环境。特别是一些少数民族地区还保留着自己的一些生活习惯，像贵州的千户苗寨，虽然地处偏僻，但是每年往来的游客为当地带来了很大的经济收入，改变了居民的生活条件。当然无论是养老行业的发展，还是对相对

贫困地区的改进都离不开政府的支持和引导，有关部门应该结合自身的实际情况，在积极引进外资的同时简化自身的办事流程、提高审批效率，为农业产业融合创造条件。

二、重视农业的文化功能，拓宽增收渠道

就当下的实际情况来看，农业的文化功能主要是以农业与休闲产业相融合，而且在近年来，休闲产业和农业的融合已经取得了一定的成果，并为乡村经济带来了活力。要想取得更进一步的发展和完善可以从以下几个方面着手。以当地的文化底蕴和特色产品为基础进行融合和发展。不同地区都有着自己的文化习俗和历史基础，如生活民俗、生产民俗和文化等，部分地区在农业发展过程中还形成了独具特色的林业、农田或其他相关的景观，这些都为农业和休闲农业的结合提供了基础，也为农民增加了收入来源。除此之外，农户根据自身产品特色，实行旅游采摘等与农业关联的产业形式，如郑州南郊的樱桃沟、三门峡陕州区的葡萄园等，既扩大了自身的品牌效应，也解决了农产品的销售问题。现在人们衣食住行的问题已经基本解决，越来越多的人开始追求运动和自身素质的拓展，而广大乡村地区不仅有着良好的生态基础，也有着自己的风俗特色和地理条件，已经逐渐吸引了很多游客前来摄影、攀岩、探险等。越来越多的企业也开始重视员工的凝聚力，定期组织公司进行素质拓展活动，农村成为其优先选择。农民不仅可以在生产之余为游客进行向导来增加收入，还可以提供场地、住宿和独具特色的当地美食等，以实现收入的多元化。另外，要注重城市周边都市农业的多样化发展，其不仅包括了上述提到的观光农业和养生农业，还有被人们熟知的城市周边各式各样的农家乐，经营者把自己的生产和生活与服务相结合，在推出特色产品和服务的同时也打响了当地的知名度，实现了增收。不过各地政府也应加大对都市农业的关注力度和投入程度，积极进行招商引资提高农村产业融合的水平和发展进度。

三、注重生态和环境保护，走高质量的发展道路

社会快速发展的同时，环境问题也越来越被重视，农业作为国计民生的支柱产业，其生态功能也不容忽视。近年来，党和政府加大了对生态保护的重视，除了严格整治相关企业，还大力进行乡村地区的山水整治工作，旨在完善生态体系，走高质量发展之路。农业的生态功能对于农村产业融合的发展有着很大的支持和促进作用，好的生态环境可以给参加招商引资的参与者留下较好的印象。长远来看，生态环境的建设和治理有利于更进一步恢复大自然的原生态，对发展旅游业、观光农业都有着极大的帮助。生态功能的拓展符合我国当下的基本国情，自然资源的保护有利于农村走高质量发展道路，这也是产业融合发展所必需的。如农业内部循环就有效地在实现增收的同时保护了生态环境。另外，各地政府也应重视根据自身条件，对不利的自然条件进行分析或者整治，发展适合当地资源禀赋的行业，形成地方特色，为增收创造条件，为三产融合提供支持。

第二节 加强和稳固利益联结机制

一、树立风险共担意识

农户通过自身和不同新型农业主体之间的紧密联系，享受到了农业现代化和产业融合带来的增收。对此，应让农户有机会参与实际的生产中，用现有的资源条件去实现增值，而不是仅仅依赖工资性收入。但是面对日益严峻的竞争环境，要培育农民的风险共担意识，即意识到现在仍处于产业融合的初级阶段，带来机遇的同时也伴随着风险，并不是加入进来就一定可以实现收入的增长，所以应避免出现收益好的时候就积极劳动去享受收益，收益不好的时候就想着退出和懈怠的现象。同时，应培训他们树立正确的价值观，认识和理解市场规律的正常发展，不断学习，争取取得更大的进步。

二、完善多形式的利益联结机制

基于当前农村产业融合背景，根据其不同主体的利益紧密程度主要可以分为以下三种利益联结机制：第一，以市场为主导的利益联结机制。这是连接最为松散的一种利益联谊机制，指的是企业和农户之间的交易在市场中完成，由市场引导，双方之间并未签订合同或者达成合作，彼此之间没有任何约束，农户通过市场或者农产品销售获得收入，而企业通过市场获得自身加工或者生产所需的原材料。从交易成本方面而言，自由交易降低了交易成本，但是没有完善的利益联结，农户要承受市场不稳定性带来的风险。随着社会的不断发展，这种模式已经逐渐被淘汰。第二，不同主体之间签订合同和契约的利益联结机制，各方须根据要求发挥自身的职能，这也是当下的主流利益联结机制，主要分为两种。一种是农户直接和龙头企业签订契约，企业按照合同为农户提供一定的起始资金或者生产资料的补助等，农户也需要按照要求生产出相应的产品，形成利益共享。另一种是合作社和龙头企业签订合同，这样有利于降低沟通成本形成集聚效应。第三，股份合作形式的利益联结机制。这种机制下企业和农户的联结最为紧密，农户不仅是生产者也是企业的经营者，可以为企业的发展提出意见，了解最新的情况，对企业而言也可降低原材料不足所带来的风险。但总体而言，农户所占比重较少，没有过多的主导权，增加了自身的风险。

因此，政府应充分发挥自身的职能，规范合同管理和监督，切实保护生产者的利益，建立双方互惠、平等和谐的合作关系。同时鼓励不同经营主体与龙头企业签订合同，加强诚信意识，降低经营风险，提高原材料、加工产品的输出质量。还要充分了解不同新型农业主体之间的关系，认识不同主体自身的优劣势，完善激励机制，提高经营者的积极性，搭建有关信息平台，在注重信息分享的同时也要注重意见反馈的处理。

第三节 加强政府的引导和支持作用

一、强化支持政策的实施及引导

农村地区产业融合的健康发展离不开政府的支持和帮助，切合实际的政策有利于提高产业融合的速度及降低其发展成本和回避一定的风险。

各地政府应根据自身的实际情况积极地建立人才的引进机制，完善其工资机制，起到带头作用，为产业融合注入新血脉。最新的第三次农业普查数据显示，农业经营和生产人员大专及以上的占比仍不满10%，还有着很大的上升空间。在培训方面，应结合现有生态环境和经济的基本情况，分析成功案例，从可实施性出发，有针对性地展开培训，在提高其基本的生产技术的同时还应当注重开拓培训人员的见识，为发展提供新思路。政府还应根据实际需求，注重拓展合作社带头人、基层领导者的培训渠道，提高其积极性，起到带头作用。

需要明白的是，农村地区一二三产业融合，归根结底还是属于对资本、土地等要素的重新融合和发展。农村的发展离不开土地的支持，要认真落实农村土地的“三权分置”政策，活用土地经营权。如可以以土地入股相关的加工企业，促进一二产业的融合；结合当地的环境优势，发展观光农业，以促进农业与第三产业的融合等。

政府在制定政策时，应充分考虑自身的实际情况。各省份不同地区都有其自身个性化的优势和不足，应从自身优势出发制订具有可行性的发展规划，增强自身的竞争力和提高本地区的产业融合水平。

二、完善基础设施和保障体系

农村经济的发展和产业融合的高质量提升，离不开政府对基础设施的投入与保障体系的完善和支持。政府须加强对公路、水库等一些基本设施的完善和补充，注重快递物流行业的发展和网络的普及率，为农村一二三产业的融合提供支持，提高农民的生活质量和便利程度。同时应注重当地的高质量发展，如沼气池、秸秆等的再次利用，并加强文娱和医疗方面的支持，为居民的健康提供保障。

农村基础设施的完善有利于完善农村保障体系，从而为农村三产的深度融合奠定扎实的基础。首先，完善农村道路建设，提高道路硬化率。运输在农产品的销售环节起着至关重要的作用，农村基础道路的通畅不仅有利于农产品的及时销售，而且有利于休闲旅游业、观光农业的发展。游客进出农村的道路方便通畅，将在一定程度上提升产业融合成果的形成。其次，稳定电力供应系统。稳定的供电系统和完善的农业灌溉系统有利于提升农业的产量，从而为以农业为依托向二三产业的融合延伸提供稳定的融合供给。最后，提高信息技术覆盖率。网络通信技术服务的完善对促进深度融合具有重要意义，利用发达的信息网络宣传特色农产品、休闲旅游业，吸引各地的消费者前来参观，既能提升该地知名度，也能促进农业向旅游业方向融合。

三、加大财政和金融的支持作用

农村产业融合的发展离不开政府的财政和金融支持。可以结合实际设立专项基金，用于人员培训、技术研究、基本创业和农户的补助等，并加大对其监督，确保其投入的精准度。

金融方面，政府应注重商业和政策性金融体系的完善和搭建，优化现有的农村金融体制。根据农村的现有条件，开发和完善业务体系，开展适合农民农户的小额贷款，提供大型农业机械抵押等服务，尝试开发农民土地和住房抵押等业务。对于商业金融，政府应加强改革力度，提高其对农村地区的服务质量，切合实际地去了解农户和企业的需求，开发更加具有自由化和实际意义的金融产品。就信用社和农商行等政府主导的金融机构而言，应降低企业贷款的门槛，加大补贴力度，优化贷款及办理流程，为产业融合提供保障。同时，政府还应积极引进社会投资，提供融资担保，为龙头企业和创新型企业提供支持。对于农户，政府应注重保险体系的进一步普及和完善，为农民消除后顾之忧，使他们能够更加稳定地投入农村产业融合和农业现代化建设中。

四、借鉴政府主导的创新发展模式

农村产业融合的发展可以参考其他地方的发展模式，以政府为主导，打造系统性平台，提供全方位服务。在此，以潍坊市的创新发展模式为例，总结一些可供学习的成功经验。

“全国农业看山东，山东农业看潍坊。”这是山东省尤其是潍坊市农业现代化走在前列的生动写照。改革开放以来，山东创造了不少农村改革发展经验，贸工农一体化、农业产业化经营就出自潍坊的诸城、寿光，形成了“诸城模式”“寿光模式”“潍坊模式”。进入新时代，潍坊深入统筹“五大振兴”，走农业现代化与农村现代化一体设计、一并推进之路，努力实现农业高质高效、农村宜居宜业、农民富裕富足，促进城乡融合发展。在此背景下，潍坊市服务联盟应运而生，其主要有以下两个方面成功经验。

（一）多主体横向协作，打造系统性服务平台

潍坊市服务联盟（以下简称联盟）是在山东省农业农村厅、省工商联的指导下，由潍坊市农业农村局、潍坊市工商联，潍坊市农业科学院、潍坊学院、山东省畜牧兽医职业学院等科研院所以及山东润德农业开发集团等企业联合发起成立的。联盟设有农业生产服务、科技成果转化、品牌营销、金融资本融通、规划咨询、数字“三农”、重点项目、文化与人才培育、乡村建设与治理、国际合作等10个专业委员会，设有秘书处负责日常运营。联盟依托10个专业委员会，搭建10大服务平台，聚集经营主体1000余家，通过定

制服务、委托服务、政府购买服务、企业保姆式服务等多种方式，将资金融通、产销对接、规划设计、信息咨询、项目申报指导等100余项服务输送到基层，宽领域、全方位赋予乡村发展新动能。以资金融通服务为例，联盟通过聚集政府引导基金、专项债券、银行资金、国有资本、社会资本等金融资源，为资金需求方提供融资担保、平台搭建（乡镇国有资本投融资平台）、债券发行（政府债、企业债）、基金服务、挂牌上市、保险期货等方面的服务，解决"钱从哪里来"的问题。

（二）省市县乡纵向联动，提供全方位服务

联盟构建省市县乡四级联动服务体系。省级服务中心主要职责是聚集资源、模式复制、协调管理、宣传推广等综合服务，是全省服务总部基地；市级服务中心主要是面向县区和乡镇，高效配置资源，为县乡补短板、赋动能、配资源、送服务；县级服务中心主要是做好市、乡两级服务中心对接、管理、协调等工作，在县域内统筹优化资源，促进需求信息上行和资源下行；乡镇服务中心是联盟组织体系的"神经末梢"，主要承担对接资源、下沉资源、反馈需求、提供服务、信息采集等工作。通过自上而下、上下结合的四级联动，使联盟成为省市县乡政府推进的得力助手和落实"省负总责、市县抓落实"责任体系的有效载体。

第四节　引进高新技术和注重经营主体

一、引进高新技术顺应时代潮流

（一）注重技术的引进

高新技术是农村地区产业融合的重要推动力，有关政府应积极关注当下的信息和技术发展，积极引进有关技术以提高本地区的产业融合效率。首先，当地政府及机构应完善科研的激励机制，对取得成果的人员给予一定的奖励，提高其积极性，为正在进行的研究开通绿色通道，提供数据或者资金上的帮助。其次，各地也应积极建立和完善自身与科研机构和高校的合作渠道，一方面可以让自身在第一时间得到有关新技术的最新成果，从而提升自己的竞争力；另一方面，可以实地考察及了解现如今社会的需求，有针对性地进行研究和改善。除此之外，农村和企业也应积极地到先进企业或者发展效果好的地区进行参观和学习，了解自身的不足，不断地完善和更新发展方案。最后，各地还应充分落实中央、地方各级政府发展规划，积极发展产业园区，注重产业的集聚，鼓励返乡大学生和退伍军人创业，打造低成本、多元化的农业创新平台，同时要积极打造现代化和高新技术集聚的创新平台，以提高自身的竞争力，起到带头作用。

（二）完善农业信息化建设

如今，互联网已经成为人们生活中不可或缺的一部分，很多信息的收集和查询都离不

开互联网的支持，对于农村地区的产业融合而言，信息化建设势在必行。第一，政府应完善信息化相关的基础设施建设，注重网络和有线电视的基础覆盖力度，鼓励联通、移动和电信等运营商在乡镇开展服务和技术支持。虽然近年来信息化基础设施建设发展迅速，取得了一定的成果，但就最新的第三次农业普查数据来看，很多农村地区的有线电视接收率及手机上网的比重仍不高，还有着很大的发展空间。第二，相关企业和生产经营主体应通过网络及时跟进信息和市场潮流，增加产品的价值，规避风险。企业在发展过程中也应注重网络技术的引进和运用，通过互联网平台实现运输和销售的便捷化，同时注重宣传和品牌搭建，拓宽销售渠道，从而提升自己的竞争水平。政府也应根据如今的发展潮流，引领有关企业和经营农户搭建“互联网＋”平台，搭上电商的顺风车，实现线上线下销售一体化，可以邀请熟悉电商及社群运营的人员来进行培训和讲解，形成自身的品牌效应。

二、注重新型经营主体的培育和发展

（一）多元化发展新型经营主体

首先需要明确专业大户、家庭农场等新型经营主体在农村产业融合过程中的积极作用，激励和引导他们向上游和下游延伸，搭建信息渠道，及时跟进市场动态，拓宽增收渠道。政府应重视对新型经营主体利益的保护，制定相关政策，给予一定的财政补助，根据需要定期开展有关培训，引进新技术和传授先进的管理方法，加强抗风险能力。其次，各地应根据自己的实际情况搭建和完善不同领域新型经营主体的认定和评判标准，立足于当地的资源和地域特色，多元化地发展新型经营主体，积极参与销售和加工等环节，提高竞争力。最后，还应重视龙头企业的发展，降低贷款要求和精简申报环节，规范其发展规划，支持其在资金、技术等方面的引入，优化和调整当地企业的结构和布局，注重产量和技术的双向发展，打造核心产品，并定期举办行业分享会，加强企业之间的合作机会，鼓励互相学习，提高整体凝聚力。

（二）突出新型农业经营主体的带头作用

积极发挥新型经营主体在农村产业融合过程中的带动和引领示范作用，提高农业经营主体的创建质量和数量，扩大服务范围和经营种类，形成从生产、加工到销售的完整生产链条。首先，新型经营主体应重视信息资源和高新技术的促进作用，改善传统的经营模式和销售体系，提高竞争力和适应时代潮流。其次，应注重质量体系的搭建，引进先进的管理模式使运营标准化，重视各个环节监督的改进，强化从原料投入到加工、销售等环节的把控。再次，在当前经济环境下应注重自身品牌效应和特色产业的搭建。从宏观上，结合现有互联网、新媒体等平台进行品牌创意营销，积累粉丝和扩大知名度；从微观上，研究和分析竞争对手，根据反馈信息了解消费者的心理和追求，进行创意营销和建立合适的客户维护机制，提高复购率。最后，还要重视对领军企业的培育。整合现有资源，争取孵化出一批有现代管理能力、有高新技术支持的先进企业，从而带动整个区域的发展。

参考文献

[1] 白宇恒 . 丰宁坝上乡村旅游业发展研究 [D]. 河北北方学院，2022.
[2] 陈永福 . 农村产业发展问题及解决对策探究 [J]. 山西农经，2022（13）：76-78.
[3] 曹妍 . 京津冀农业产业组织创新发展研究 [D]. 天津商业大学，2020.
[4] 常白 . 金融支持对我国农村产业发展的影响研究 [D]. 贵州大学，2022.
[5] 陈炳中 . 发展农村旅游业促进农村经济发展：以徐州为例 [J]. 农家参谋，2019（12）：12.
[6] 陈彩红 . 基于培育旅游产业集群的农村旅游业发展探讨 [J]. 中国管理信息化，2019，22（9）：141-142.
[7] 邸军莲，任悦 . 数字化助推农村产业经济发展 [J]. 经济研究导刊，2022（12）：10-12.
[8] 丁川 . 我国农村产业发展的影响因素分析 [J]. 南方农业，2021，15（3）：169-170.
[9] 公海玲 . LY 市农业产业融合发展中政府职能优化研究 [D]. 山东财经大学，2023.
[10] 黄桂钦 . 我国农村文化产业发展研究 [D]. 福建师范大学，2014.
[11] 胡琴 . 成都市农村一二三产业融合发展研究 [D]. 四川农业大学，2020.
[12] 姜峥 . 农村一二三产业融合发展水平评价、经济效应与对策研究 [D]. 东北农业大学，2018.
[13] 冷雪蕊 . 农业产业创新发展的对策思路 [J]. 产业创新研究，2022（14）：60-62.
[14] 李存林，龙珂良 . 农村产业发展效率评价及其影响因素分析 [J]. 社会科学动态，2022（8）：81-87.
[15] 牛盼盼 . 利津县政府在农业产业发展中的作用研究 [D]. 辽宁师范大学，2023.
[16] 彭艳梅，田菁菁 . 数字经济下农村旅游业发展态势及应对策略 [J]. 时代经贸，2021，18（3）：81-83.
[17] 阮冬秀，吴金龙，陈鹏鑫 . 区域农业产业发展的基本思路 [J]. 南方农机，2022，53（22）：66-68，87.
[18] 盛帅帅 . 21 世纪以来中国乡村文化产业发展研究 [D]. 山东师范大学，2022.
[19] 谭明交 . 农村一二三产业融合发展：理论与实证研究 [D]. 华中农业大学，2016.
[20] 田川流 . 论乡村产业文化的内涵及其发展策略 [J]. 济南大学学报（社会科学版），2021，31（2）：29-36，157.
[21] 魏卓然 . 农业产业链高质量发展的治理生态研究 [J]. 湖北农业科学，2022，61

(17)：214-217，246.

[22] 王锋，李永莲．基于农业信息化的农业产业发展［J］．农业工程技术，2022，42(21)：21-22.

[23] 王郑．肥东县农村文化产业发展研究［D］．安徽农业大学，2022.

[24] 王东．D区Y镇政府推动农村产业发展的作用研究［D］．云南师范大学，2022.

[25] 王丽莉．新形势下乡村文化产业发展存在的问题及思考［J］．商业文化，2022(16)：101-103.

[26] 王许又．甘肃现代农业产业体系发展研究［D］．兰州大学，2019.

[27] 徐晓阳．“十四五”时期农村产业发展对策探究［J］．南方农业，2021，15(27)：107-108.

[28] 邢美红．大连市现代农业发展现状与对策研究［D］．大连海洋大学，2023.

[29] 杨琴．乡村旅游业高质量发展研究［D］．湖南科技大学，2020.

[30] 于秀丽．吉林省农村文化产业发展研究［D］．吉林农业大学，2018.

[31] 杨虎．农村产业发展与科技创新关系研究［J］．山东农业工程学院学报，2022，39(10)：27-31.

[32] 杨程茜．乡村文化产业发展的媒体角色与宣传路径探析［J］．新闻研究导刊，2021，12(6)：58-59.

[33] 周丽惠．互联网发展对农业产业升级的影响研究［D］．华中农业大学，2022.

[34] 周松峰．在辩证统一中推进乡村文化产业高质量发展［J］．厦门特区党校学报，2021(6)：55-59.

[35] 郑伟英．S市N县乡村旅游业发展存在问题及对策研究［D］．汕头大学，2021.

产业发展研究

王佳伟　著

中国商业出版社

图书在版编目（CIP）数据

农村产业发展研究 / 王佳伟著．-- 北京 : 中国商业出版社，2023.11

ISBN 978-7-5208-2724-9

Ⅰ．①农… Ⅱ．①王… Ⅲ．①农业产业－产业发展－研究－中国 Ⅳ．① F323

中国国家版本馆 CIP 数据核字（2023）第 227885 号

责任编辑：葛 伟

中国商业出版社出版发行
（www.zgsycb.com 100053 北京广安门内报国寺 1 号）
总编室：010-63180647 编辑室：010-83128926
发行部：010-83120835/8286
新华书店经销
北京七彩京通数码快印有限公司印刷
*
710 毫米 ×1000 毫米 16 开 9.75 印张 210 千字
2023 年 11 月第 1 版 2023 年 11 月第 1 次印刷
定价：60.00 元
* * * *

参考文献

[1] 白宇恒．丰宁坝上乡村旅游业发展研究［D］. 河北北方学院，2022.

[2] 陈永福．农村产业发展问题及解决对策探究［J］. 山西农经，2022（13）：76-78.

[3] 曹妍．京津冀农业产业组织创新发展研究［D］. 天津商业大学，2020.

[4] 常白．金融支持对我国农村产业发展的影响研究［D］. 贵州大学，2022.

[5] 陈炳中．发展农村旅游业促进农村经济发展：以徐州为例［J］. 农家参谋，2019（12）：12.

[6] 陈彩红．基于培育旅游产业集群的农村旅游业发展探讨［J］. 中国管理信息化，2019，22（9）：141-142.

[7] 邸军莲，任悦．数字化助推农村产业经济发展［J］. 经济研究导刊，2022（12）：10-12.

[8] 丁川．我国农村产业发展的影响因素分析［J］. 南方农业，2021，15（3）：169-170.

[9] 公海玲．LY 市农业产业融合发展中政府职能优化研究［D］. 山东财经大学，2023.

[10] 黄桂钦．我国农村文化产业发展研究［D］. 福建师范大学，2014.

[11] 胡琴．成都市农村一二三产业融合发展研究［D］. 四川农业大学，2020.

[12] 姜峥．农村一二三产业融合发展水平评价、经济效应与对策研究［D］. 东北农业大学，2018.

[13] 冷雪蕊．农业产业创新发展的对策思路［J］. 产业创新研究，2022（14）：60-62.

[14] 李存林，龙珂良．农村产业发展效率评价及其影响因素分析［J］. 社会科学动态，2022（8）：81-87.

[15] 牛盼盼．利津县政府在农业产业发展中的作用研究［D］. 辽宁师范大学，2023.

[16] 彭艳梅，田菁菁．数字经济下农村旅游业发展态势及应对策略［J］. 时代经贸，2021，18（3）：81-83.

[17] 阮冬秀，吴金龙，陈鹏鑫．区域农业产业发展的基本思路［J］. 南方农机，2022，53（22）：66-68，87.

[18] 盛帅帅．21 世纪以来中国乡村文化产业发展研究［D］. 山东师范大学，2022.

[19] 谭明交．农村一二三产业融合发展：理论与实证研究［D］. 华中农业大学，2016.

[20] 田川流．论乡村产业文化的内涵及其发展策略［J］. 济南大学学报（社会科学版），2021，31（2）：29-36，157.

[21] 魏卓然．农业产业链高质量发展的治理生态研究［J］. 湖北农业科学，2022，61

(17)：214-217，246.
[22] 王锋，李永莲．基于农业信息化的农业产业发展［J］．农业工程技术，2022，42（21）：21-22.
[23] 王郑．肥东县农村文化产业发展研究［D］．安徽农业大学，2022.
[24] 王东．D区Y镇政府推动农村产业发展的作用研究［D］．云南师范大学，2022.
[25] 王丽莉．新形势下乡村文化产业发展存在的问题及思考［J］．商业文化，2022（16）：101-103.
[26] 王许又．甘肃现代农业产业体系发展研究［D］．兰州大学，2019.
[27] 徐晓阳．“十四五”时期农村产业发展对策探究［J］．南方农业，2021，15（27）：107-108.
[28] 邢美红．大连市现代农业发展现状与对策研究［D］．大连海洋大学，2023.
[29] 杨琴．乡村旅游业高质量发展研究［D］．湖南科技大学，2020.
[30] 于秀丽．吉林省农村文化产业发展研究［D］．吉林农业大学，2018.
[31] 杨虎．农村产业发展与科技创新关系研究［J］．山东农业工程学院学报，2022，39（10）：27-31.
[32] 杨程茜．乡村文化产业发展的媒体角色与宣传路径探析［J］．新闻研究导刊，2021，12（6）：58-59.
[33] 周丽惠．互联网发展对农业产业升级的影响研究［D］．华中农业大学，2022.
[34] 周松峰．在辩证统一中推进乡村文化产业高质量发展［J］．厦门特区党校学报，2021（6）：55-59.
[35] 郑伟英．S市N县乡村旅游业发展存在问题及对策研究［D］．汕头大学，2021.

产业发展研究

王佳伟 著

中国商业出版社

图书在版编目（CIP）数据

农村产业发展研究 / 王佳伟著. -- 北京 : 中国商业出版社，2023.11

ISBN 978-7-5208-2724-9

Ⅰ. ①农… Ⅱ. ①王… Ⅲ. ①农业产业－产业发展－研究－中国 Ⅳ. ① F323

中国国家版本馆 CIP 数据核字（2023）第 227885 号

责任编辑：葛　伟

中国商业出版社出版发行
（www.zgsycb.com 100053 北京广安门内报国寺 1 号）
总编室：010-63180647 编辑室：010-83128926
发行部：010-83120835/8286
新华书店经销
北京七彩京通数码快印有限公司印刷
*
710 毫米 ×1000 毫米 16 开 9.75 印张 210 千字
2023 年 11 月第 1 版 2023 年 11 月第 1 次印刷
定价：60.00 元
* * * *

（如有印装质量问题可更换）

参考文献

[1] 白宇恒．丰宁坝上乡村旅游业发展研究［D］．河北北方学院，2022.

[2] 陈永福．农村产业发展问题及解决对策探究［J］．山西农经，2022（13）：76-78.

[3] 曹妍．京津冀农业产业组织创新发展研究［D］．天津商业大学，2020.

[4] 常白．金融支持对我国农村产业发展的影响研究［D］．贵州大学，2022.

[5] 陈炳中．发展农村旅游业促进农村经济发展：以徐州为例［J］．农家参谋，2019（12）：12.

[6] 陈彩红．基于培育旅游产业集群的农村旅游业发展探讨［J］．中国管理信息化，2019，22（9）：141-142.

[7] 邸军莲，任悦．数字化助推农村产业经济发展［J］．经济研究导刊，2022（12）：10-12.

[8] 丁川．我国农村产业发展的影响因素分析［J］．南方农业，2021，15（3）：169-170.

[9] 公海玲．LY市农业产业融合发展中政府职能优化研究［D］．山东财经大学，2023.

[10] 黄桂钦．我国农村文化产业发展研究［D］．福建师范大学，2014.

[11] 胡琴．成都市农村一二三产业融合发展研究［D］．四川农业大学，2020.

[12] 姜峥．农村一二三产业融合发展水平评价、经济效应与对策研究［D］．东北农业大学，2018.

[13] 冷雪蕊．农业产业创新发展的对策思路［J］．产业创新研究，2022（14）：60-62.

[14] 李存林，龙珂良．农村产业发展效率评价及其影响因素分析［J］．社会科学动态，2022（8）：81-87.

[15] 牛盼盼．利津县政府在农业产业发展中的作用研究［D］．辽宁师范大学，2023.

[16] 彭艳梅，田菁菁．数字经济下农村旅游业发展态势及应对策略［J］．时代经贸，2021，18（3）：81-83.

[17] 阮冬秀，吴金龙，陈鹏鑫．区域农业产业发展的基本思路［J］．南方农机，2022，53（22）：66-68，87.

[18] 盛帅帅．21世纪以来中国乡村文化产业发展研究［D］．山东师范大学，2022.

[19] 谭明交．农村一二三产业融合发展：理论与实证研究［D］．华中农业大学，2016.

[20] 田川流．论乡村产业文化的内涵及其发展策略［J］．济南大学学报（社会科学版），2021，31（2）：29-36，157.

[21] 魏卓然．农业产业链高质量发展的治理生态研究［J］．湖北农业科学，2022，61

(17)：214-217，246.
[22] 王锋，李永莲．基于农业信息化的农业产业发展［J］．农业工程技术，2022，42(21)：21-22.
[23] 王郑．肥东县农村文化产业发展研究［D］．安徽农业大学，2022.
[24] 王东．D区Y镇政府推动农村产业发展的作用研究［D］．云南师范大学，2022.
[25] 王丽莉．新形势下乡村文化产业发展存在的问题及思考［J］．商业文化，2022(16)：101-103.
[26] 王许又．甘肃现代农业产业体系发展研究［D］．兰州大学，2019.
[27] 徐晓阳．“十四五”时期农村产业发展对策探究［J］．南方农业，2021，15(27)：107-108.
[28] 邢美红．大连市现代农业发展现状与对策研究［D］．大连海洋大学，2023.
[29] 杨琴．乡村旅游业高质量发展研究［D］．湖南科技大学，2020.
[30] 于秀丽．吉林省农村文化产业发展研究［D］．吉林农业大学，2018.
[31] 杨虎．农村产业发展与科技创新关系研究［J］．山东农业工程学院学报，2022，39(10)：27-31.
[32] 杨程茜．乡村文化产业发展的媒体角色与宣传路径探析［J］．新闻研究导刊，2021，12(6)：58-59.
[33] 周丽惠．互联网发展对农业产业升级的影响研究［D］．华中农业大学，2022.
[34] 周松峰．在辩证统一中推进乡村文化产业高质量发展［J］．厦门特区党校学报，2021(6)：55-59.
[35] 郑伟英．S市N县乡村旅游业发展存在问题及对策研究［D］．汕头大学，2021.

产业发展研究

王佳伟　著

中国商业出版社

图书在版编目（CIP）数据

农村产业发展研究 / 王佳伟著. -- 北京 : 中国商业出版社，2023.11

ISBN 978-7-5208-2724-9

Ⅰ. ①农… Ⅱ. ①王… Ⅲ. ①农业产业－产业发展－研究－中国 Ⅳ. ① F323

中国国家版本馆 CIP 数据核字（2023）第 227885 号

责任编辑：葛 伟

中国商业出版社出版发行
（www.zgsycb.com 100053 北京广安门内报国寺 1 号）
总编室：010-63180647 编辑室：010-83128926
发行部：010-83120835/8286
新华书店经销
北京七彩京通数码快印有限公司印刷
*
710 毫米 ×1000 毫米 16 开 9.75 印张 210 千字
2023 年 11 月第 1 版 2023 年 11 月第 1 次印刷
定价：60.00 元
* * * *

参考文献

[1] 白宇恒．丰宁坝上乡村旅游业发展研究［D］．河北北方学院，2022.

[2] 陈永福．农村产业发展问题及解决对策探究［J］．山西农经，2022（13）：76-78.

[3] 曹妍．京津冀农业产业组织创新发展研究［D］．天津商业大学，2020.

[4] 常白．金融支持对我国农村产业发展的影响研究［D］．贵州大学，2022.

[5] 陈炳中．发展农村旅游业促进农村经济发展：以徐州为例［J］．农家参谋，2019（12）：12.

[6] 陈彩红．基于培育旅游产业集群的农村旅游业发展探讨［J］．中国管理信息化，2019，22（9）：141-142.

[7] 邸军莲，任悦．数字化助推农村产业经济发展［J］．经济研究导刊，2022（12）：10-12.

[8] 丁川．我国农村产业发展的影响因素分析［J］．南方农业，2021，15（3）：169-170.

[9] 公海玲．LY 市农业产业融合发展中政府职能优化研究［D］．山东财经大学，2023.

[10] 黄桂钦．我国农村文化产业发展研究［D］．福建师范大学，2014.

[11] 胡琴．成都市农村一二三产业融合发展研究［D］．四川农业大学，2020.

[12] 姜峥．农村一二三产业融合发展水平评价、经济效应与对策研究［D］．东北农业大学，2018.

[13] 冷雪蕊．农业产业创新发展的对策思路［J］．产业创新研究，2022（14）：60-62.

[14] 李存林，龙珂良．农村产业发展效率评价及其影响因素分析［J］．社会科学动态，2022（8）：81-87.

[15] 牛盼盼．利津县政府在农业产业发展中的作用研究［D］．辽宁师范大学，2023.

[16] 彭艳梅，田菁菁．数字经济下农村旅游业发展态势及应对策略［J］．时代经贸，2021，18（3）：81-83.

[17] 阮冬秀，吴金龙，陈鹏鑫．区域农业产业发展的基本思路［J］．南方农机，2022，53（22）：66-68，87.

[18] 盛帅帅．21 世纪以来中国乡村文化产业发展研究［D］．山东师范大学，2022.

[19] 谭明交．农村一二三产业融合发展：理论与实证研究［D］．华中农业大学，2016.

[20] 田川流．论乡村产业文化的内涵及其发展策略［J］．济南大学学报（社会科学版），2021，31（2）：29-36，157.

[21] 魏卓然．农业产业链高质量发展的治理生态研究［J］．湖北农业科学，2022，61

(17)：214-217，246.

[22] 王锋，李永莲．基于农业信息化的农业产业发展［J］．农业工程技术，2022，42（21）：21-22.

[23] 王郑．肥东县农村文化产业发展研究［D］．安徽农业大学，2022.

[24] 王东．D区Y镇政府推动农村产业发展的作用研究［D］．云南师范大学，2022.

[25] 王丽莉．新形势下乡村文化产业发展存在的问题及思考［J］．商业文化，2022（16）：101-103.

[26] 王许又．甘肃现代农业产业体系发展研究［D］．兰州大学，2019.

[27] 徐晓阳．"十四五"时期农村产业发展对策探究［J］．南方农业，2021，15（27）：107-108.

[28] 邢美红．大连市现代农业发展现状与对策研究［D］．大连海洋大学，2023.

[29] 杨琴．乡村旅游业高质量发展研究［D］．湖南科技大学，2020.

[30] 于秀丽．吉林省农村文化产业发展研究［D］．吉林农业大学，2018.

[31] 杨虎．农村产业发展与科技创新关系研究［J］．山东农业工程学院学报，2022，39（10）：27-31.

[32] 杨程茜．乡村文化产业发展的媒体角色与宣传路径探析［J］．新闻研究导刊，2021，12（6）：58-59.

[33] 周丽惠．互联网发展对农业产业升级的影响研究［D］．华中农业大学，2022.

[34] 周松峰．在辩证统一中推进乡村文化产业高质量发展［J］．厦门特区党校学报，2021（6）：55-59.

[35] 郑伟英．S市N县乡村旅游业发展存在问题及对策研究［D］．汕头大学，2021.

农村产业发展研究

王佳伟 著

中国商业出版社

图书在版编目（CIP）数据

农村产业发展研究 / 王佳伟著. -- 北京 : 中国商业出版社，2023.11

ISBN 978-7-5208-2724-9

Ⅰ. ①农… Ⅱ. ①王… Ⅲ. ①农业产业－产业发展－研究－中国 Ⅳ. ① F323

中国国家版本馆 CIP 数据核字（2023）第 227885 号

责任编辑：葛　伟

中国商业出版社出版发行
（www.zgsycb.com 100053 北京广安门内报国寺 1 号）
总编室：010-63180647 编辑室：010-83128926
发行部：010-83120835/8286
新华书店经销
北京七彩京通数码快印有限公司印刷
*
710 毫米 ×1000 毫米 16 开 9.75 印张 210 千字
2023 年 11 月第 1 版 2023 年 11 月第 1 次印刷
定价：60.00 元
* * * *

（如有印装质量问题可更换）

参考文献

[1] 白宇恒．丰宁坝上乡村旅游业发展研究［D］．河北北方学院，2022.

[2] 陈永福．农村产业发展问题及解决对策探究［J］．山西农经，2022（13）：76-78.

[3] 曹妍．京津冀农业产业组织创新发展研究［D］．天津商业大学，2020.

[4] 常白．金融支持对我国农村产业发展的影响研究［D］．贵州大学，2022.

[5] 陈炳中．发展农村旅游业促进农村经济发展：以徐州为例［J］．农家参谋，2019（12）：12.

[6] 陈彩红．基于培育旅游产业集群的农村旅游业发展探讨［J］．中国管理信息化，2019，22（9）：141-142.

[7] 邸军莲，任悦．数字化助推农村产业经济发展［J］．经济研究导刊，2022（12）：10-12.

[8] 丁川．我国农村产业发展的影响因素分析［J］．南方农业，2021，15（3）：169-170.

[9] 公海玲．LY市农业产业融合发展中政府职能优化研究［D］．山东财经大学，2023.

[10] 黄桂钦．我国农村文化产业发展研究［D］．福建师范大学，2014.

[11] 胡琴．成都市农村一二三产业融合发展研究［D］．四川农业大学，2020.

[12] 姜峥．农村一二三产业融合发展水平评价、经济效应与对策研究［D］．东北农业大学，2018.

[13] 冷雪蕊．农业产业创新发展的对策思路［J］．产业创新研究，2022（14）：60-62.

[14] 李存林，龙珂良．农村产业发展效率评价及其影响因素分析［J］．社会科学动态，2022（8）：81-87.

[15] 牛盼盼．利津县政府在农业产业发展中的作用研究［D］．辽宁师范大学，2023.

[16] 彭艳梅，田菁菁．数字经济下农村旅游业发展态势及应对策略［J］．时代经贸，2021，18（3）：81-83.

[17] 阮冬秀，吴金龙，陈鹏鑫．区域农业产业发展的基本思路［J］．南方农机，2022，53（22）：66-68，87.

[18] 盛帅帅．21世纪以来中国乡村文化产业发展研究［D］．山东师范大学，2022.

[19] 谭明交．农村一二三产业融合发展：理论与实证研究［D］．华中农业大学，2016.

[20] 田川流．论乡村产业文化的内涵及其发展策略［J］．济南大学学报（社会科学版），2021，31（2）：29-36，157.

[21] 魏卓然．农业产业链高质量发展的治理生态研究［J］．湖北农业科学，2022，61

（17）：214-217，246.
［22］王锋，李永莲．基于农业信息化的农业产业发展［J］．农业工程技术，2022，42（21）：21-22.
［23］王郑．肥东县农村文化产业发展研究［D］．安徽农业大学，2022.
［24］王东．D区Y镇政府推动农村产业发展的作用研究［D］．云南师范大学，2022.
［25］王丽莉．新形势下乡村文化产业发展存在的问题及思考［J］．商业文化，2022（16）：101-103.
［26］王许又．甘肃现代农业产业体系发展研究［D］．兰州大学，2019.
［27］徐晓阳．“十四五”时期农村产业发展对策探究［J］．南方农业，2021，15（27）：107-108.
［28］邢美红．大连市现代农业发展现状与对策研究［D］．大连海洋大学，2023.
［29］杨琴．乡村旅游业高质量发展研究［D］．湖南科技大学，2020.
［30］于秀丽．吉林省农村文化产业发展研究［D］．吉林农业大学，2018.
［31］杨虎．农村产业发展与科技创新关系研究［J］．山东农业工程学院学报，2022，39（10）：27-31.
［32］杨程茜．乡村文化产业发展的媒体角色与宣传路径探析［J］．新闻研究导刊，2021，12（6）：58-59.
［33］周丽惠．互联网发展对农业产业升级的影响研究［D］．华中农业大学，2022.
［34］周松峰．在辩证统一中推进乡村文化产业高质量发展［J］．厦门特区党校学报，2021（6）：55-59.
［35］郑伟英．S市N县乡村旅游业发展存在问题及对策研究［D］．汕头大学，2021.

农村产业发展研究

王佳伟 著

中国商业出版社

图书在版编目（CIP）数据

农村产业发展研究 / 王佳伟著. -- 北京 : 中国商业出版社，2023.11

ISBN 978-7-5208-2724-9

Ⅰ. ①农… Ⅱ. ①王… Ⅲ. ①农业产业－产业发展－研究－中国 Ⅳ. ① F323

中国国家版本馆 CIP 数据核字（2023）第 227885 号

责任编辑：葛 伟

中国商业出版社出版发行
（www.zgsycb.com 100053 北京广安门内报国寺 1 号）
总编室：010-63180647 编辑室：010-83128926
发行部：010-83120835/8286
新华书店经销
北京七彩京通数码快印有限公司印刷
*
710 毫米 ×1000 毫米 16 开 9.75 印张 210 千字
2023 年 11 月第 1 版 2023 年 11 月第 1 次印刷
定价：60.00 元
* * * *

参考文献

[1] 白宇恒．丰宁坝上乡村旅游业发展研究［D］．河北北方学院，2022.

[2] 陈永福．农村产业发展问题及解决对策探究［J］．山西农经，2022（13）：76-78.

[3] 曹妍．京津冀农业产业组织创新发展研究［D］．天津商业大学，2020.

[4] 常白．金融支持对我国农村产业发展的影响研究［D］．贵州大学，2022.

[5] 陈炳中．发展农村旅游业促进农村经济发展：以徐州为例［J］．农家参谋，2019（12）：12.

[6] 陈彩红．基于培育旅游产业集群的农村旅游业发展探讨［J］．中国管理信息化，2019，22（9）：141-142.

[7] 邸军莲，任悦．数字化助推农村产业经济发展［J］．经济研究导刊，2022（12）：10-12.

[8] 丁川．我国农村产业发展的影响因素分析［J］．南方农业，2021，15（3）：169-170.

[9] 公海玲．LY 市农业产业融合发展中政府职能优化研究［D］．山东财经大学，2023.

[10] 黄桂钦．我国农村文化产业发展研究［D］．福建师范大学，2014.

[11] 胡琴．成都市农村一二三产业融合发展研究［D］．四川农业大学，2020.

[12] 姜峥．农村一二三产业融合发展水平评价、经济效应与对策研究［D］．东北农业大学，2018.

[13] 冷雪蕊．农业产业创新发展的对策思路［J］．产业创新研究，2022（14）：60-62.

[14] 李存林，龙珂良．农村产业发展效率评价及其影响因素分析［J］．社会科学动态，2022（8）：81-87.

[15] 牛盼盼．利津县政府在农业产业发展中的作用研究［D］．辽宁师范大学，2023.

[16] 彭艳梅，田菁菁．数字经济下农村旅游业发展态势及应对策略［J］．时代经贸，2021，18（3）：81-83.

[17] 阮冬秀，吴金龙，陈鹏鑫．区域农业产业发展的基本思路［J］．南方农机，2022，53（22）：66-68，87.

[18] 盛帅帅．21 世纪以来中国乡村文化产业发展研究［D］．山东师范大学，2022.

[19] 谭明交．农村一二三产业融合发展：理论与实证研究［D］．华中农业大学，2016.

[20] 田川流．论乡村产业文化的内涵及其发展策略［J］．济南大学学报（社会科学版），2021，31（2）：29-36，157.

[21] 魏卓然．农业产业链高质量发展的治理生态研究［J］．湖北农业科学，2022，61

（17）：214-217，246.
［22］王锋，李永莲．基于农业信息化的农业产业发展［J］．农业工程技术，2022，42（21）：21-22.
［23］王郑．肥东县农村文化产业发展研究［D］．安徽农业大学，2022.
［24］王东．D区Y镇政府推动农村产业发展的作用研究［D］．云南师范大学，2022.
［25］王丽莉．新形势下乡村文化产业发展存在的问题及思考［J］．商业文化，2022（16）：101-103.
［26］王许又．甘肃现代农业产业体系发展研究［D］．兰州大学，2019.
［27］徐晓阳．“十四五”时期农村产业发展对策探究［J］．南方农业，2021，15（27）：107-108.
［28］邢美红．大连市现代农业发展现状与对策研究［D］．大连海洋大学，2023.
［29］杨琴．乡村旅游业高质量发展研究［D］．湖南科技大学，2020.
［30］于秀丽．吉林省农村文化产业发展研究［D］．吉林农业大学，2018.
［31］杨虎．农村产业发展与科技创新关系研究［J］．山东农业工程学院学报，2022，39（10）：27-31.
［32］杨程茜．乡村文化产业发展的媒体角色与宣传路径探析［J］．新闻研究导刊，2021，12（6）：58-59.
［33］周丽惠．互联网发展对农业产业升级的影响研究［D］．华中农业大学，2022.
［34］周松峰．在辩证统一中推进乡村文化产业高质量发展［J］．厦门特区党校学报，2021（6）：55-59.
［35］郑伟英．S市N县乡村旅游业发展存在问题及对策研究［D］．汕头大学，2021.